Helmut Schreier/Matthias Heyl (Hrsg.)
Das Echo des Holocaust

W0035408

Helmut Schreier/Matthias Heyl (Hrsg.)

Das Echo des Holocaust

Pädagogische Aspekte des Erinnerns

KRAEMER

Die Deutsche Bibliothek - CIP-Einheitsaufnahme

Das **Echo des Holocaust :** pädagogische Aspekte des Erinnerns /
Helmut Schreier ; Matthias Heyl (Hrsg.). - Hamburg : Krämer, 1992
ISBN 3-926952-68-7

Zweite Auflage 1994
© Verlag Dr. R. Krämer, Hamburg 1992
Alle Rechte vorbehalten
Printed in Germany
Druck: Rosch-Buch, Hallstadt
ISBN 3-926952-68-7

Inhaltsverzeichnis

Konturen einer Pädagogik nach Auschwitz

Vorwort

Das Echo des Holocaust hallt durch Deutschland. Es zu vernehmen, heißt es aufzunehmen, den ihm innewohnenden Anspruch zu hören und an ihm sich abzuarbeiten.

Nicht deshalb, weil denen, die ihre Ohren davor verschließen, Taubheit und jene Verkrampfung des Lebens widerfahren müßte, die folgt, wo Menschen verdrängen und abspalten, was sie angeht. Es ist nicht ausgemacht, daß eintrifft, was Cordelia Edvardson voraussagt:

"Und natürlich schau ich mir das ganz besonders an, diese glatte Wohlstandsfassade, und ich denke mir: Gott, was habt ihr da alles drunter begraben. Welche Skelette liegen da und gären? Das wird Euch alles einmal auf den Kopf fallen."[1]

Es ist nicht ausgemacht, daß es so kommen muß. Nicht aus Furcht vor der irgendwie in die Welt kommenden Abgeltung des Unabgegoltenen wenden wir uns dem Anspruch zu.

Pädagogik ist mit dem "Projekt der Moderne" verwandt. Wer pädagogisch arbeitet, hat fast immer teil an der Hoffnung auf bessere Verhältnisse, auf die Herausführung des Menschen aus Unmündigkeit und unbewußten wie bewußten Abhängigkeiten. Deshalb könnte der Untertitel dieses Buches "Pädagogische Aspekte des Erinnerns" den Anschein einer versuchten "Bewältigung" des Geschehens erwecken, einer Instrumentalisierung von Auschwitz zur "Beförderung des menschlichen Berufes auf Erden" (Schleiermacher). Das ist unsere Absicht nicht gewesen.

Möglich, daß das Gras der tausend Beschäftigungen so über die Schoah wächst, wie die Heide über die Grashügel von Bergen-Belsen, daß die Einrichtung von Gedenkstätten und die Genrefizierung jenes Millionen-Mordes in Romanen und Filmen die einzigen, kurzlebigen Folgen sind. Möglich auch, daß die pädagogische Fortschritts-Hoffnung, die Option auf eine menschliche Zukunft, an der Schoah zuschanden geworden ist; daß der Pädagogik die ihr innewohnende Zuversicht genommen ist und sie sich ganz zurückgeworfen findet auf den Anspruch gegenwärtigen Lebens. Diese Möglichkeiten und ihre Folgen werden in dem vorliegenden Buch verhandelt, ohne daß abschließende Gewißheiten verkündet würden.

Wir haben versucht, uns dem Echo des Holocaust zu stellen, mit dem Ziel, die Ohren offen zu halten, innere Barrieren abzubauen, um zu ler-

---

[1] vgl.: Koelbl, H.: Jüdische Portraits, Frankfurt a.M., S.52

nen. Wir glauben, daß es ein Wert an sich ist, zu lernen. Das vorliegende Buch ist ein Ergebnis des Gesprächs, in das wir seit Jahren verwickelt sind:

In mehreren Seminaren am Fachbereich Erziehungswissenschaft der Universität Hamburg sind wir dem Begriff einer *Erziehung nach Auschwitz* nachgegangen; durch die Korrespondenz mit Überlebenden der Schoah, mit Psychoanalytikern, Psychologen und anderen Sozialwissenschaftlern aus Israel, den U.S.A., den Niederlanden, der Schweiz und der Bundesrepublik haben wir die Voraussetzungen unserer Arbeit zu klären versucht; mit einer Vortragsreihe des Allgemeinen Vorlesungswesens an der Hamburger Universität haben wir es im Wintersemester 1991/92 unternommen, verschiedene Ansätze einer Erinnerungsarbeit vorzustellen.

Die Beiträge dieses Buches entstammen der Vortragsreihe oder unserer Korrespondenz. Sie sind Teil eines fortzuführenden Diskussionsprozesses. Das Gesamt der hier versammelten Stimmen ist geeignet, den Horizont der Lesenden zu weiten: Wir unterstellen, daß Menschen durch die Lektüre dieses Buches genauere Vorstellungen über die Folgen des Holocaust gewinnen können.

Wir danken den Autorinnen und Autoren; durch ihre Beiträge haben wir viel gelernt.

Die Textverarbeitung wurde von Frau Dipl.Psych. *Zita Rauschgold* und Frau *Sarah Schreier* mit viel Geduld besorgt; wir danken auch dafür.

Zeugnisse

Ruth Elias
Erziehung nach Auschwitz

Bevor ich mich über Fragen einer "Erziehung nach Auschwitz" äußern kann, glaube ich, daß ich zuerst meine persönlichen Gefühle, Gedanken und Interpretationsschwierigkeiten als Auschwitz-Überlebende beschreiben muß, denn ohne ein Verstehen dieser dunklen Vergangenheit kann kein Einfühlungsvermögen und Verständnis für die Erziehung der kommenden Generationen geschaffen werden.
Es ist leider unumgänglich, daß ich nur ganz kurz die verschiedenen Punkte - aus Zeit- und Platzmangel - berühren kann, doch könnte man über jeden Punkt ganze Abhandlungen schreiben.

Losreißen aus dem normalen Leben

Bis zum Einmarsch der deutschen Besatzungstruppen lebten wir ein völlig normales Leben, so wie jeder andere Bürger in der Tschechoslowakei. Nachdem die ersten Judengesetze herauskamen, begann die Erniedrigung und Verfolgung der Juden. Jüdischen Kindern wurde der Schulunterricht verwehrt, Betriebe und Geschäfte jüdischer Eigentümer wurden ohne Entschädigung enteignet. Wertsachen, Fotoapparate, Musikinstrumente, Bilder, Teppiche und Radios mußten an die Gestapo[1] abgeliefert werden. Auf öffentlichen Gebäuden, Geschäften, Kinos, Theatern etc. stand: "Juden ist der Eintritt verboten" oder "Juden unerwünscht". Männer und junge Menschen wurden zu schweren körperlichen Arbeiten herangezogen und mit Schreien und Schlägen demütigend behandelt. Auf die linke Brustseite mußten wir einen gelben Judenstern aufnähen und waren somit gezeichnet und auch aus ganz großer Entfernung erkennbar. Das kleinste Vergehen wurde sofort mit Kerker oder Deportation ins Unbekannte bestraft.

Deportationen

Die SS errichtete Gettos, Konzentrations-, Vernichtungs- und Arbeitslager. Es begannen Deportationen von Juden, durchgeführt mit einer unbeschreiblichen Gründlichkeit und Planung. Jede Siedlung, jedes Dorf, jede Stadt wurden "judenrein" gemacht. Mit einer erstaunlichen Präzision wurde jeder registriert und auf unerlaubtes Gut im Gepäck kontrolliert. Von unserem Besitz durften wir nur ca. 25 kg mitnehmen, und da kommt die Frage auf: soll ich ein Buch, warme Kleidungsstücke oder etwas zum Essen einpacken? Sachen, die uns teuer und ans Herz gewachsen waren,

---

[1] Geheime Staatspolizei

mußten wir zurücklassen. Wir gingen aus unseren Wohnungen und hinterließen dort Möbel und Inventar, ohne zu wissen, ob wir je etwas wiedererhalten würden. Wir bekamen eine sogenannte Transportnummer um den Hals gehängt und unsere Vornamen wurden durch einen zusätzlichen Namen bereichert: die Frauen mit Sarah, die Männer mit Israel.

Zuerst kamen wir in Gettos, völlig isoliert von der Außenwelt und ohne jedwede Nachrichten oder Zeitungen, so daß wir kaum von dem Geschehen außerhalb des Gettos Kenntnis hatten. Sofort nach der Ankunft wurden wir nach den Geschlechtern getrennt untergebracht und es wurde uns strengstens der Kontakt mit dem jeweils anderen Geschlecht verboten.

Wir wurden gezwungen, auf die primitivste Art zu leben. Betten gab es nicht. Wir schliefen entweder auf dem Fußboden, später jedoch auf hölzernen dreistöckigen Bettstellen ohne Matratzen. Das Essen war ganz spärlich: Morgens ein ungesüßter Kaffee, aus Ersatzkaffee hergestellt, mittags eine Wassersuppe - wenn wir Glück hatten, schwammen ein paar Rübenschnitzel darin -, abends wieder Kaffee und ca. 150-200 g Brot. Manchmal gab es Margarine oder Kunsthonig. Wir hungerten entsetzlich und fingen an, wie Tiere nach Unkraut zu suchen und es zu kauen, nur um den Magen mit etwas anzufüllen. Wir versanken in eine Apathie der Gefühle und des Überlebenswillens. Apathie jedoch bedeutete sicheres Zugrundegehen. Wenn einer unserer Freunde davon befallen wurde, versuchten wir, ihn daraus herauszureißen, denn Apathie bedeutete den sicheren Tod.

Wir sahen weder ein Lebensziel noch einen Lebenszweck vor uns, und kein Hoffnungsschimmer erleuchtete unseren Weg. Fast täglich erlebten wir ein Abschiednehmen von von uns geliebten Personen, die ins Unbekannte gingen und von denen wir nie wieder etwas hörten.

Über dem Vernichtungslager Auschwitz schwebte Tag und Nacht ein Geruch von verbranntem Fleisch, und Gerüchte machten die Runde, daß Menschen zuerst vergast, später dann die Leichen verbrannt würden. Anfangs wollten wir dem keinen Glauben schenken, doch langsam fingen wir an, es zu glauben. Hoffnungslosigkeit überfiel uns. Rationales Denken gab es nicht, nur tierische Instinkte erhielten uns am Leben. Wir fanden keine Antworten auf die vielen Fragen nach dem Weshalb, Warum und danach, wozu wir noch leben sollten.

Appell. Zu fünft aufgestellt wurden wir wie Tiere morgens und abends abgezählt. Wurden wir nach unseren Namen gefragt, mußten wir unsere auf dem linken Vorderarm eintätowierte Nummer nennen. Sogar unserer Namen wurden wir beraubt.

Läuse, Flöhe und Wanzen plagten uns. Wir konnten uns kaum waschen, denn ganz spärlich tropfte manchmal Wasser aus den Hähnen. Seife oder ein Handtuch gab es nicht. Nur einen gestreiften Sträflingsanzug besassen wir. Unterwäsche oder Strümpfe gab es nicht. Anstatt Schuhe waren Holzpantinen unsere Fußbekleidung.

Ein jeder mußte arbeiten, was bei dieser unzureichenden Nahrung und unter diesen schrecklichen Umständen kaum möglich war. Aus Verzweiflung wählten viele den Freitod, indem sie den mit Hochspannung geladenen Stacheldrahtzaun, der jeden Lagerabschnitt umgab, berührten. Täglich häuften sich Leichen vor den Wohnblocks, die doch auch gezählt werden mußten, denn die Summe der Toten, der Kranken und Lebenden mußte ja stimmen! "Ordnung muß sein!"

Befreiung und Integration

Die Rückkehr in das normale Leben fiel uns sehr schwer. Tagtäglich wurden wir mit Situationen, die ans Lager erinnerten, konfrontiert. Die Nächte waren sehr arg, denn Träume lassen sich nicht verjagen. Wir träumen bis zum heutigen Tage vom Transport im Viehwaggon, von Vergasungen, von Kindern, die uns entrissen werden. Wie oft bin ich mitten in der Nacht aufgewacht und zum Bettchen meiner Kinder gelaufen, um mich zu überzeugen, daß sie noch da sind. Wie oft werde ich von meinem Mann geweckt, weil ich im Schlaf schreie.

Bis zum heutigen Tage - 45 Jahre nach der Befreiung - verfolgen mich immer noch die Gedanken und Assoziationen, und es ist mir nicht gelungen, dieses Trauma loszuwerden. So bin ich eben gezwungen, damit bis zu meinem Tod zu leben. Ja, es ist meinen Verfolgern gelungen, mich auch weiterhin zu verfolgen.

Die totale Vernichtung meiner Familie wirkte sich besonders hart aus. Ein Suchen nach eventuellen Resten dieser Familie begann, blieb jedoch erfolglos. Ich glaube, es war die Hoffnung, meine Familie wiederzusehen, die mich im Lager am Leben erhielt. Es war dies ein ganz dünner Faden, der plötzlich riß. Ich wollte nach der Vernichtung meiner Familie nicht mehr leben. Nur dank der Unterstützung meiner Freunde aus dem Lager gelang es mir ganz langsam, den Weg zum normalen Leben zu beschreiten.

Wir mußten Wohnung und Arbeit suchen, obwohl wir doch keine Berufe hatten. Wir mußten etwa lernen zu wirtschaften und einzukaufen. Wir mußten lernen, uns in der Gesellschaft einzuordnen, denn wir benahmen uns ganz anders und waren anderen Menschen gegenüber mißtrauisch, was uns häufig der Kritik aussetzte.

Langsam entdeckten wir die Schönheiten des Lebens wieder, freuten uns über den Gesang der Vögel oder über eine Blume, wanderten stundenlang in Wäldern, um die Freiheit auszukosten. Wir begannen, in Konzerte und ins Theater zu gehen und konnten von alledem nicht genug bekommen. Eine Unruhe, oder besser gesagt, ein Drang bemächtigte sich unser, der ständig größere Ausmaße annahm. Wir mußten Europa verlassen, denn es ist uns dort viel zuviel Leid widerfahren. Als der neue Staat Israel gegründet wurde, wußten wir, daß dieser Staat für uns die erste wirkliche Heimat sein würde. Ein halbes Jahr nach der Gründung befanden wir uns auf dem Schiff mit dem Ziel Haifa.

Seither leben wir in Israel und haben da die ersten richtigen Wurzeln in unserer Heimat gefunden. Es gelang uns, eine völlig neue Familie zu gründen, die aus zwei Söhnen, zwei Schwiegertöchtern und sechs Enkelkindern besteht.

Erziehung nach Auschwitz

Vor etwa 20 Jahren fielen mir durch puren Zufall einige Flugblätter aus Deutschland mit folgender Schlagzeile in die Hände: "Holocaust ist eine jüdisch-, zionistisch-, israelische Lüge".

Bis zu dieser Zeit habe ich mich geweigert, über meine bitteren Erfahrungen zu sprechen. Der Grund dafür bestand darin, daß ich mit aller Gewalt alles vergessen wollte, um meine Kinder mit meiner Vergangenheit nicht zu belasten und ihnen ein Mitleiden mit mir zu ersparen. Tief in meinem Innersten konnte ich mich der Verfolgung nicht erwehren, doch ließ ich nie zu, daß über dieses Thema mit mir diskutiert wurde. Meine Ansicht war, daß niemand, der nicht selbst den Holocaust erlebt hat, dieses Unverständliche verstehen könne.

Nachdem ich diese Flugblätter erhielt, überlegte ich, ob ich überhaupt ein Recht zum Schweigen habe und es nicht meine Pflicht wäre, den kommenden Generationen zu übermitteln, was sich von 1933-1945 in Europa ereignet hat. Ich überlegte, was ich als einfacher Bürger tun könnte, um diese unwahren Behauptungen zu widerlegen. Ich fand nichts anderes, als meinen Mund als Waffe zu benutzen, um immer wieder von der Vergangenheit zu sprechen. Es ist keine leichte Aufgabe, denn stets, wenn ich zur Jugend spreche, erlebe ich von neuem die vergangenen Tage. Würde ich dies nicht miterleben, so würden meine Darlegungen nicht wahrheitsgetreu klingen. Kein Buch, keine Dokumentation und kein Film hat so eine direkte Wirkung auf die Jugend wie ein einfacher Zeugenbericht eines Überlebenden in der Ich-Form. Wann immer ich aufgefordert werde, spreche ich, obgleich es mir immer schwerer wird.

Wie lange werden wir Überlebenden aber noch sprechen können? Meine Generation ist ja schon im Aussterben begriffen, denn das ist das Gesetz der Natur. Nachher bleiben nur noch unsere Aussagen, die entweder schriftlich oder auf Video aufgenommen wurden, erhalten, um Zeugnis abzugeben. Dann werden eben für die kommenden Generationen auch diese Berichte wie Historie klingen.

In Israel befinden sich einige Holocaust-Gedenkstätten, die sich mit Dokumentation, Seminaren und Ausstellungen befassen. Die größte dieser Institutionen heißt: "Jad Va-Schem"[2] und befindet sich in Jerusalem. Jad Va-Schem ist eigentlich eine Dachorganisation, die Verbindung zu allen Holocaust-Institutionen in aller Welt hat. Tagtäglich wird diese Gedenkstätte von hunderten Besuchern aufgesucht, die je nach ihrem Interesse Informationen über den Holocaust erhalten. Für Gruppen werden Vorträge in einigen Weltsprachen von Wissenschaftlern und Überlebenden gehalten. Im Hause befindet sich ein sehr umfangreiches Archiv, eine Bibliothek mit Leseräumen und eine Dokumenten-Restaurations-Abteilung.

Eine weitere Institution ist "Messuah", die dreitägige Seminare auch in verschiedenen Sprachen hält. "Lochamej hagetaot"[3], ein Kibbuz im Norden unseres Landes, befaßt sich hauptsächlich mit dem Ghetto Warschau und ist eigentlich von Überlebenden dieses Gettos gegründet. "Beth Theresienstadt" befindet sich in einem Kibbuz und widmet sich ausschließlich der Erforschung dieses Gettos. Es befindet sich dort eine Kopie der gesamten Registrierungs-Kartei vom Getto von den ca. 180.000 Juden, die durch dieses KZ gegangen sind.

In Polen, in der Tschechoslowakei und in Deutschland befinden sich verschiedene ehemalige Konzentrationslager, die heute unter Denkmalschutz stehen und als Gedenk- und Dokumentationszentren genutzt werde. Die Fahrt dorthin, speziell nach Auschwitz und Treblinka, hinterläßt unauslöschliche Eindrücke und ist ein tiefes Erlebnis. Schüler und Studenten müssen aber vorher vorbereitet werden, um genau informiert zu sein. Ratsam wäre, einen Überlebenden als Begleitperson mitzunehmen, um aus erster Hand einen authentischen Bericht zu erhalten.

Es wäre außerdem ratsam, Schüler und Studenten vorher über die Anfänge und über das Auslöschen des mitteleuropäischen Judentums zu unterrichten. Von der ersten Synagoge in Worms angefangen, zur Alt-

---

2 Gedenkstätte, die in Anlehnung an Jesaja, 56,5 "Denkmal und Gedächtnisstätte" heißt - vgl. Schoeps, J.H. (Hrsg.): Neues Lexikon des Judentums, Gütersloh 1992, S.491, Yad Vashem

3 hebr. für Gettokämpfer, vgl. Schoeps, a.a.O., S.121, Dokumentationszentren

Neu-Schul-Synagoge in Prag, über die Deportationen nach Theresienstadt bis zur Vernichtung in Auschwitz-Birkenau, Treblinka, Sobibor, Chelmno oder Majdanek.

Kollektivschuld und Aufgaben

Wir Juden hatten eine Kollektivschuld an dem Geschehen: Wir wurden als Juden geboren - *das* war unser Vergehen und Verantwortung unserem Volke gegenüber. Auch die junge Generation in Deutschland ist eigentlich dazu verurteilt, bis zum heutigen Tage, die Schuld ihrer Vorväter zu tragen, denn dieses Kapitel in der Geschichte Deutschlands wird nicht so schnell ausgelöscht werden. Die jungen Deutschen haben deshalb eine große Aufgabe vor sich: Sich und den kommenden Generationen vor Augen zu führen, was sich in der Zeit von 1933 bis 1945 in Deutschland ereignete, stets und genau darüber zu berichten, damit diese Zeit nie in Vergessenheit gerät und als Warnung dient, daß das, was sich ereignet hat, nie wieder in ihrer Heimat geschehen darf.

In Deutschland kommen in letzter Zeit wieder die neonazistischen Gruppen auf, die antisemitische und Rassenhaß-Parolen in die Welt schreien, ohne wahrscheinlich je einen Juden gesehen oder gesprochen zu haben. Die Neonazis sind eine Gefahr für Deutschland, die schon jetzt, wo sie noch keine so großen Ausmaße angenommen hat, im Keime erstickt werden muß! Es sollten gerade die Studentinnen und die Studenten sein - die Intellektuellen überhaupt -, die diese große Gefahr für die Zukunft voraussehen. Sie sollten zusammen mit anderen Vereinigungen gegen die Existenz dieser Elemente vorgehen und kämpfen, denn je länger dieser Kampf hinausgezögert wird, desto stärker und sicherer werden sich diese Elemente fühlen und unglaublichen Schaden anrichten. Wenn die Auseinandersetzung nicht bald geführt wird, besteht wieder die Möglichkeit eines neuen Holocausts und somit die Bedrohung der friedlichen und demokratischen Absichten Deutschlands.

Elie A. Cohen
Die Schuld der Deutschen[1]

Vor drei Jahren bin ich innerhalb einiger Monate dreimal in Deutschland
gewesen; zweimal, um einen Vortrag zu halten, und einmal, um an einem
Kongreß teilzunehmen. Ich spürte damals nur Gefühle von Neugier. Wie
würde ich, ganz allein, auf die deutsche Umgebung reagieren? Würde es
mir ergehen wie 1952, als ich Zeuge im Prozeß gegen die IG-Farben war?
Damals brachte mich im Hotel ein älterer Mann zu meinem Zimmer. Er
öffnete die Tür, drehte das Licht an, schloß die Gardinen. Ich stand mitten
im Zimmer, schaute etwas herum, als ich plötzlich eine Stimme hinter mir
hörte, die sagte: "Gestatten Herr Doktor, daß ich den Mantel abnehme?"
Plötzlich schlugen alle Sicherungen bei mir durch und ich schrie ihn an:
"Das haben sie mich vor sieben Jahren auch nicht gefragt, da war ich nur
ein Scheißjude." Der Mann erschrak, drehte sich um und schlich weg.

Die drei Besuche im Jahre 1987 sind günstig verlaufen, obwohl sich doch
einiges ereignete. In einem Gespräch mit einer Bibliothekarin fragte ich
sie: "Wann haben Sie zum ersten Mal von der Endlösung der Judenfrage
gehört? Sie antwortete: "Nach dem Kriege." - "Das kann doch nicht sein",
sagte ich, "sie waren damals 10 Jahre, sie wohnten in Frankfurt, und sie
haben doch bestimmt über die Juden von ihren Eltern gehört." - "Nein",
sagte sie, "meine Eltern hatten genügend Sorgen um das Essen, und sie
hatten auch Angst vor den Bombardierungen. Außerdem waren meine
Eltern kleine Leute, sie kümmerten sich nie um Politik." Darauf beendete
sie das Gespräch.

Mit einem Mann sprach ich über den Krieg, er war bei der Luftwaffe in
Norwegen gewesen. Ich sagte: "Dann haben Sie als ein freier Vogel in
der Luft schon frühzeitig über die 'Endlösung' gehört. Sie konnten doch

---

[1] Diesem Aufsatz liegen - neben der jeweils in den Fußnoten nachgewiesenen Litera-
tur - folgende Titel zugrunde: Fest, J. C. : Das Gesicht des dritten Reiches, Mün-
chen/Zürich, 1975; Friedländer, S.: Counterfeit Nazi. London 1969; Hanauske-
Abel, H.M.: From Nazi Holocaust to Nuclear Holocaust: A Lesson to Learn, in:
The Lancet vom 2.August 1986, S.271; Heim, S. u. G. Aly.: Die Ökonomie der
"Endlösung", in: Beiträge zur nationalsozialistischen Gesundheits- und Sozialpolitik. Berlin 1987; de Jong, L.: Het Koninkrijk der Nederlanden in de tweede
Wereldoorlog, Deel 8, Den Haag 1978; Rosenstock, W.: Exodus 1933 - 1939. A
survey of Jewish Emigration from Germany, in: Leo Baeck Institute, Yearbook I,
London o.J.; Stoutenbeek, J.: Drie Joodse Gemeenten in de Medine, Amsterdam
1989

ohne Risiko die Feindsender abhören." - "Nein" ,sagte er, "das habe ich nicht getan, meine Aufgabe war es, den Feind zu bekämpfen." - "Aber Sie kamen doch zum Urlaub nach Hause, dann haben Sie doch von Ihren Eltern über die Juden gehört." "Nein", sagte er, "die sprachen nie über die Juden."

1989 war ich wieder in Deutschland, aber nicht so unbefangen wie 1987, obwohl es wieder ein internationaler Kongreß war. Ich fühlte mich 1989 angespannt und ängstlich. Von woher kam diese andere Einstellung? Ich nenne einige Ursachen:

1. Der Historikerstreit. Der Anstifter war Prof. E. Nolte aus West-Berlin. Er vergleicht die deutschen Vernichtungslager mit dem Archipel Gulag der Russen. seiner Meinung nach ist Auschwitz hiervon abgeleitet, und Hitler hat nur den Klassenkampf des Kommunismus durch den Rassenkampf ersetzt. Der Krieg gegen den Kommunismus soll nur defensiv gewesen sein.

2. Der Sieg der Republikaner in West-Berlin und bei der Europa-Wahl und daß, wie Heyl mitgeteilt hat, bei der Kommunalwahl in Hessen 19% der jungen Wähler extrem rechts gewählt haben[2].

3. Das Buch von Niklas Frank, dem Sohn des "Generalgouverneurs" von Polen, Dr. Hans Frank, worin er seinen Vater verantwortlich macht für dessen Verbrechen.[3]

4. Tetens schreibt, daß im Juli 1932 die Nazis 13,8 Millionen Stimmen bekamen, im November 1932 2 Millionen Stimmen verloren.[4] Im März bekam die Koalition von Hitler, von Papen und Hugenberg 25 Millionen Stimmen, wovon 17,3 Millionen für die Nazis waren. Die Opposition bekam 12 Millionen. Eine große Mehrheit der Deutschen hat also für den Nationalsozialismus gestimmt.

5. Die Anhänger des Nationalsozialismus kamen nicht nur aus der Unterschicht der Gesellschaft. Nach der Machtübernahme wurden 45% der Ärzte Mitglied der Partei. Und Düx zitiert Ingo Müller: "Allein in Westfalen haben 93% des Justizpersonals der NSDAP oder ihrer Nebenorganisation angehört." Im Oberlandesgericht vom Bezirk Bamberg waren von 309 Juristen 302 Parteigenossen der NSDAP."[5]

---

2 Heyl, M.: Elie Cohen zum achtzigsten Geburtstag, oder: Von der "Last, ein junger Deutscher zu sein", Hamburg 1989 (Typoskript)

3 Frank, N.: Der Vater, München 1987

4 Tetens, H.A.: The new Germany and the old Nazis, Exeter 1961

5 Düx. H.: Vortragsmanuskript, über den ersten Frankfurter Auschwitzprozeß. <22.10.1987>

6. Die Wiedervereinigung von West- und Ost-Deutschland erfüllt mich mit Angst; nicht für mich persönlich, denn ich bin ein alter Mann, aber für meine Kinder. Schon in meiner Doktorarbeit im Jahre 1952[6] habe ich gesagt, daß es keine genetischen Ursachen gibt, die erklären können, warum das deutsche Volk zu solchem ungeheuren Verbrechen imstande gewesen ist. Meines Erachtens ist die wichtigste Erklärung die autoritäre deutsche Erziehung: zuhause ist der Vater der Herr, in der Schule der Lehrer, in der Wehrmacht der Offizier, bei der Arbeit der Meister. So schrieb Ludwig Gerstein seinem Sohn Kurt im Frühling 1944: " You are a soldier and an official and you must obey the orders of your superiors. The person who bears the responsibility is the man who gives the orders, not the one who carries them out. (...) You must do what you are ordered to do." Ich schloß daraus: Solange die deutsche Erziehung ihren autoritären Charakter behält (und ich fürchte, daß dieses vorläufig der Fall sein wird), solange wird auch die Gefahr bestehen, daß das deutsche Volk dieselben Ausschreitungen begehen wird, die es während der Nazi-Herrschaft begangen und toleriert hat.

7. Als ein älterer Deutscher hörte, daß ich fast drei Jahre in deutschen KZs verbracht hatte, sagte er, daß man in Deutschland über die NS-Vergangenheit schweigt, daß man diese Zeit verdrängt. Oder - wie Heyl sagt: "Von Schuld wollen sie nicht reden. (...) Viel zu schnell fanden die Deutschen ihren Frieden mit der eigenen Geschichte, weil sie die NS-Zeit als einen ʹBetriebsunfallʹ betrachteten, als eine Zeit, die schon lange vorbei war."[7]

Es war kein Volk aus den Urwäldern von Afrika, das dieses größte Verbrechen in der Geschichte der Menschheit begangen hat, nein, es war das hochkultivierte, hochzivilisierte, hochwissenschaftliche deutsche Volk, das es getan hat. Im Gegensatz zur Euthanasie, die Hitler 1941 wegen der massiven Proteste aus der Bevölkerung einstellen mußte, ist das bei der Endlösung der Judenfrage nicht der Fall gewesen. Allgemein gesagt: Die Deutschen haben sich dem Judenmord nicht widersetzt.

Mein Haß gegen das deutsche Volk ist groß, und er nimmt nicht ab, da ich nie einem Deutschen begegnet bin, der zu mir gesagt hätte: "Ich fühle mich schuldig für das, was wir den Juden getan haben". Deutlicher gesagt: jeder behauptet, erst nach dem Kriege von dem Judenmord gehört zu haben. Sogar Dr. Wilhelm Harster, als Befehlshaber der Sicher-

---

[6] Cohen, E.A.: Human Behaviour in the German Concentration Camp, London 1988 (Reprint)

[7] vgl. Heyl, a.a.O.

heitspolizei und des Sicherheitsdienstes bis September 1943 für die Deportationen der niederländischen Juden mitverantwortlich, sagte mir, daß er über die Vergasungen erst im September 1943 in Italien gehört habe.[8]

Habe ich Schuldgefühle? Ich fühle mich nicht schuldig, weil ich überlebt habe, während so viele ermordet wurden. Darunter waren auch meine Frau und unser Kind. Daß Deutsche sie wie tollwütige Hunde vergast haben, erfüllt mich mit Wut gegen das deutsche Volk.

Ich fühle mich jedoch schuldig, da ich für die Deutschen gearbeitet habe: Im Juden-Durchgangslager Westerbork war ich Transportarzt und in Auschwitz Häftlingsarzt, und ich habe bei den Selektionen für die Gaskammer assistiert.[9]

Meine einzige Erklärung ist: Ich wollte leben, und dafür habe ich viel getan. Heute, hinterher, finde ich, daß ich die menschlichen Normen überschritten habe. Aber das ist leicht gesagt.

Es gab nicht nur schlechte Deutsche, sondern auch tapfere wie jene von der "Weißen Rose" Am 18.Februar 1943 verteilten Hans und Sophie Scholl Flugblätter in der Universität von München. Der Hausmeister warnte die Gestapo, sie wurden verhaftet. Am 22.Februar 1943 wurden sie vom Volksgerichtshof zum Tode verurteilt und einige Stunden später hingerichtet.

Ende 1941 bekam der jüdische Arzt Hermann Pincas in Berlin die Information, daß in Rußland alle Juden erschossen werden. Er tauchte daraufhin in Berlin unter. 1980 wohnte er in New York. Es war damals keine Kleinigkeit, mehr als drei Jahre lang Juden in Berlin zu schützen. Für diese Tat von Deutschen muß man den größten Respekt haben. Übrigens sind in Berlin ungefähr 5.000 Juden untergetaucht gewesen und haben überlebt.

Ende Juli 1942 bringt Dr. Eduard Schulte, Generaldirektor der Giesche-Werke bei Breslau, die Nachricht in die Schweiz, daß Hitler beschlossen habe, alle Juden zu vernichten. Diese Nachricht erreichte Gerhard Riegner, Vertreter vom World Jewish Congress in Genf. Dies führte zu dem berühmten Riegner-Telegramm am 8. August 1942, nach London und New York, so daß der Westen wußte, was hier im Gange war[10].

In Europa gehört Holland zu den am schwersten betroffenen Ländern. Von 140.000 Juden sind 107.000 deportiert worden. Zurückgekommen sind 5.500, umgekommen 73%. In Belgien sind dies 49% von 50.000, in

---

8 vgl. Cohen, E.A.: De negentien treinen einen naar Sobibor, Amsterdam 1979, S.186

9 vgl. Cohen, E.: The Abyss, New York 1971

10 vgl. Wyman, D.S.: Das unerwünschte Volk, Frankfurt 1989, S.52ff

Frankreich 25% von 300.000 und in Italien 15% von 45.000. Um eine kleinere Zahl zu nennen: in meinem Geburtsort, Groningen, wohnten 2.842 Juden, deportiert sind 2.550. Zurückgekommen sind lediglich zehn, zu denen ich gehöre.

Und wie ist es mit den deutschen Juden? Ich halte mich an Dr. G.Korherr, Inspekteur für Statistik beim Reichsführer SS[11]. Seiner Darstellung zufolge lebten im Altreich am 30.Januar 1933 561.000 Juden. Am 17.Mai 1939 gab es im Altreich noch 233.973 Juden. Also waren in mehr als sechs Jahren, inklusive Sterbeüberschuß, gut 327.000 Juden verschwunden. Am 31.Dezember 1942 gab es im Altreich noch 51.327 Juden, aber nun erscheinen unter der Rubrik Evakuierung 100.516 Juden. Evakuierung ist das Tarnwort für Mord. Von den verbleibenden Juden ist die Zahl drei Monate später auf 19.417 verringert, und wir können ruhig annehmen, daß sie auch deportiert worden sind. Am 1.April 1943 sind im Altreich noch 31.910 Juden, wovon 15.242 transportabel waren. Wenn wir annehmen, daß sie auch deportiert worden sind, kommt man auf insgesamt 135.175 Deportierte. Das sind 24%. Also sind, prozentual gesprochen, die deutschen Juden viel besser davon gekommen als wir holländischen Juden. Mit einem Sterbeüberschuß von 61.193 Juden gibt es einen Verlust von deutschen Juden von insgesamt 196.368. Also sind mehr als 364.000, das sind 65%, emigriert. Bauer stellt fest, daß 60% der Juden - er ist selber ein emigrierter deutscher Jude - aus dem Altreich emigriert sind. Er teilt die Emigrationsländer in sichere und unsichere Länder ein. Bis 1940 sind nach den sicheren Ländern emigriert: in die USA 85.000, nach der Schweiz 12.000, nach Latein-Amerika 85.000, nach Palästina 85.000, nach England 42.000 und 18.000 nach Schanghai, im Ganzen also etwa 329.000. In unsichere Länder wie Belgien 15.000, Frankreich 30.000, Holland 27.000 und andere Länder 38.000, insgesamt 110.000. Von den letzteren wissen wir nicht, wieviele die Nazi-Besatzung überlebt haben.[12]

Nach Strauss ist es den deutschen Juden in den USA relativ gut gegangen: "The immigrant from Central Europe... had on the whole, moved towards the economic and social level that he had occupied in his country of origin."[13] Sicher, am Anfang haben sie es schwer gehabt, sie mußten wieder von unten anfangen, aber das kann man nicht im entferntesten vergleichen mit dem, was wir durchgemacht haben und dem

---

11 Korherr, G.: Die Endlösung der deutschen Judenfrage, in: von Lang, J.: Das Eichmann-Protokoll, Berlin 1982

12 Bauer,Y.: American Jewry and the Holocaust, Detroit 1981

13 Strauss, H.A.: Immigration and acculturation, in: Leo Baeck Institute, Yearbook XVI., London 1971

sie entgangen sind. Am Anfang konnten sie sich das nicht vorstellen. So berichtet Schölch von einer Familie, die im September 1933 nach Palästina emigriert war, daß "deren Angehörige schon im November einen Antrag auf Wiedereinreise nach Deutschland für sie stellten (der von den sächsischen Behörden abgelehnt wurde - zum Glück für sie)[14].

Während des Krieges habe ich nie daran gedacht, daß die Juden, die in Freiheit lebten, wenig oder nichts für uns europäische Juden getan hätten. Erst in den letzten Jahren sind Vorwürfe, und dann besonders gegen die Juden, die in den USA lebten, vorgebracht worden. Sie haben im Krieg normal gelebt, oh ja, sie haben Protestversammlungen im Madison Square Garden abgehalten, sie sagten Kaddisch[15], sangen die Hatikwah[16], weinten und gingen dann wieder ihren normalen Weg. Viele werfen diesen Juden vor, daß sie nicht das Äußerste versucht haben, als es etwa die Gelegenheit gab, 70.000 Juden für 50 Dollar pro Person von Rumänien freizukaufen. Doch waren Erfolge möglich. Dieses bewies Hillel Cook alias Peter Bergson, der mit Hilfe von dem Secretary of Finance, Morgenthau, Präsident Roosevelt dazu brachte, am 22. Januar 1944 die War Refugee Board anzukündigen. Durch diese Maßnahme sind noch Tausende von Juden gerettet worden. Warum haben die Juden in den USA nicht mehr getan? Einer der Gründe war die Angst, daß durch die Einwanderung vieler Juden der Antisemitismus zunehmen würde.

Viele werfen den Juden in den USA ihr schlaffes Benehmen im Kriege vor. Elie Wiesel fragt: "Why American Jews did not do more, why they did not tear their clothes and wear ashes in mourning." Eine anonyme Überlebende sagte: "While you were wintering in Miami, buying a house in the suburbs and sending your children to the best schools, I was starving and my wife and children were gassed." [17]

Und Eitinger weist auf die amerikanischen Ärzte im allgemeinen hin, wenn er davon spricht: "...these extreme feelings of survivor guilt which the American colleages have stressed so much is partly due to (...) their own feeling of survivor guilt for the fact that they have been sitting back

---

[14] Schölch, A.: Das Dritte Reich, die zionistische Bewegung und der Palästina-Konflikt. Vierteljahreshefte für Zeitgeschichte, München 1982. Heft 4, Oktober. S. 646ff
[15] Name des jüdischen Totengebetes, Anm. M.H.
[16] hebräisch für: Hoffnung. Ein damals sehr populäres zionistisches Lied, die heutige israelische Nationalhymne, heißt "Hatikwah", Anm. M.H.
[17] vgl. Feingold, H.: Indicting American Jewry, Contempory American Issues, March 1984

during the war without moving a finger, without doing anything in order to help all those people who suffered in Europe."[18]

Obwohl 1944 schon Millionen von Juden ermordet waren, hätte man doch noch viele retten können. Als die Deutschen am 19.März 1944 in Ungarn einmarschierten, bekamen sie die letzte große Konzentration von Juden in Europa in ihre Hände. Zwischen dem 15.Mai und dem 8.Juli 1944, also in weniger als zwei Monaten, deportierten sie 437.000 Juden aus Ungarn, von denen nur 20.000 überlebten. Die Deutschen hatten in vier Zügen pro Tag 12.000 Juden nach Auschwitz deportiert.

Obwohl man es schon einige Jahre wußte, wurde der große Umfang der Judenvernichtung erst nach dem Kriege bekannt. Die Welt war erstaunt, sie war entsetzt, aber sie hat während der Jahre der "Endlösung" wenig zu unserer Rettung getan, so wie Feingold sagt: "The rescue of European Jewry had not so much a low priority; it had no priority at all. It was not spoken about."[19]

Die Welt, mit Ausnahme von Dänemark und Schweden, welche im Oktober 1943 7.000 Juden gerettet haben, hat versagt. Aber die Welt hat nicht die Juden deportiert, malträtiert und vergast. Das haben die Deutschen getan. Dieses größte Verbrechen in der Geschichte der Menschheit obliegt Deutschland für immer. Solange ich als Augenzeuge lebe, will ich das bezeugen und austragen. Daran kann auch ein Historikerstreit nichts ändern.

---

[18] Eitinger, L.: Jewish Concentration Camp Survivors, Diskussion, in: The Holocaust and its perseverance, Assen 1983
[19] vgl. Feingold, a.a.O.

Hans Keilson
Erinnerungen an Caputh

Vor einigen Jahren fand in der Deutschen Bibliothek in Frankfurt am Main eine Ausstellung über die Reform-Pädagogik statt. In der Dokumentation von Abbildungen und Texten wurde der Versuch unternommen, "einen zweifachen Verdrängungsprozeß transparent und wenigstens teilweise rückgängig zu machen: die leibhaftige Verdrängung der in Personen und Institutionen verkörperten progressiven Pädagogik aus Deutschland nach 1933 - und die Verdrängung dieses Vorganges aus dem Bewußtsein der Generationen von Lehrern und Erziehern, die seit 1945 herangewachsen sind."

Das Ganze schien mir kein leichtes Unterfangen zu sein, und der Anspruch, den man dem Zitat entnehmen kann, zielte gewiß nicht nur auf die bewußten, kognitiven Elemente. Zudem hatte ich den Eindruck, es betreffe hier ein politisches Unterfangen, politisch in dem Sinn der Sachen, um die es in der *Polis* geht, die Sache des Bürgers, des freien Bürgers. Bei der Aufhebung von Verdrängungsprozessen handelt es sich auch immer um die Lösung von emotionellen Erlebnisqualitäten, um die Befreiung von Gefühlen aus Verklammerungen und Zwängen.

Obwohl ich es immer vermieden habe und auch heute noch vermeide, als Magister Germaniae aufzutreten, nahm ich damals die Einladung zur Eröffnung der Ausstellung an. Ich wußte, und der Initiator der Ausstellung hat es mir auf meine Frage bestätigt, daß meine Tätigkeit als Lehrer und Erzieher an den Schulen der jüdischen Gemeinde und vornehmlich am Landschulheim Caputh den Anlaß zur Einladung bildete. Dieser Umstand erfordert einige nähere Informationen.

Während meines medizinischen Studiums an der Universität Berlin hatte ich noch in den Jahren 1928 bis 1930 an der Preußischen Hochschule für Leibesübungen in Spandau im sogenannten Akademiker-Lehrgang, an dem in der Mehrzahl Philologen teilnahmen - wenn ich mich nicht irre, als Pflichtfach - an einer Ausbildung zum Turn-, Sport- und Schwimmlehrer teilgenommen und Sommer 1930 mein Lehrerdiplom erhalten. Während meines weiteren medizinischen Studiums habe ich keinen Gebrauch davon gemacht. Das Motiv, mich auch in Spandau einschreiben zu lassen, war vielgestaltig und, wie ich es heute sehe, nicht frei von einer gewissen romantischen Tönung.

Ich kam ungefähr achtzehnjährig aus einer kleinen Provinz-Kreisstadt der Mark Brandenburg, im schönen Oderbruch gelegen, nach Berlin. In meine sehr adoleszenten Erwartungen von einem selbständigem Leben in der Großstadt hatte sich auch ein gerütteltes Maß von Angst vor diesem Leben und vor all dem Unbekannten, das es noch zu entdecken und zu bestehen galt, eingeschlichen. Und da ich schon auf der Schule viel Sport getrieben hatte, faßte ich plötzlich, als fiele er in einer Sekunde der inneren Erleuchtung wie vom Himmel, den Entschluß zu dieser Ausbildung. Heute, nach meiner Ausbildung als Psychoanalytiker, weiß ich diese Ängste auch triebpsychologisch näher zu erklären. Aber damals wußte ich es noch nicht. Nach dem Abschluß meines medizinischen Studiums mit dem Staatsexamen Januar 1934, ohne baldige Aussicht auf eine Praktikantenstelle an dem einzigen jüdischen Krankenhaus in Berlin, unbemittelt, bedrängt und verstört durch die allgemeinen Umstände des täglichen, allgemeinen und persönlichen Lebens erinnerte ich mich wieder meiner Spandauer Ausbildung. Durch Bemittlung kam ich an das Landschulheim Caputh. Dort, im sogenannten Einstein-Haus (die Stadt Berlin hatte es Einstein einst geschenkt und dieser hatte das Geschenk erst nach Klärung einiger heikeler Fragen angenommen), es war ein zweistöckiges Holzhaus, unten mit einem weiträumigen Gemeinschaftszimmer lebte und arbeitete ich. Es lag oben auf dem Hügel am Rande des Kiefernwaldes, von der weiten Terrasse hatte man einen herrlichen Blick hinunter auf die Häuser des Dorfes und auf den See; in diesem Haus, Einstein hatte Deutschland inzwischen schon verlassen, lebte ich mit einer Gruppe Adoleszenten, trieb Sport und unterrichtete auch jüngere Kinder. Nach ungefähr einem Jahr kam ich, da es nur wenige staatlich befugte jüdische Sportlehrer gab, an verschiedene Schulen der jüdischen Gemeinde in Berlin; langsam, nicht leichten Herzens löste ich meine Verbindung mit Caputh.

Als ich vor Jahren die Einladung nach Frankfurt am Main erhielt, ging ich zuvor durch die Ausstellung und sah mir die Abbildungen und Texte an. An den Wänden hingen auch Photographien vom Landschulheim Caputh, wie ich es in meiner Erinnerung hatte. Ich erinnerte mich auch an ein unvollendetes Manuskript, einen durchaus unfertigen ersten Entwurf, der Handschrift nach zu urteilen, Anfang der fünfziger Jahre, 1951 oder 1952, entstanden. Ein genaueres Datum kann ich leider nicht angeben. Ich beschloß, um zu zeigen, welche Bewandtnis es mit der oben genannten Lösung und Befreiung von Gefühlen aus Verklammerung und Zwängen hat, dies an einem Beispiel, einem ziemlich paradoxen Beispiel, zu demonstrieren. Ich las einige kurze Stücke aus diesem ersten Entwurffragment. Der Titel, der Arbeitstitel lautet: "Kleine Chronik der Zerstörung des Landschulheims in C."

Aber es war nie meine Absicht gewesen, je eine Chronik der Zerstörung zu schreiben. Mir schwebte vor zu erzählen, wie wir damals, in jenen Jahren, Kinder und Erwachsene, zusammen gelebt haben, damals in den Jahren, beim ersten Wetterleuchten der Schoah, bevor es geschah, um zu erzählen, was zerstört wurde im Landschulheim in C.

Ich bezweifle, ob ich es je noch einmal aufnehmen und vollenden werde.

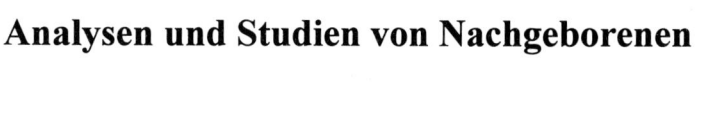

Analysen und Studien von Nachgeborenen

Johannes Lansen
Leben nach dem Überleben

Der zweite Weltkrieg wird noch lange von Bedeutung für uns sein. Wir wollen das nicht. Auch Herr Pieterse, einer meiner Patienten, wollte das nicht. Was Herrn Pieterse anbelangt, war der Krieg aus seinem Gedächtnis verschwunden. Herr Pieterse mied überhaupt alles, was mit Deutschland verbunden war, ohne daß er sich dessen bewußt gewesen wäre.

Wer war Herr Pieterse? Herr Pieterse, 1932 als sogenannter Halbjude geboren, hatte in dem Krieg nicht nur viele Bombardierungen erlebt. Als Holland und Belgien im Mai 1940 von Deutschland angegriffen wurden, floh die Familie unter Granatbeschuß aus dem Südwesten des Landes. In der allgemeinen Verwirrung wurde er von seinen Eltern und Geschwistern für kürzere Zeit getrennt. Der Teil Flanderns, wo die Familie später im Kriege bei Verwandten des nichtjüdischen Vaters wohnte, wurde 1944 von den sich zurückziehenden deutschen Truppen terrorisiert, wovon auch Schulkinder wie er nicht verschont blieben. Er wurde zusammengeschlagen und die Treppe heruntergeworfen, wobei sein Unterarm brach. Erst später stellte sich heraus, daß von der Mißhandlung ein leichter neurologischer Schaden zurückgeblieben war. Der Arm genas zwar, aber bis heute blieben eine leichte Taubheit und Ohrensausen.

Herr Pieterse studierte Baukunde und wurde später ein erfolgreicher Architekt mit eigener Firma. In den siebziger Jahren erwarb er eine schweizerische Niederlassung. Regelmäßig mußte er in die Schweiz fahren. Herr Pieterse liebte Sprachen; sein Französisch war sehr gut, und er beherrschte auch verschiedene andere Sprachen, nur kein Deutsch. Warum, wußte er nicht so genau.

Fast monatlich fuhr er mit dem Wagen in die Schweiz. Immer wieder genoß er die Fahrt durch Belgien, Luxemburg und Elsaß-Lothringen. Damals gab es dort kaum Autobahnen, aber die Gegend war so schön. Wenn er durch Deutschland gefahren wäre, hätte die Fahrt drei Stunden weniger gedauert. Dieses Benehmen war im Nachhinein gesehen ein Teil seiner unbewußten systematischen Meidung von allem, was deutsch war. Man kann damit leben, obwohl so etwas für einen Geschäftsmann bisweilen hinderlich ist.

Als sich im Laufe des Jahres 1990 die Wiedervereinigung Deutschlands vollzog und Radio und Fernsehen von Nachrichten und Bildern aus Deutschland überschwemmt wurden, fühlte sich Herr Pieterse unbehaglich. Deshalb freute er sich, daß er für seinen Betrieb, der immer internationaler wurde, mehr außereuropäische Reisen unternehmen konnte. So befand er sich Anfang September 1990 in einem Land im südlichen Afrika. Er erlebte dort ein paar erholsame Tage und in diesen ganz anderen Kulissen bemächtigte sich ein Gefühl von Wohlbehagen seiner. Er wohnte bei sehr freundlichen Leuten, die ihn am Sonntag zu ihrer anglikanischen Kirche einluden. Es würde ein Gottesdienst mit schöner Musik stattfinden, ein einheimischer Bischof sollte predigen und ein Shona-Chor (Shona heißt dort der größte Stamm) singen. Herr Pieterse, der seit der Kriegszeit die Kirche kaum noch kannte, fühlte sich zu Beginn ganz wohl. Bis zu dem Moment, als der Bischof ein Stück aus dem Neuen Testament las, wo Jesus zu seinen Jüngern von seinen Erwartungen spricht, daß sie von der Synagoge werden verfolgt werden. Herr Pieterse spürte ein Unbehagen, aber er konnte verstehen, daß so ein Wort in einen damaligen Kontext paßte. Und das alles war ja vor zweitausend Jahren. Da begann der Chor zu singen. Er stimmte die Melodie eines anglikanischen Gesangs an, der eigentlich ein alter hebräischer Psalm ist. Der Shona-Chor, diese liebenswürdigen schwarzen Menschen, stimmten die Melodie von "Deutschland, Deutschland über alles" an.

Herr Pieterse erschrak heftig, er fing an, leise vor sich hin zu weinen und fühlte sich total gelähmt. Er erlebte wieder, wie er als Knabe in Todesangst durch die Schule gejagt und die Treppe hinuntergeworfen wurde. Er sah erneut die Bilder der Flucht unter Granatfeuer und wurde überwältigt von dem unmittelbaren Wiedererleben der Trennung von den Eltern, als wäre er sieben Jahre alt. Es dauerte eine halbe Stunde, während der er sich nicht rühren konnte. Ein neben ihm sitzender Mann dachte vermutlich, daß diese Weise ihn sehr gerührt hätte und er vielleicht seine Familie vermißte. Auf seine Art kam er zu Hilfe und zeigte ihm im Gesangbuch, wo man war. Erst später, nach dem Gottesdienst, konnte Herr Pieterse seine äußere Fassung wiederfinden, aber er machte noch einige angespannte Tage durch und brach ab und zu in Tränen aus.

Obwohl ich Herrn Pieterse nicht als einen schwer leidenden Verfolgten betrachte, ist dieses Geschehen doch sehr anschaulich. Dieser Geschäftsmann hatte sein Leid zuvor ziemlich gut verarbeitet. Jedoch gab es ein Meidungsverhalten. Da kam dieser verräterische Überfall aus einer Ecke, von wo zuallerletzt damit gerechnet werden konnte, und ein kreativer und ausgeglichener Mensch wurde völlig unerwartet an einer empfindlichen Stelle getroffen. Eine an sich unschuldige und vielleicht schöne Melodie, unerwartet in einem entspannten Moment gehört, ruft eine Reihe von Erinnerungen wach, die angstbeladen und traurig sind. Die Geschichte von Herrn Pieterse ist nicht dramatisch. Nach einigen Gesprächen mit mir über diesen Vorfall konnte er darüber wieder hinwegkommen. In dieser Geschichte erkenne ich selber etwas wieder. Deutschland, ja eigentlich standen wir doch mit dem Rücken dagegen. Als ob unsere östliche Landesgrenze Wasser wäre, ein Meer. Eigentlich existierte es nicht. Ökonomisch war Deutschland natürlich wichtig. Viele meiner Landsleute verdienten viel Geld im Handel mit Deutschland. Unser Land ist in wirtschaftlicher Hinsicht ein Bundesland. Im Sommer wird es von deutschen Touristen überschwemmt, die hoffentlich nicht allzu unzufrieden mit unseren launenhaften Sommern sind. Eigentlich rede ich ab und zu gern mit einzelnen Deutschen.

1988 war ich in Hannover auf einem Kongreß mit dem Thema "Spätfolgen der Verfolgung". Zum ersten Mal war ich unter so vielen Deutschen. Ich wurde müde von ihren Streitigkeiten untereinander wegen des Krieges, obwohl sie sich in der Ablehnung der Nazis einig waren. Welch' eine Heftigkeit in den Diskussionen - was für eine Aggression, fast Religions-Zankereien!

Fast immer bewahre ich gute Erinnerungen an einzelne Deutsche. Zehn Deutsche zusammen aber können unter Umständen unangenehm sein. Ich habe schlechte Erinnerungen an eine Busfahrt, bei der alle anderen Deutsche waren. Ich habe einige Jahre in Davos gewohnt, wo reiche deutsche Touristen mit großen Mercedes-Fahrzeugen mir viel Ärger gemacht haben. Wie überlegen sie sich benommen haben!

Ich merke, daß ich sehr unangenehm über Deutsche schreibe. Sagt man nicht auch von Juden lästernd: Ein Jude ist o.k., aber wehe, wenn hundert von ihnen zusammen sind? Übrigens, worin unterscheiden sich Holländer von Deutschen? Ein Ausländer merkt überhaupt keinen Unterschied.

Trotzdem gab es für mich kein Deutschland. Anfang 1991 wurde ich mit Anliegen von jüdischen Therapeuten aus Berlin konfrontiert. Berlin! Gibt es noch Juden in Berlin? Was suchen Juden überhaupt noch in Deutschland?! Es zeigte sich, daß eine verhältnismäßig große Anzahl von Juden, rund siebentausend, in Berlin ansässig ist, und seit August 1990 sind noch mal mehr als zweitausend Juden aus der Sowjetunion dazugekommen. Jüdische Psychologen und Ärzte baten mich um meine fachliche Hilfe. Seitdem besuche ich die Stadt regelmäßig, um meinen Kollegen mit Supervision, Beratung und Lehre (zum Beispiel über die Problematik der "Zweiten Generation") Hilfe zu leisten.

Ich kann es mir nicht leisten, so zu tun, als ob es kein Deutschland gäbe. Ich begegne allerhand Personen. Neulich fragte mich ein älteres Ehepaar in einer Konditorei, was ich da in Berlin mache. Ich habe es ihnen in Kürze dargelegt. danach fragte mich die Frau, weshalb Juden sich lieber von einem Mitglied ihrer eigenen Rasse helfen lassen. Liebe Frau, so etwas wie eine jüdische Rasse gibt es nicht. Diese Ansichten haben Sie sich wahrscheinlich in einer finsteren Vergangenheit erworben. Juden lassen sich gerne wegen einer Lungenentzündung oder anderen Krankheiten von einem erfahrenen Arzt helfen, ob er Jude ist oder nicht. Aber Juden in Deutschland und wohl auch anderswo möchten sich in ihrer psychischen Not am liebsten von Menschen verstanden wissen, die die Geschichte ihres Volkes und ihrer Familien kennen und die wissen, was Verfolgung bedeutet. Vielleicht werden auch deutsche Therapeuten eines Tages dazu imstande sein. Aber Juden gehen nicht gern das Risiko ein, Widerwilligkeit, Unverständnis oder übertriebene Zuneigung zu erfahren. Auch bei uns in Holland ist das so, freilich weniger zugespitzt.

Deutschland läßt mich nicht los. Ich sehe viele deutsche Fernsehsendungen. Ich verstehe, daß bestimmte Kreise mutig versuchen, das Geschehen der NS-Zeit zu verarbeiten, trotz aller Aufmerksamkeit, die der Wiedervereinigung geschenkt wird. Ich verstehe, daß eine Art Übersetzungsarbeit notwendig ist zwischen Verfolgten und ihren Nachkommen einerseits und Nachkommen der Täter und Mitläufer andererseits. Ich verstehe auch, daß das graue Mittelfeld zwischen Verfolgten und Tätern in Deutschland viel kleiner ist als bei uns. Wie mühsam ist die Arbeit, die Kinder der Täter und Mitläufer einsehen zu lassen, daß sie eine doppelte Loyalität haben: zu ihren Eltern und zu den Verfolgten; daß sie die Taten und Lebensauffassungen ihrer Eltern verurteilen müssen, und daß sie dabei sich selbst weder verachten noch verherrlichen dürfen.

In unserem eigenen Land empfinde ich mich selbst oft als Übersetzer.

Izak Vogel war vier Jahre alt, als er zusammen mit seinen Eltern (ein Wunder) in Theresienstadt befreit wurde, wuchs ziemlich normal auf, heiratete, bekam Kinder, arbeitete als Vertreter, hatte keine Beschwerden, bis 1983 seine Mutter starb. Izak Vogels Welt zerbrach. Er wurde von angstvollen Phantasiebildern überfallen. Er träumte zum Beispiel von einer Treppe, irgendwo außerhalb, neben einem Haus in einer fremden Stadt. Es hat zu tun mit Schrecken, Hunger und Tod. Langsam kommen auch andere Bilder: ein Zug voll toter Menschen in gestreiften Anzügen, ein ausgemergelter Mann, der ihn eine Treppe hinaufjagt, um Izak ein Stück Brot aus der Hand zu reißen. Ein deutscher Soldat, der Izaks auf dem Boden liegenden Vater mit einem Gewehrkolben schlägt. Izak steht ratlos daneben, er schreit nach seiner Mutter, aber sie kommt nicht. Wir können Izak nicht heilen; wir helfen ihm und nehmen der Vergangenheit ein wenig von ihrer Gewalt. Fast niemand versteht ihn richtig. Seine Frau tut ihr Bestes, aber sie ist dieser Sache nicht gewachsen. Der Hausarzt und Internist sind etwas jünger als er und fragen sich, weshalb jemandem, der jetzt schon sieben Jahre lang von Depressionen und Ängsten gequält wird, so schlecht mit Medikamenten zu helfen ist. Ärztliche Untersucher, die wegen der Erstellung von Gutachten mit seiner Geschichte befaßt sind, stehen vor einem Rätsel: Bis 1984 gab es keine Problematik; wie ist es möglich, daß jemand wegen des Todes seiner alten Mutter so schwer und so lange aus den Fugen gerät? Izak hat doch zumindest bewußt nahezu nichts vom Elend der Verfolgung mitgemacht? Aus irgendeinem Grund sprach ich mit dem Bürgermeister seiner Stadt, einem gebildeten Mann, die Stadt hat mehr als einhunderttausend Einwohner. Weshalb will, so fragt er, dieser Izak Vogel umziehen? Seine 80jährigen Nachbarn waren zwar Kollaborateure im Krieg, aber was macht das jetzt? Und weshalb nimmt er so einen Anstoß an ihrer Lärmbelästigung, ist das nicht ein wenig übertrieben? Man kann doch nicht wegen ein paar Jahren der Verfolgung im Kleinkindalter ein halbes Leben lang labil sein!

Weshalb ist Izak Vogels Geschichte so schwer zu verstehen? Es ist, als ob die Menschen, die mit ihm in Berührung kommen, ihn eine Fremdsprache reden hören. Er erzählt, sie hören ihm zu, aber sie können ihm nicht folgen. Sie begreifen, daß er große Schwierigkeiten hat, aber wie ist das möglich? Manchmal versteht er es selbst auch nicht. Die Isolation wächst, weil es keine Übersetzung gibt. Bisweilen kann ich für ihn übersetzen, um den anderen etwas verständlich zu machen. Mitunter übersetze ich die rätselhaften Dinge, die er empfindet, für ihn selbst, weil er nicht immer selbst die Verbindung herstellen kann. Ein einzelnes Bild genügt manchmal zum Verstehen seiner Angst: "Deine Mutter konnte damals auch nicht dabei sein, als man deinen Vater schlug, Du warst allein dabei, unter Fremden." Aber so leicht geht dieses Übersetzen meistens nicht; den Text seiner Geschichte zu entziffern, fällt auch mir meistens nicht leicht.

Es gibt viele von diesen Texten, wie zum Beispiel den von Bram. Bram war zwölf Jahre alt, als er um ein Uhr mittags, Sommer 1943, sein Versteck schnellstens verlassen mußte. Dort war eine Nachricht angekommen, daß seine Eltern mit seinen Geschwistern in ihrem Versteck gefaßt worden waren. Er mußte sofort weg, es gab keine andere Möglichkeit. Er bekam noch ein wenig Brot mit für unterwegs. Wohin? Er lief. Mit dem Bus irgendwohin zu fahren, war zu gefährlich. Nach zwei Tagen kam er bei einer Tante an, die mit einem Nichtjuden verheiratet war. Sie erschrak offensichtlich und wollte ihn nicht aufnehmen. Sie erlaubte ihm aber, über Nacht bei ihr zu bleiben. Am nächsten Tag mußte er weg aus dieser niederländischen Kleinstadt. Wohin jetzt? Ziel unbekannt. Nach Westerbork, ins Durchgangslager, zu seinen Eltern? Nein, das niemals, das hatte der Vater vorher ausdrücklich verboten. Er lief wieder einen ganzen Tag und legte sich am Abend irgendwo unter einen Busch. Der schlafende Junge wurde von einem aufrechten Holländer gefunden, der ihn zu seinem Pfarrer brachte. So mußte er immer wieder umziehen, von einem Versteck zum anderen. Er überlebte - seine Eltern und Geschwister nicht. Heutzutage zieht er mitunter wieder um und gibt seine Adresse zuerst niemandem bekannt. Im Jahre 1991 ist das nicht sehr praktisch. Gute Freunde ruft er von seiner neuen Adresse an, später wird er ihnen wohl sagen, wo er wohnt.

Man muß ihnen und anderen verständlich machen, daß Bram eigentlich immer noch untergetaucht ist, und daß er ihnen nicht die Last aufbürden will, seine Adresse zu kennen. Bei einem strengen Verhör werden die Menschen die Adressen anderer preisgeben, und man darf ihnen das nicht übelnehmen; deshalb sollte man alles tun, um zu vermeiden, daß Menschen überhaupt in so eine Situation geraten.

Die Opfer der Verfolgung sind nicht ausgestorben. Die Kinder, die Lager und Versteck überstanden haben, können noch fünfundzwanzig Jahre auf der Welt sein. So lange wird es notwendig sein zu übersetzen, was ihre Verwundungen bedeuten, eine Übersetzung für Behörden, Krankenversicherungen, Ärzte, Therapeuten und Mitbürger.

Die Opfer können das nur zum Teil selber tun. Manchmal sieht man, daß ihre Kinder den Gefühlen der Eltern Ausdruck verleihen. Wir nennen diese Kinder, die nach dem Krieg Geborenen, die "zweite Generation". Diejenigen, die während der deutschen Besetzung Kinder waren, wie Izak und Bram, gehören zur "ersten Generation" und sind "child survivors", überlebende Kinder. Es ist möglich, daß die zweite Generation die Probleme der Eltern mehr oder minder deutlich übernimmt. Zum Beispiel, wenn sie Beschwerden von der Art bekommen, wie ich sie hier beispielhaft anfügen möchte: Ein jüdischer Junge, 15 Jahre alt, erleidet beim Zahnarzt beinahe Todesangst vor der Spritze und benimmt sich sonderbar. Sein Vater war in Auschwitz Augenzeuge von "medizinischen" Experimenten.

Und Mathilde, 24 Jahre alt, hat eine Phobie vor Zügen und Duschen entwickelt, wie ihre verfolgte Mutter. Kinder wie Mathilde können diese Gefühle, diese Ängste wiedergeben, aber sie nicht übersetzen. Diese Aufgabe ist die unsrige und die Ihrige.

Ist es jetzt zu spät? Möchten Sie, möchten andere diese Geschichten verstehen? Übersetzen ist eine wichtige Sache, damit Sie und wir nicht sagen können: "Wir haben es nicht gewußt."

Den Historikerstreit in Deutschland kann ich nicht anders sehen als eine Art Übergang von "Wir haben es nicht gewußt" über "Wir haben es nicht wissen wollen" zu "Wir wollen es immer noch nicht wissen". Auch bei uns in den Niederlanden findet man so etwas wie Verleugnung. Die Geschichten seien ja nicht zum Anhören. Man geriete selbst davon aus den Fugen. (Das passiert übrigens manchmal auch den Ehepartnern dieser Überlebenden oder denen, die diesen Opfern Hilfe leisten.)

Die Übersetzungsarbeit wird schwieriger, je weiter wir uns vom Kriege entfernen. Die Zeit schreitet voran. Die jüngere Generation hat noch Kenntnisse davon aus den Büchern, man hat etwas darüber gelesen. Ein Land oder Volk weiß jedoch nicht, wie es mit solchen Opfern umgehen soll.

Auch Holland wußte das nicht. dieses Land hatte den Krieg gegen Deutschland verloren, es war sehr erniedrigt und wurde von mächtigen Alliierten befreit. Holland hatte seine jüdischen und andere Mitbürger nicht vor dem Nazi-Terror beschützen können. Innerhalb der west-europäischen Länder war die Zahl der ermordeten Juden in Holland am höchsten. Aber nach dem Krieg war es notwendig in diesem Lande, wo das Selbstvertrauen ernsthaft geschädigt war, rasch zum Wiederaufbau überzugehen und alles andere zu vergessen. Es wuchs eine tiefe Kluft zwischen den Opfern der Verfolgung und dem Hauptstrom unserer Gesellschaft.[1] Was man überhaupt nicht sah, waren die Folgen der psychischen Probleme und Störungen sowohl in der jüdischen Gruppe als auch in anderen (zum Beispiel die der Widerstandsbewegung).

Später, in den 70er und 80er Jahren, gerieten viele Kinder-Überlebende nach einem scheinbar erfolgreichen Leben in Schwierigkeiten. Auch sie kamen, im Alter von 40 bis 60 Jahren, in eine Lebensphase, in der Gefühle und Erinnerungen an die Oberfläche drängten, von denen sie dachten, sie gehörten zu einem abgeschlossenen Kapitel ihres Lebens.

Dann gibt es noch die Zweite Generation. Eigentlich will niemand davon Kenntnis nehmen. Für Juden ist es sehr traurig, fragen zu müssen: "Hat

---

1 Vgl. etwa Hondius, D.: Terugkeer, Antisemitisme in Nederland rond de bevrijding, `s-Gravenhage 1990; Anm. M.H.

Hitler den Erfolg gehabt, daß er auch unsere Kinder noch treffen kann? Hat er am Ende also doch gewonnen? - Niemals!"
Aber inzwischen entstanden viele ernsthafte Formen psychischer Unausgeglichenheit. In der jüdischen psychiatrischen Gesundheitsfürsorge haben wir viel Erfahrung damit gesammelt. Als die niederländische Obrigkeit dies bezweifelte, gab sie 1989 eine Untersuchung in Auftrag, bei der eine Stichprobe aus der jüdischen Zweiten Generation mit einer Kontrollgruppe aus der allgemeinen Bevölkerung verglichen wurde. Der 1990 erschienene Bericht weist überzeugend nach, daß die jüdische Zweite Generation psychisch viel unausgeglichener ist als die Kontrollgruppe.
Daß junge Menschen nichts mehr vom Krieg und der NS-Verfolgung wissen. kann man verstehen. Sie sind bereit, darüber zu hören, aber im allgemeinen werden sie sich wundern, daß das alles noch nicht vorbei ist. Es ist schlimmer, daß in breiten Schichten der Bevölkerung die Gleichgültigkeit, der Mangel an Interesse, zunimmt, je materialistischer die Gesellschaft wird. Die Sprache des Leids und des Kummers wird in einer materialistischen Gesellschaft nicht verstanden. Eine Oberflächlichkeit nimmt zu, die der Tragik den Zugang verweigert. Sie wird abgewehrt und in unser Erleben nicht mehr hereingelassen.
Auch aus dieser Sicht wäre es gut, wenn im Unterricht wieder die Aufmerksamkeit für das menschliche Leid und die tragischen Aspekte des Menschseins aufleben würde.
Das Leid zu übersetzen, ist oft eine unwillkommene Angelegenheit. In einer hedonistischen Gesellschaft ist diese Arbeit bisweilen undankbar. Unwillkommen ist noch eine andere Nachricht: die Erkenntnis, daß in jedem Menschen ein potentieller Faschist schlummert, in Ihnen und in mir. Was an Verfolgung geschah und jetzt noch auf der Welt geschieht, ist nicht etwas, das nur von einzelnen psychisch Kranken, Sadisten, organisiert worden ist. Daß die jüdische Bevölkerung wie ein Segment aus der deutschen Gesellschaft isoliert und herausgeschnitten wurde, das ist von durchschnittlichen Menschen akzeptiert und durchgeführt worden. Es ist eine sehr undankbare Aufgabe, auf das Böse in uns achtzugeben. Von jedem Menschen kann eine destruktive Tendenz ausgehen.
An der Sorge für das Leben der Stiefkinder des Glücks, für die Armen, die Bedürftigen, die Alten, die Kranken, kann man die Humanität einer Gesellschaft ablesen. Zu dieser Humanität gehört auch, wie viel Aufmerksamkeit wir denjenigen schenken, die unter der Verfolgung vom Mitmenschen leiden. Dafür benutzen wir wohl den Begriff "man-made-desaster", eine vom Menschen verursachte Katastrophe.

Opfer von "man-made-desasters" werden immer unter uns sein. Jährlich kommen Zehntausende von Flüchtlingen in unsere Länder, unter ihnen Tausende politischer Flüchtlinge, die körperlich und psychisch gefoltert worden sind. Viele davon werden in ihr Land zurückgeschickt, weil ihre Geschichte nicht genügend übersetzt wird. Auch die Opfer von Inzest, Frauenhandel und Verbrechen weilen unter uns.

Die Sorge für Verfolgungsopfer, die Notwendigkeit des Übersetzens ihrer Geschichte, das ist ein Gebot, um unsere Gesellschaft an die Sorge für alle, die neue Opfer sind, zu erinnern. Nötigt die Menschen, diese Nachricht zu hören, damit keine neuen Katastrophen stattfinden! Oder wird solche Nötigung die Ohren und Herzen eher verschließen als öffnen? Das ist ein Dilemma, für das die Regierungs-, Kultus- und Schulbehörden eine Lösung finden müssen.

Jürgen Müller-Hohagen
Psychotherapeutische Erfahrungen bei der Behandlung von psychischen Störungen in der dritten und vierten Generation[1]

"Sind wir denn schon so weit?" war der erstaunte Ausruf einer Mitarbeiterin in der Dachauer KZ-Gedenkstätte, als ich ihr den Titel dieses Beitrags nannte. Seelische Auswirkungen des Nazi-Terrors in der zweiten Generation seien ihr natürlich bekannt, aber auch in der dritten oder gar vierten Generation?

Ich zitiere diese spontane Äußerung deshalb, weil es sich bei dieser Mitarbeiterin gerade nicht um jemanden handelt, der die Auswirkungen der Nazi-Zeit herunterspielen möchte. Ähnlich überraschte Reaktionen kenne ich von Laien ebenso wie von psychologischen Fachleuten. Wenn man solche Zusammenhänge, die über Generationen hinwegdauern, übersieht, verkennt man unter Umständen fortgesetztes Leiden an den Nazi-Verbrechen und verstärkt es möglicherweise noch. Das ist eine Gefahr, auf die ich mit diesem Beitrag hinweisen möchte. Wie ich selbst zu diesem Thema gekommen bin, soll hier kurz angedeutet werden.

Allgemein gesehen geht es ja in Psychotherapie und Beratung zentral um die Auseinandersetzung mit schädigenden Formen des Vergessens. Tagtäglich suchen wir Klienten und Familien dabei zu helfen, aus dem Schatten einer sie belastenden Vergangenheit herauszukommen und sich freier auf Gegenwart und Zukunft einzustellen. Von daher gibt es hier viele Erfahrungen und Möglichkeiten, die auch für die Auseinandersetzung mit der Nazizeit unerläßlich sind. Wir kennen uns aus mit Verleugnung und Verdrängung, wissen um ihre schädlichen Wirkungen, aber auch um ihre Funktion, Menschen zunächst vor einem Zusammenbruch zu schützen.

Und doch fällt auch unter Therapeuten und Beratern dieses Nachdenken bemerkenswert schwer. Ich selber bin 1946, also kurz nach dem Ende der Nazi-Herrschaft, geboren und wuchs auf in einer familiären und sonstigen Umgebung, in der die Nazizeit massiv verdrängt wurde. Das merkte ich aber erst viel später. Meine Eltern waren Sympathisanten ("Mitläufer") gewesen. Seit 1971 bin ich in meinem Beruf tätig, habe eigene Analyse

---

1 Überarbeitete Fassung eines Vortrags während der Internationalen Tagung der Medizinischen Hochschule Hannover vom 11.-14.10.1989 zum Thema: Psychische Schäden alternder Überlebender des Nazi-Terrors und ihrer Nachkommen

41

und psychotherapeutische Zusatzausbildung hinter mir, doch nirgendwo wurde ich konkreter mit seelischen Auswirkungen der Nazizeit konfrontiert. Die Schrecken und Abgründe des Dritten Reichs waren mir in Grundzügen bekannt, aber an meinen Klienten oder mir selber bemerkte ich nichts davon. Erst in den letzten Jahren änderte sich das allmählich. Etwa ab 1983 während meiner Tätigkeit am Kinderzentrum München und seit 1986 an der Evangelischen Erziehungs- und Familienberatungsstelle München-Nord wurde ich zunehmend aufmerksam für die Bedeutung traumatischer Erfahrungen in der persönlichen oder familiären Vorgeschichte und dabei speziell auch von Nazi-Hintergründen. Wir haben dann 1987 von unserer Beratungsstelle aus eine Fachtagung für den Evangelischen Fachverband für Lebensberatung durchgeführt zum Thema "Spätfolgen von Krieg, Gewaltherrschaft, Entwurzelung, existentiellen Bedrohungen: Familiendynamik im Spannungsfeld zwischen Abwehr und Bewältigung".

Kurz umreißen möchte ich hier einige Stationen, wie ich in meiner Arbeit überhaupt erst auf diese Thematik aufmerksam geworden war. Dies zog sich über mehrere Jahre hin.

Ich hatte einige jüdische Familien in Behandlung, spürte ihre und meine Befangenheit, auch wenn wir teilweise recht offen miteinander reden konnten. Oder es machte mich auf andere Weise nachdenklich, als ein Vater nach längerer Zeit ganz beiläufig über Kindheitserlebnisse während des Krieges erzählte, die in meinen Augen ausgesprochen traumatisch und zugleich für die Familientherapie sehr relevant waren, denen er aber keinerlei Bedeutung beimaß: "Ich dachte, das gehört nicht hierher." Diesen Satz habe ich mehr als einmal gehört.

In der Arbeit mit einer Mutter, deren diffuse Schuldgefühle ihrem Sohn gegenüber mir lange Zeit rätselhaft geblieben waren, bedeutete es einen Durchbruch, als ich sie schließlich fragen konnte, ob sie eigentlich als Kind oder Jugendliche sexuell verführt worden sei. Eine Reaktion auf solchen massiven Mißbrauch kann bekanntlich in schwer greifbaren Schuldgefühlen bestehen. Und es war wirklich so gewesen! Diese und ähnliche Erfahrungen bestimmten mich sehr auf meinem Weg, die Verdrängung traumatischer Erlebnisse stärker zu berücksichtigen und brachten mich auf die Vermutung, manche Auswirkungen von Nazi-Traumata könnten ähnlich verborgen sein wie bei jenen diffusen Schuldgefühlen nach sexuellem Mißbrauch. Bei dieser Frau kam dann noch hinzu, daß sie als Kind schlimmste Bombennächte im Bunker mit schreienden, hilflosen Erwachsenen erlebt hatte. Eigenartig und niemals so recht zu greifen, auch nicht im Verlauf einer längerdauernden Therapie, blieb der Umstand, daß ihr Vater Halbjude war, dies zwar geschickt verbergen konnte, aber die Eltern hatten in ständiger Angst gelebt. An dieses Thema war auch heute noch kaum zu rühren.

In meiner oft sehr langdauernden und intensiven Arbeit mit Familien kam über Jahre hinweg eine Reihe solcher Erfahrungen zusammen. Aber obwohl sie mich tief berührten, waren nicht sie es in erster Linie, die mich mehr auf Traumatisierungen durch die Nazizeit achten ließen. Ausschlaggebend wurde vielmehr die Feststellung, die ich widerwillig, aber zunehmend deutlicher an mir machte: In mir gab es ein ungeahntes Maß an Verleugnung und Verdrängung in Bezug auf die Traumatisierung. Als ich ein Buch über Psychotherapie mit behinderten Kindern schrieb, hatte ich bei einem speziellen Kapitel auffällige Arbeitsstörungen: Behinderung als Trauma. Eher noch stärker bemerkte ich in Bezug auf Traumatisierungen aus der Nazizeit ungeahnte blinde Stellen in mir, aber auch allgemeiner in Psychologie und Psychotherapie. Mich als Therapeuten ernst zu nehmen hieß nach dieser Einsicht, erst recht diesen Themen nachzugehen. Meine eigene Verleugnung und Verdrängung waren mir ein Hinweis auf Umfang und Macht von traumatischen Erfahrungen allgemein und, wie ich immer mehr merkte, von solchen aus der Nazizeit im besonderen.

In der Folgezeit stieß ich in meiner alltäglichen Arbeit in der Beratungsstelle in einem Ausmaß auf Auswirkungen der Nazizeit, das mich doch sehr überraschte. Ich habe dies in einer Buchveröffentlichung näher dargestellt[2]. Vor kurzem bin ich - ohne jeden wissenschaftlichen Anspruch im üblichen Sinne - daran gegangen, eine kleine Statistik darüber anzulegen, bei wie vielen meiner Familien des vergangenen Jahres (1988) Hintergründe aus der Nazizeit (als Opfer, Täter, Sympathisanten...) eine bis heute wesentliche Rolle spielen: Ich kam auf über 40%! Und keine der Familien hatte irgendetwas darüber gewußt, daß ich mich mit dieser Thematik schon länger befasse.

Von mehr als zehn Familien wurde mir - manchmal früh, z. T. aber auch erst nach längerer Zeit - bekannt, daß die heutigen Eltern selber oder ihre Eltern oder Großeltern Opfer des Nazi-Terrors waren, als Juden, Sinti, politisch Verfolgte, Euthanasieopfer. Ich nehme an, daß darüberhinaus manch einer meiner Klienten nie über entsprechende Hintergründe bei sich selber gesprochen hat. Die Kinder, wegen denen jene Familien zu mir kamen, gehörten der zweiten, dritten oder vierten Generation an. Von diesen Erfahrungen möchte ich einen Eindruck wiedergeben.

---

2 Müller-Hohagen, J.: Verleugnet, verdrängt, verschwiegen. Die seelischen Auswirkungen der Nazizeit, München 1988

Das Erstgespräch mit Frau G. hat sich mir tief eingeprägt. Sie kam wegen erheblicher Verhaltensschwierigkeiten ihres 10jährigen Sohnes Simon, die sowohl in der Schule gehäuft auftraten als auch zu Hause. Laut Untersuchung in einer renommierten medizinischen Ambulanz war das zumindest teilweise auf eine deutlich vorhandene Minimale Cerebrale Dysfunktion (MCD) zurückzuführen. Frau G. wußte, daß ich mich damit näher beschäftigt hatte und wollte sich deshalb eingehenden Rat holen, wie sie besser mit ihrem Sohn umgehen und ihm auch bezüglich der Schule helfen könne. Die sekundären Folgen der MCD sind bekanntlich oftmals viel gravierender als die ursprüngliche (leichte) funktionelle Störung, und sie äußern sich gar nicht selten in einem sehr auffälligen Sozialverhalten. Obwohl sich nun manches in Frau G.s bemerkenswert klarem Bericht vor diesem Hintergrund verstehen und einordnen ließ, blieben doch einige Punkte, die ausgesprochen rätselhaft wirkten.So berichtete die Mutter, daß Simon mit seinen zehn Jahren jeden Mittag, wenn er aus der Schule komme, die "Süddeutsche Zeitung" von Anfang bis Ende durchlese. Allenfalls den Wirtschaftsteil überfliege er nur. Er brauche das nach seinen Angaben zur Entspannung. Oder ich erfuhr, daß ihn das Geiseldrama in Gladbeck in extreme Ängste versetzt hätte, die so weit gingen, daß er sich selbst bedroht und verfolgt fühlte. Ihm in seiner offenkundigen Not zu helfen, sei aber generell sehr schwer, da er in Schule wie auch Elternhaus an seiner negativen Rolle geradezu extrem festhalte. Zum Beispiel weigerte er sich häufig, im Haushalt mitzuhelfen und spreche dann davon, man wolle ihn foltern.

Frau G. hatte mir während des Gesprächs bereits auf eine Frage hin mitgeteilt, daß sie Jüdin sei. Als ich mich nun aufgrund dieser Auffälligkeiten von Simon an sie wandte, ob ihre Familie verfolgt worden sei, teilte sie mir mit, daß ihr Vater in Auschwitz war, darüber aber nie mit ihnen gesprochen habe. Durch Verwandte wisse sie nur, daß er Entsetzliches habe mitansehen, erdulden und wahrscheinlich auch ausführen müssen. Sie selber habe sich schon seit längerem gefragt, ob Simons auffälliges Verhalten etwas mit diesem entsetzlichen Familienhintergrund zu tun haben könne.

Aufgrund ihres sehr klaren Berichts halte auch ich diesen Zusammenhang für außerordentlich wahrscheinlich. Warum sonst sollte ein 10jähriger Junge täglich die "Süddeutsche Zeitung" verschlingen und zugleich sich sowenig gegen die Vorgänge im fernen Gladbeck absetzen können? Natürlich mochte dabei eine größere psychische Labilität aufgrund der MCD mitspielen, aber wohl nur im Sinne einer allgemein höheren Störbarkeit, aufgrund deren er wahrscheinlich mehr noch als seine Geschwister von dem Familienschicksal geprägt ist. Hinzu kommt, daß er als ältestes Kind zugleich auch das erste Enkelkind dieses Großvaters war und man von daher annehmen kann, daß auf ihm von Anfang an besondere Erwartungen lagen.[3]

Simon selber habe ich bisher noch nicht zu Gesicht bekommen. Als die Mutter mit ihm über die Möglichkeit von Therapie sprach, flehte er sie an, er könne einfach nicht darüber sprechen, wie es in ihm aussehe, und wenn man ihm doch irgendwo hinbringe, so würde er dort nur etwas vorspielen. Die tiefe, hier zum Vorschein kommende Angst davor, sich "offenbaren" zu müssen, kann ich nur so sehen, daß sie zumindest wesentlich mit dem Verfolgungsschicksal der Familie zu tun hat.[4] Von daher stand es für mich auch nicht zur Diskussion, etwa auf der Durchführung einer Therapie zu bestehen, sondern ich bot der Mutter an, daß wir weiterhin in Verbindung bleiben könnten. Jener Satz von Simon aber, er würde nur etwas vorspielen, hat sich mir tief eingeprägt, denn in bewegender Weise belegt er, in welch schwerer innerer Situation sich dieser Junge aus der dritten Generation befindet, wenn er Hilfe so sehr fürchten muß.

Ich gehe davon aus, daß wir es in Psychologie, Psychiatrie, Psychotherapie gerade angesichts von Verweigerungen bzw. Kontakt- oder Therapieabbrüchen immer wieder auch mit Auswirkungen der Verfolgung zu tun haben können. Das aber dürften wir häufig übersehen und schätzen dann unsere Klienten falsch ein, helfen vielleicht noch, ihr verborgenes Leid zu vergrößern. Weil wir bei heute lebenden Kindern die Nazizeit so weit entfernt wähnen, ist solch ein Hinweis auf mögliche Auswirkungen in der dritten und vierten Generation besonders wichtig. Deshalb möchte ich dieser Thematik auch noch anhand einer zweiten Darstellung weiter nachgehen.

Mir wurde der achtjährige Dirk vorgestellt wegen Bettnässens sowie Kontaktproblemen in der Schule. Schon bald zeigte sich deutlich, daß seine Schwierigkeiten eng mit der jeweiligen Verfassung der alleinerziehenden Mutter zusammenhingen, und so verlagerte sich das Schwergewicht der Behandlung auf die Gespräche mit ihr. Dirks Zustand besserte sich parallel dazu. Einen zentralen Punkt in der Familiendynamik und si-

---

[3] vgl.Grubrich-Simitis, I.: Extremtraumatisierung als kumulatives Trauma. Psychoanalytische Studien über seelische Nachwirkungen der Konzentrationslagerhaft bei Überlebenden und ihren Kindern, Stuttgart 1979, in: Psyche 33, S. 991-1023 und Bergmann, M.S. u. M.E. Jucovy: Generations of the Holocaust, New York 1982

[4] vgl. Ahlheim, R: "Bis ins dritte und vierte Glied". Das Verfolgungstrauma in der Enkelgeneration. Stuttgart 1985, in: Psyche 39, S.330 - 354

cherlich auch in der Genese von Dirks Schwierigkeiten machte es aus, daß in der Familie seit Generationen Männer eine Rolle nur ganz am Rande spielten. Die Ursache dafür war Frau T. bewußt: Ihr Großvater war ein prominenter Gegner der Nazis, wurde von diesen kurz nach der "Machtergreifung" verhaftet und später ermordet. In der Familie hatte er auch nach seinem Tod eine zentrale Position, und zwar offensichtlich in Form eines idealisierten Standbilds, an dem im weiteren alle Männer, seien es Söhne, Partner oder Brüder, gemessen wurden. Es scheint so, daß sie allesamt keine Chance hatten, gegenüber diesem Bild zu bestehen, ihre Individualität zu entwickeln und zu leben. So wuchs auch Frau T. mit dem übermächtigen Bild des Großvaters auf, erfuhr aber kaum etwas an realer Auseinandersetzung mit Männern. Das wirkte sich auf ihre Beziehungen zu Partnern aus, und es war in unseren Gesprächen nicht schwer herauszuarbeiten, daß sie von daher auch ihrem Sohn gegenüber Schwierigkeiten hatte.

Insgesamt gewannen wir einen recht klaren Zugang zur Psychodynamik des Jungen und zum familiären Hintergrund. Die Beratungen verliefen offen und vertrauensvoll, Dirks Probleme besserten sich überzeugend - aber dann kam Frau T. nicht mehr. Ich rief sie schließlich an, sie entschuldigte sich, erschien auch wieder, dann aber noch zweimal der gleiche Anlauf, bis ich es schließlich aufgab, ihr weitere Termine anzubieten. Ich war überrascht, auch verunsichert über diesen für mich aus dem bisherigen Ablauf nicht verständlichen Abbruch. Daß das Verfolgungsschicksal der Familie dabei eine Rolle spielte, war zwar eine Vermutung, die sich anbot, aber was war im einzelnen der Grund? Stellte ich als männlicher Therapeut von vornherein eine Bedrohung für Frau T. dar, und mußte sie deshalb zwanghaft den Kontakt abbrechen? Oder war ich ungeschickt mit dem Familiendrama umgegangen, hatte es überbetont oder umgekehrt Wesentliches verleugnet? Oder ist es überhaupt sehr schwierig, sich über ein so überwältigendes Schicksal in der Familie zu äußern?

In dieser letzteren Richtung liegt das, was Frau T. mir antwortete, als ich sie kürzlich wegen der Veröffentlichung im Rahmen dieses Beitrags anrief und dabei auch nach den Gründen für ihr Wegbleiben fragte. In den Gesprächen sei sie mehrfach stark bewegt gewesen, hätte es sich aber nicht getraut, diese Gefühle zuzulassen, nicht nur mir gegenüber, sondern auch vor sich selber. Wenn sie weiter hergekommen wäre, so hätte sie befürchtet, mir "Unsinn" erzählen zu müssen, um diese Punkte zu umgehen. Deshalb sei sie weggeblieben. Es gehe ihr aber nicht gut, und sie spüre, daß etwas in ihr sei, zu dem sie bisher keinen wirklichen Zugang gefunden hätte und weshalb sie auch oft an Therapie denke, es sich aber immer noch nicht traue. Und sie fügte etwas hinzu, das wahrscheinlich noch viel grundlegender ist für ihre innere Verfassung wie auch die ihrer Familie: Das Leben an sich fühlt sich für mich nicht wie etwas Positives an."

Im Unterschied zu Familie G. wurde in ihrer Familie, so lange sie zurückdenken kann, intensiv über die Nazizeit gesprochen, auch von Seiten der Großmutter, die selbst im KZ war. "Wir sind aufgewachsen mit den Berichten aus den Lagern." Was das im einzelnen für sie bedeutet, könne sie aber auch heute kaum abschätzen. Offensichtlich leidet Frau T. ähnlich wie Simon G. zutiefst unter dem, was ihrer Familie von den Nazis angetan wurde, und daran ändert der bloße zeitliche Abstand zum "Dritten Reich" nichts und auch nicht, daß sie immerhin bereits der dritten Generation angehört und ihr Sohn sogar schon der vierten. Sie trägt etwas sehr Verborgenes in sich, und das macht es ihr schwer, sich auf ihr Inneres stärker einzulassen. Ihre Schwierigkeiten, sich im therapeutischen Rahmen mehr zu öffnen, sind ein deutliches Signal dafür.

Über diese Fremdheit gegenüber dem eigenen Inneren, hervorgerufen durch die Nazi-Verbrechen an den eigenen Vorfahren, hat Helen Epstein als Kind von Holocaust-Opfern gesprochen.[5] In der Einleitung zu ihrem Buch gibt sie einiges darüber wieder, wie es in ihr während der ersten drei Jahrzehnte ihres Lebens ausgesehen hat. Sie schreibt:

"Lange Jahre war es in einer Art Kasten in mir vergraben. Ich wußte, daß ich - verborgen in diesem Kasten - schwer zu erfassende Dinge mit mir herumtrug. Sie waren feuergefährlich, sie waren intimer als die Liebe, bedrohlicher als jede Chimäre, jedes Gespenst. Gespenster aber hatten immerhin eine Gestalt, einen Namen.

Was aber dieser Kasten in mir barg, hatte weder Gestalt noch ließ es sich benennen. Im Gegenteil: Es besaß eine Macht von so düsterer, furchtbarer Gewalt, daß die Worte, die sie hätten benennen können, vor ihr zergingen.

Oft war mir, als trüge ich eine entsetzliche Sprengladung mit mir herum. Flüchtige Bilder von Tod und Vernichtung hatte ich gesehen. War ich in der Schule vorzeitig mit einer Probearbeit fertig oder hing ich auf dem Heimweg meinen Tagträumen nach, so schien mir alles Gesicherte aus der Welt verschwunden ...

Waren die Eltern abends ausgegangen und hockten mein kleiner Bruder und ich vor dem Fernseher, so erschien mir das Zimmer, ja, unser ganzes

---

5 Epstein, H.: Die Kinder des Holocaust. Gespräche mit Söhnen und Töchtern von Überlebenden, München 1987

Leben, schutzlos, unbehütet. Jeden Augenblick konnten Einbrecher oder Mörder bei uns eindringen und über uns Wehrlose herfallen ...
Der eiserne Kasten in mir war mit großer Umsicht konstruiert - so wie man ... Kernreaktoren baut. Ich dachte mir Bleiwände um das gefährliche Gehäuse, kreisförmig angelegte Kühlungsrohre, die mögliche Explosionen abschwächen, ja, überhaupt unwirksam machen konnten. All das war mit einer Metallhülle umgeben, und so vergrub ich es in mir ... Ich wußte, der eiserne Kasten mußte eines Tages ans Licht geholt, geöffnet und durchmustert werden: aber mittlerweile war er so eingemauert, daß es keinen Zugang mehr zu geben schien.
So entwickelte ich Strategien, um an das tief Verborgene zu gelangen ... Ich brauchte Gefährten, Menschen, die das gemeinsam mit mir zu unternehmen bereit waren, brauchte Stimmen, die mir sagten, all das was ich da mit mir trage, sei Wirklichkeit, nicht grausige Phantasie. Meine Eltern konnten mir nicht helfen, sie waren ja selbst ein Teil davon. Zu Psychiatern hatte ich kein Vertrauen; sie verfügten über noch mehr Namen für all das, als ich selbst schon ausprobiert hatte, um die Dinge zu umschreiben, zu verhüllen. Es mußte Menschen geben wie mich, die ebenfalls einen eisernen Kasten, ähnlich dem meinen, mit sich herumtrugen.
So machte ich mich auf ... um Menschen zu finden, die wie ich im Bann einer Geschichte lebten, die sie nicht selbst erlebt hatten. Ihnen wollte ich Fragen stellen. Vielleicht konnte ich so jenen Teil von mir erreichen, der sich mir selbst am beharrlichsten entzog".[6]

Um diese Suche geht es in dem Buch von Epstein, und es ist erschütternd zu erfahren, wie tiefreichend die Kinder von Holocaust-Überlebenden in das Grauen miteinbezogen sind. Gerade weil ihre Eltern so überwältigt waren, daß sie über das unvorstellbar Erlittene sich ihren Kindern nicht zureichend mitteilen konnten, gerade deshalb waren die Kinder erst recht von klein auf engstens damit verbunden, es hat sie umgeben, es war in ihnen, so wie der eiserne Kasten von Helen Epstein. Die Nazi-Verbrechen wirken fort über Generationen. Besonders erschreckt hat es mich, wenn immer wieder in dem Buch die Feststellung steht, wie ähnlich es - bei aller äußeren Verschiedenheit - den Kindern des Holocaust innerlich ergangen ist, wie sie still mit ihren Eltern litten, wie sie Fragen nicht zu stellen wagten, sie ganz wegschoben, wie sie nach außen hin sich unbekümmert gaben.

---

6 ebenda, S.9ff

Von diesem fortdauernden Leiden wenigstens Kenntnis zu nehmen, ist für einen Deutschen nicht leicht. Aber, so muß man ganz realistisch zugleich doch feststellen: Diese Schwierigkeit ist unendlich viel geringer als das, was die Kinder des Holocaust ihr Leben lang zu tragen haben. Wenn jemand sich über die Last der Vergangenheit auf uns Deutsche beklagen will, dann möge er doch einmal ein Buch, wie das von Helen Epstein studieren und sich vor Augen führen, unter welcher Last die Kinder und Kindeskinder der Opfer noch heute leiden. Vielleicht verändern sich dann einige Relationen.

Und was uns "Fachleute" angeht, so hat Epstein recht: Nur mit Worten, mit Benennungen kommen wir weder als Psychologen noch als Psychiater oder als Psychotherapeuten an solch einen eisernen Kasten heran. Und es ist auch sehr die Frage, wieweit wir in diesem Bereich mehr als das Recht haben, allenfalls und mit großer Vorsicht unsere Mithilfe anzubieten, aber ohne Omnipotenzgehabe, Therapie sei das "Mittel der Wahl". Ich sehe die Gefahr, daß wir die Opfer der Verfolgung bzw. deren Nachkommen nun noch mit "wohlmeinender" Therapie verfolgen und sie, wenn sie diese verweigern wie Dirk G. oder Abbrechen wie Frau T., als unkooperativ, unzuverlässig, "therapieresistent" o.ä. abwerten und damit stigmatisieren. Gerade angesichts der von den Nazis zentral gegenüber ihren Opfern praktizierten Dehumanisierung kann auch Psychotherapie - zumal in Deutschland - wohl nur mit Bescheidenheit ihre Dienste anbieten.

Es ist mir völlig bewußt, daß viele Opfer und auch ihre Nachkommen einem Psychologen oder Psychiater gegenüber gar nicht auf die Verfolgung zu sprechen kommen. Dies mag aus den verschiedensten Gründen geschehen. Deshalb sollten wir uns in unserer Arbeit mehr als bisher die Mühe machen, solche Gesichtspunkte in unsere Überlegungen mit einzubeziehen, und dies gerade, wenn es um vermeintlich "schwierige" Klienten geht. Es gibt sicherlich viele Opfer, die ihre Wahrheit mit ins Grab nehmen. Und was uns als Therapeuten überhaupt zugänglich werden kann, ist allenfalls ein kleiner Ausschnitt. Aber auch wenn ich mich bemühe, dies nüchtern zu sehen, so bewegt es mich doch sehr, wenn ich plötzlich mit einer Situation konfrontiert bin, die offensichtlich an diesen Bereich rührt.

Mit Familie N. arbeite ich seit Jahren vertrauensvoll und - gemessen an den aus äußeren Gründen eher seltenen Terminen - in sehr intensiver Weise zusammen. Thema sind sowohl Schwierigkeiten der Kinder als auch solche der Eltern. Anfang dieses Jahres ist Herr N. nach längerer Krankheit gestorben, viel zu jung und insgesamt in einem Zusammenhang, den ich als tragisch empfinde. Es war so viel, was er noch hätte geben und verwirklichen wollen, für seine Familie und weit über den privaten Bereich hinaus. In die Todesanzeige hatte Frau N. unter anderem geschrieben: "Sein Gehen war Opfer." Es gab verschiedene Gründe dafür, Frau N. und ich sprachen darüber, und doch, der in meinen Augen wahrscheinlich entscheidende Punkt kam erst später hervor, und er war Frau N. wohl auch noch gar nicht in dieser Bedeutung bewußt gewesen: Als Herrn N.s Mutter mit ihm schwanger war, kam Hitler zu einer Kundgebung in ihre Stadt, und sie entschloß sich, ihn zu erschießen, versteckte eine geladene Pistole in ihrem Korb und stellte sich in die erste Reihe. Tatsächlich kam er wenige Schritte an ihr vorbei, sie hätte auf ihn zielen können, aber in diesem Augenblick wurde sie ohnmächtig.

Für mich bedeutet diese Mitteilung von Frau N. einen Schlüssel, um vieles von Herrn N. auf einer weitaus tieferen Ebene zu verstehen als zuvor. Ich glaube mich nicht in Spekulationen zu verlieren, wenn ich annehme, daß dieser Attentatsversuch der Mutter während seiner Schwangerschaft bzw. deren Erzählen darüber ihn zutiefst geprägt hat. Ich frage mich, was dies für die Mutter-Kind-Beziehung bedeutet hat. Insbesondere in der Identitätsentwicklung vermute ich gravierende Auswirkungen, denn Herrn N.s Leben war auffällig stark bestimmt davon, Menschen zu helfen, Unmenschlichkeit aufzudecken und dagegen anzukämpfen - und zugleich hatte ich manchmal den Eindruck, daß er sich zumindest nicht entschieden genug wehrte, wenn er von außen in eine Opferrolle gedrängt wurde. Gerade deshalb bewegt mich sein früher Tod so sehr: Herr N. deckte vieles auf, aber die "Verdränger" hatten offensichtlich den längeren Atem. Und deshalb frage ich mich jetzt so sehr, ob es für ihn nicht - bewußt oder unbewußt - eine ungeheure Last bedeutet hat, daß ausgerechnet seine Mutter beinahe Hitler getötet und ungeheures Leid verhindert hätte - dies aber wahrscheinlich doch auch um den Preis seines Lebens. Bei einem so sensiblen Mann wie Herrn N. kann ich mir gut vorstellen, daß er immer wieder sich zwischen den Alternativen zerrissen fühlte, einerseits das Gelingen dieses Attentats noch nachträglich zutiefst herbeizusehnen, zugleich aber über seinen Fehlschlag erleichtert zu sein, weil er sonst gar nicht am Leben wäre. Wie diese Zusammenhänge im einzelnen sein mögen, bleibt zwar im dunkeln, für mich ist es jedoch naheliegend, daß es nicht zu diesem frühen Tod gekommen wäre, hätte Herr N. nicht unter der Last eines besonders verwickelten Schicksals gestanden und manche Schwierigkeiten unter seinen Kindern, wegen denen

Familie N. ja ursprünglich zu mir gekommen war, sind für mich vor diesem Hintergrund weitaus verständlicher als zuvor: Auch hier also Auswirkungen bis in die dritte Generation.

Und es gehört in den Rahmen dieses Themas, den Blick auch auf das zu richten, was bis heute Täter von damals oder ihre Nachkommen den Opfern von damals und ihren Nachkommen antun. Nazi-Terror und Nazi-Ungeist haben bis 1945 Millionen von Menschen zu Opfern gemacht, doch auch in dieser Hinsicht gab es keine "Stunde Null", sondern danach ging es weiter, und zwar gerade durch Verschweigen, Verleugnen, Verdrängen, durch das, was Ralph Giordano die "zweite Schuld"[7] genannt hat oder Jörg Friedrich die "kalte Amnestie".[8]Das gehört auch zu meinen Erfahrungen mit Auswirkungen des Nazi-Terrors. Seine Brisanz hat dies auch im Jahre 1989 noch längst nicht verloren.

Ich zitiere dazu einige Stellen aus einem Brief, den eine Frau vom Jahrgang 1961 mir nach einem Vortrag geschickt hat: "Ich habe zwei Jahre meines Lebens in der Psychiatrie zugebracht und mache seit 10 Jahren Psychotherapie ... Die bundesdeutsche Psychiatrie ist voll mit Menschen, die nicht bereit waren, die "Verrücktheit des Dritten Reiches, ihre direkte Vergangenheit und die ihrer Eltern mit dem Deckmantel der Scheinnormalität zu umhüllen. Voll mit denen, die es nicht lassen konnten, nachzufragen und die man dafür eingesperrt hat, voll mit denen, die zwischen Täter- und Opferidentifikationen zerrissen werden. Progressive Psychiater gestehen einem zu, individuelle Kindheitsverletzungen erlebt zu haben, die sich in Naziphantasien symbolisch ausdrücken. Wenn man darauf besteht, daß es keine Symbolik ist, sondern Realität, und sei es, daß man die Realität der Eltern ausdrückt, dann geht die Klappe runter. Die Psychoanalyse hat sich Konzepte gebastelt, in denen es sehr viel um Wut geht, die Unfähigkeit, sie zu empfinden, sie auszudrücken u.ä. Darunter liegt ein Meer von Leid ... Das Leid, die Schuld, die Angst, das Grauen wird an die Kinder weitergegeben ... Die einen setzen die Tradition des Verdrängens fort, die anderen zerbrechen daran."

Simon G., der Enkel des Auschwitz-Überlebenden, ist sehr beunruhigt angesichts antisemitischer Äußerungen auf Plakaten und von Politikern anläßlich der Europawahl vom Juni 1989. Seine "deutsche" Großmutter aber, die sich angeblich so gut damit zurecht gefunden hat, eine jüdische Schwiegertochter zu haben, hat allen Ernstes und dann noch ausgerechnet

---

7 Giordano, R.: Die zweite Schuld oder: Von der Last, Deutscher zu sein, Hamburg 1987

8 Friedrich, J.: Die kalte Amnestie. NS-Täter in der Bundesrepublik, Frankfurt 1984

zu ihm gesagt: Als Deutscher könne man heute wirklich nur noch DVU wählen! Wenn so etwas die völlige Ausnahme wäre, würde ich es hier nicht erwähnen. Und wenn Kurt Grünberg[9] davon spricht, deutsche "Normalität" erschwere die Identitätsfindung der Überlebenden und ihrer Nachkommen und lasse "die Folgen nationalsozialistischer Verfolgung in der dritten Generation erwarten"[10], dann kann ich nur sagen, daß diese Folgen bereits da sind. Die Kinder der dritten und vierten Generation leben unter uns und suchen auch unsere Beratungsstellen, Ambulanzen und Kliniken auf. So wie Simon G. dürften viele von ihnen unter den Auswirkungen der Vergangenheit leiden und zugleich unter dem, was ihnen in der Gegenwart angetan wird. Psychische Störungen der dritten und vierten Generation werden auch heute noch erzeugt oder verstärkt.

Wie weit wir als Therapeuten in Deutschland wirklich bei ihrer Überwindung mithelfen können, sehe ich zwar nicht pessimistisch, aber doch mit einiger Vorsicht. Ich will nur einen Punkt erwähnen: Wir betrachten leicht die Überlebenden und ihre Nachkommen ausschließlich als Opfer und verkennen dabei - und das hat Tendenz -, wieviel sie an Widerstand geleistet haben und in welchem Maße viele von ihnen nach 1945 dazu beigetragen haben, eine humanere Welt aufzubauen. Wenn wir das verleugnen, beteiligen gerade wir Psychotherapeuten uns unter Umständen daran, die Opfer unbewußt mit einem (verzerrten) Mitleid zu bedenken, das sie letztlich nicht ernst nimmt oder gar dazu tendiert, sie zum "psychiatrischen Fall" zu erklären. Wenn wir dagegen einigermaßen selbstkritisch unserer Profession und uns selbst gegenüber sind, dann haben wir - gerade in Deutschland - die wichtige Aufgabe, auf die Fortwirkungen der Verfolgung über die Generationen hinweg, einschließlich der heute vorkommenden Verletzungen, aufmerksam zu machen.

Dem Konzept der Traumatisierung", das ich in diesem Beitrag ja mehrfach verwendet habe, stehe ich unter solchen Gesichtspunkten gleichzeitig mit einiger Zurückhaltung gegenüber. Zu leicht ist damit die Illusion verbunden, das extrem belastende Ereignis sei allein auf die Vergangenheit beschränkt. in der Gegenwart komme davon aber gar nichts mehr vor. Die Ängste der Traumatisierten seien in Bezug auf die Gegenwart also unberechtigt. Jean Améry[11] hat in aller Klarheit auf diese Problema-

---

9 Grünberg, K.: Folgen nationalsozialistischer Verfolgung bei jüdischen Nachkommen Überlebender in der Bundesrepublik Deutschland, Stuttgart 1987, in: Psyche 41, S.493 - 507

10 ebenda, S.505

11 Améry, J.: Jenseits von Schuld und Sühne. Bewältigungsversuche eines Überwältigten, Stuttgart 1980², S.154

tik hingewiesen, als er sich skeptisch zu den andererseits ja berechtigten Begriffen wie "KZ-Trauma" oder "Überlebenssyndrom" wie folgt äußerte:

"Die scheinbar richtige Begriffsbestimmung wird falsch durch die Unterschlagung eines unerläßlichen Zusatzes, der da heißen müßte: ... denn er (der Verfolgte; Zusatz der Verf.) erwartet mit guten Gründen jederzeit eine neue Katastrophe ... Ich ... bin nicht traumatisiert, sondern stehe in voller geistiger und psychischer Entsprechung zur Realität da. Das Bewußtsein meines Katastrophen-Judenseins ist keine Ideologie ... Ich erlebe und erhelle in meiner Existenz eine geschichtliche Realität meiner Epoche".

In dieser Realität, in der von damals und in ihrer verwickelten, aber zumindest partiellen Fortsetzung in der heutigen Realität standen und stehen auch Psychologen, Psychiater, Psychotherapeuten in Deutschland. Wenn ich hier von psychotherapeutischen Erfahrungen aus der Arbeit mit Kindern der dritten und vierten Generation und ihren Familien berichte, so kann ich diese Schwierigkeiten gerade auch der Gegenwart (einschließlich der Psychotherapie) nicht einfach auslassen. Und es gibt weiterhin auch in unserem Fachbereich große Vorbehalte und ein auffälliges Ausweichen, wenn es um Auswirkungen aus der Nazi-Zeit geht.

Auf Seiten der Opfer sehe ich zugleich Ansätze, daß für die dritte und vierte Generation der "eiserne Kasten" sich doch mehr öffnen könnte als zuvor, weniger durch den bloßen zeitlichen Abstand, sondern dadurch, daß allmählich das Sprechen in den Familien und auch mit Außenstehenden etwas weniger schwer zu fallen scheint. Ruth Elias schreibt die Einleitung des Buches für ihre Enkel, damit sie einmal besser verstehen können, was geschehen ist - während sie ihren Kindern gegenüber dazu lange Zeit nicht in der Lage war.[12] Ganz ähnlich findet sich bei Edna Brocke eine Mitteilung: "Mit den Enkeln können die Großeltern reden. Es wirkt fast so, als sei eine Generation übersprungen worden"[13]. Es wäre gut, wenn die darin zum Ausdruck kommende Hoffnung auch allgemeinere Geltung haben könnte..

Was dagegen die Seite der Täter und ihrer Nachkommen betrifft, so bin ich mir in meiner Einschätzung bisher unsicher. Es gibt zweifellos viele Fortschritte, doch lassen sich immer noch im Alltagsbewußtsein von uns

---

[12] vgl. Elias, R.: Die Hoffnung erhielt mich am Leben. Mein Weg von Theresienstadt und Auschwitz nach Israel, München 1988

[13] Brocke, E.: Eindrücke von Gesprächen mit jüdischen Überlebenden, ihren Kindern und Enkeln, Weinheim 1987, in: Psychosozial 36, S. 38 - 43, hier: S.42

mittlerweile demokratiegeübten (West-Deutschen erhebliche "Einbrüche" verzeichnen, wenn der persönliche oder familiäre Bezug zur Nazi-Vergangenheit einmal etwas konkreter thematisiert wird. Auch ansonsten ganz liberale Menschen können dann ein unerwartet verändertes Gesicht zeigen. Die Hoffnung dürfte trügerisch sein, daß sich das Verdrängen und Verleugnen mit der Tätergeneration allmählich verlieren würde, sondern es geht oftmals weiter. Dann aber setzen die einen "die Tradition des Verdrängens fort, die anderen zerbrechen daran." Dem etwas entgegenzustellen, ist weiterhin notwendig, damit solche Erfahrungen wie die von Simon G. mit seiner Großmutter seltener vorkommen.

Dierk Juelich
Die Wiederkehr des Verdrängten - Sozialpsychologische Aspekte zur Identität der Deutschen nach Auschwitz[1]

Es ist ein schwieriges Thema, mit dem wir uns hier befassen wollen, schwierig deshalb, weil es zum einen schon in sich so viele unterschiedliche Aspekte und Ebenen berührt, die zu reflektieren und sinnvoll miteinander in Bezug zu setzen, uns immer wieder aufs Neue herausfordert, zum anderen deshalb, weil es ein Thema ist, das in uns allen unterschiedlichste Gefühle hervorruft und anrührt, auch solche, die uns in weiten Bereichen und in ihrer eigentlichen Bedeutung vielleicht gar nicht bewußt sind. -

Wenn wir uns mit dem Geschehen während des Nationalsozialismus und seinen Auswirkungen befassen, erleben wir die Möglichkeiten eines Spektrums von heftigen Affekten einerseits bis hin zur scheinbaren totalen Absenz von Gefühlen andererseits. Beide Endpunkte dieses Spektrums zeigen nur die Schwierigkeit auf, sich auch heute hier in Deutschland dieser Geschichte und ihren Auswirkungen zu nähern. Es verweist auch darauf, daß es uns - die wir hier leben und aufgewachsen sind - unmöglich ist, sich der Geschichte zu entziehen und daß die Betroffenen des Geschehens im Nationalsozialismus - jenem Stück deutscher Geschichte - eben nicht nur jene Opfer der Vernichtung waren, sondern alle anderen Deutschen genauso Betroffene waren und sind, ob sie nun den Nationalsozialismus und das Geschehen aktiv mitgetragen haben, es duldeten oder geschehen ließen: Einem derart in die Intimsphäre eingreifenden kollektiven Geschehen vermochte sich niemand zu entziehen - und das gilt offenbar auch für die jeweils Nachgeborenen der zweiten und folgenden Generationen.

Ich weiß, daß ich hier an ein schwieriges Terrain rühre, aber vielleicht können wir gemeinsam versuchen, uns ein Stück weit der Struktur und den Problemen, die dieses Terrain ausmachen und auch den Zugang zu ihm so schwer gestalten, verstehend zu nähern.

---

1 Erweiterte Fassung eines Vortrages im Rahmen der Vorlesungsreihe "Das Echo des Holocaust" an der Hamburger Universität vom 12.Dezember 1991

Lassen Sie mich mit einem Bericht über ein kleines Ereignis beginnen, an dem wir uns vielleicht modellhaft verdeutlichen können, was uns ein Verstehen des Geschehens, mit dem wir uns hier befassen, erleichtert, was uns vielleicht die Annäherung an all jenes gestattet, wofür Auschwitz steht und die Auswirkung dessen auf jene, die daran teil hatten und jene, die Kinder und Kindeskinder sind.

Während eines Besuchs bei Freunden ergab es sich, daß deren zu der Zeit etwa vierjährige Tochter ihre Mutter um eine Schere bat, damit sie etwas ausschneiden könne. Da nun während des Versuches dem kleinen Mädchen die Diskrepanz zwischen einerseits der phantasierten Vorstellung von den eigenen Fähigkeiten und dem gewünschten Resultat, sowie andererseits die Realität der Begrenztheit der eigenen senso-motorischen Fähigkeiten unabweislich deutlich vor Augen trat, geriet sie in eine Krise und agierte seine Wut über das eigene Unvermögen, über die Enttäuschung an den eigenen Fähigkeiten, in dem es die Schere durch den Raum warf, wobei diese die Mutter nur knapp verfehlte. Auf dieses Erleben und die Zurechtweisung der Mutter reagierte das kleine Mädchen mit einer Steigerung der Wut und anschließendem Rückzug. Als die Mutter sie kurze Zeit später sehr liebevoll aufforderte, doch wieder zu uns zu kommen, bemerkte die kleine Tochter, sie könne dies nur, wenn die Mutter ihr versprechen würde, nie wieder mit der Schere nach ihr zu werfen. - Erst in einem längeren Dialog zwischen Mutter und Tochter vermochte diese ganz allmählich den Gedanken zuzulassen, daß *sie* es war, von der diese für sie bedrohliche Aggression ausgegangen war.

Was war bei dem kleinen Mädchen geschehen? Es war so erschrocken über das Ausmaß der eigenen Aggression, die sich ja auch gegen die Mutter als jene richtete, die aus der Sicht des Mädchens in dieser Situation über alle jene Fähigkeiten verfügte, die ihm noch so fehlten, daß es diese Wut nicht als die eigene, sich selbst zugehörig annehmen konnte. Aufgrund der Bedrohlichkeit dessen, was in dieser Wut zum Vorschein kam, machte das kleine Mädchen seine eigene Aggression und seine daraus resultierende Handlung zu etwas Fremdem, es spaltete es vom eigenen Erleben ab und projizierte es auf die Mutter, so daß die Bedrohung nun von dieser auszugehen schien, dergestalt, daß es von der Mutter die Versicherung haben wollte, daß diese nie wieder so etwas Aggressives gegen es unternehmen würde.

Aus der klinischen Erfahrung kennen wir diesen Mechanismus unter der Bezeichnung paranoidschizoide Position, womit jener Umstand versucht wird, zu erfassen, der in dieser Geschichte dieses Mädchens so exemplarisch deutlich wird. Seine Ich-Organisation ist noch nicht ausreichend stabil ausgebildet, um diese Konfrontation mit den eigenen destruktiven Anteilen zulassen zu können, in dem Sinne, daß diese Aggression und Destruktion auch als eigene und zur eigenen Person gehörige erkannt zu werden vermag. Dementsprechend werden diese als schwierig und Unlust erzeugende Anteile von der eigenen Ich-Struktur abgespalten und an äußeren Objekten festgemacht, wo sie dementsprechend als bedrohlich wahrgenommen werden.

Es ist angezeigt, an dieser Stelle noch etwas inne zu halten, um sich diesen Mechanismus und die Dimension seiner Wirkungsweise zu verdeutlichen: Die gehaßten und bedrohlichen eigenen Gefühle und Anteile können nicht in das eigene Erleben integriert und eingebunden werden, weil das schwache Ich dieses nicht auszuhalten vermag, diese Anteile müssen aufgrund der schwachen Ich-Struktur nach außen verlagert werden.: Abgespalten und damit von der eigenen Person losgelöst an andere Objekte festgemacht - dieser Vorgang wird von jener Person, die abspaltet, auf unbewußter Ebene auch als Verlust erlebt, was wiederum eine eigenartige Fixierung an jene bewirkt, auf die eben diese an der eigenen Person unerwünschten Anteile projiziert werden.

Diesem Mechanismus, den ich hier am Beispiel des Erlebens eines kleinen Mädchens, dessen Ich-Struktur sich noch herausbilden mußte, aufzuzeigen versuchte, begegnen wir jedoch auch allenthalben bei erwachsenen Personen; Personen, die im Verlaufe ihrer Sozialisation nicht die Möglichkeit hatten, eine ausreichend stabile Ich-Struktur zu etablieren, welche es ihnen ermöglichen würde, jene Gefühle an sich selbst zuzulassen und zu tolerieren, die als schwierig erlebt werden.
Das, was also in der inneren Welt zu integrieren und damit auch sinnvoll zu lösen gelingt, wird qua projektiver Identifizierung an die äußeren Objekte verlagert, von wo aus es permanent bedrohlich wirkt und dementsprechend auf der äußeren Ebene, in der äußeren Realität bekämpft werden muß; wobei als wichtige Beobachtung festzuhalten ist, daß jene Gefühle ihr Zugehörigkeitsgefühl zum eigenen Ich vollständig verloren haben und nur als bedrohlich fremd wahrgenommen werden können, als verfolgende, die aufgrund dessen ihrerseits verfolgt und bekämpft werden müssen.

Eine Implikation deutet sich hier an: Zum einen, daß der sozialisatorische Prozeß der Herstellung einer Ich-Struktur, die entweder jene Integration von schwierigen Selbst-Anteilen ermöglicht oder eher eine solche, die dieses verhindert, ein solcher Prozeß ist, der über den subjektiven Interaktionsprozeß zwischen *dieser* Mutter und *diesem* Kind hinausweist; wie auch zum anderen jene Inhalte, die als problematisch definiert und erlebt werden, nicht ursächlich in dieser subjektiven Interaktion ihre Begründung finden; sie sind durch die gesellschaftlichen Bedingungen vorgegeben und finden im Sinne einer dialektischen Beziehung ihre jeweils subjektive Umsetzung im Verlauf einer Sozialisation. In seiner Genese verweist dieser Prozeß psychischer Brechung auf Gesellschaft, auf spezifische kulturelle und historische Gegebenheiten, die eine befriedigende Lösung der Entwicklung von Interaktion verhinderten und eine Persönlichkeitsirritation bewirkten.

Sicherlich ahnen Sie jetzt, warum ich relativ ausführlich auf die Darstellung dieser sehr problematischen psychischen Struktur und die daraus resultierenden Komplikationen eingegangen bin, denn wenn wir uns den Folgeerscheinungen des Teils deutscher Geschichte zuwenden, für den Auschwitz steht: Die Ermordung von 6 Millionen Juden (einem Drittel des gesamten jüdischen Volkes), die Zerstörung jüdischer Kultur in Europa und damit die Zerstörung eines Teils der nationalen Kultur in den jeweiligen Ländern, dann scheint die Kenntnis dieses hier aufgezeigten Mechanismus ein Stück weit ein Verstehen dessen, was geschehen ist, wie auch dessen, was daraus erwachsen ist, zu ermöglichen.
Denn wenn wir uns die Aussage des jüdischen Arztes Zwi Rix betrachten: "Auschwitz werden uns die Deutschen niemals verzeihen!", so scheint die gesamte Problematik in ihr verdichtet auf den Begriff gebracht, mit dem wir durch jenen Teil deutscher Geschichte konfrontiert werden, für den Auschwitz steht.
Dieser Satz beschreibt einen zu beobachtenden kollektiven psychischen Prozeß in Deutschland, in dem die Verleugnung des Geschehens auf Seiten derer erfolgt, die die Schoah organisierten und durchführten, und er verweist auf die Paradoxie dieses Verleugnungsprozesses, in der die Täter den Opfern das Geschehen zum Vorwurf machen und dies in zweifacher Hinsicht: Zum einen erscheint schon das Geschehen, die industrielle Vernichtung von 6 Millionen Juden und die Zerstörung ihrer Kultur, als Problem der Opfer, zum anderen müssen offenbar alle jene abgewehrt werden, die den fragilen Status-Quo des Verleugnungsprozesses stören - und das sind wiederum in erster Linie die Juden.

Jedenfalls konstatiert dieser Satz von Zwi Rix ein sozialpsychologisches Phänomen in Deutschland: Die offenbar weitgehende totale Absenz von Schuld- und Schamgefühlen - jedenfalls auf der Erscheinungsebene in den Figuren des Alltagsbewußtseins. - Wenn diese Phänomen in dem vorhin aufgezeigten psychischen Geschehen der Abspaltung und Verleugnung, was zu einer paranoid-schizoiden Struktur führt, sich gründet, könnten wir versuchen, das Geschehen unter diesem Aspekt zu betrachten, um zu prüfen, ob dadurch ein weitgehendes Verstehen dieses Geschehens und seiner Folgen sich uns ermöglicht.

Als ich nämlich damit begann, dieses Geschehen in klinischen Termini zu erfassen, wurde ich damit konfrontiert, daß die Beobachtungen der aus diesem Kontext resultierenden Phänomene sich nicht schlüssig mit dem Vorgang der Verdrängung, wie wir ihn aus neurotischen Strukturen kennen, hinreichend verstehen läßt. -Im Vorgang der Verdrängung bleibt das Verdrängte - zwar ins Unbewußte verbannt - aber doch Teil der eigenen Person, während im Falle der Abspaltung und Verleugnung gerade dieses nicht mehr der Fall ist (was jedenfalls die Umgangsform mit dem Abgespaltenen durch die betreffende Person deutlich werden läßt.). Genau genommen müßte die psychoanalytische Formulierung von der Wiederkehr des Verdrängten in diesem uns hier befassenden Kontext lauten: Die Bedrohung und Verfolgung durch das Abgespaltene und Verleugnete.

Wobei es eine weitere Frage wäre, ob dieser Mechanismus der Abspaltung und Verleugnung im Sinne der paranoid-schizoiden Position sich lediglich auf das Nicht-Wissen-Wollen in Bezug auf das, wofür Auschwitz steht, also die Vernichtung der Juden, bezieht. Wenn dem so wäre, müßte dieser Vorgang der Abspaltung und Verleugnung an jener Stelle eingesetzt haben, an der das Erschrecken vor dem eigenen Handeln im kollektiven Erleben der Deutschen so groß war, daß es unerträglich erschien, diese Realität von Zerstörung und Vernichtung als eigene Tat anzuerkennen und anzunehmen. Ein solches Erschrecken aber würde voraussetzen, daß Schuld- und Schamgefühle vorhanden sind, daß eine Ich-Struktur entwickelt ist, die das Erschrecken über das eigene Verhalten ermöglicht, das Haßerfüllt-Zerstörerische am eigenen Handeln zu erkennen vermag.

Wenn diese Abspaltung und Verleugnung also erst mit der Konfrontation des Geschehens der Ermordung und Zerstörung von Menschen begonnen hätte, wäre die Frage, wie es überhaupt zu einem solchen Geschehen, der Realisierung von Vernichtung und Zerstörung, hat kommen können. Und da sind wir mit dem Umstand konfrontiert, daß eine annähernd so weit entwickelte kollektive Ich-Struktur, die ein nachträgliches Erschrecken über die eigene Zerstörung ermöglicht hätte, diese Form der Vernichtung und Zerstörung gar nicht erst zugelassen hätte, es nicht möglich gewesen wäre, daß ein Kollektiv andere Menschen zu Unmenschen erklärt und sie - wie dann geschehen - in industriell organisierter Manier vernichtet. Wir müssen aus dieser Abfolge des Geschehens den Schluß ziehen, daß diese Abspaltung und Verleugnung im Sinne der paranoid-schizoiden Position schon ein kollektives psychisches Strukturmoment bei den Deutschen war, bevor sie die Schoah realisierten, daß jene psychische Struktur das Geschehen, wofür Auschwitz steht, in dieser Form erst möglich gemacht hat.

Damit wären wir mit dem Umstand konfrontiert, daß diese psychische Struktur der Abspaltung und Verleugnung eigener als problematisch empfundener Selbstanteil zu dieser Form von Vernichtung von Menschen geführt hat und darüberhinaus bestehen blieb, so wie wir es auch aktuell in den Bewußtseinsfiguren hier vorfinden können.

Wenn wir beispielsweise eine weit verbreitete und gegenwärtige Figur des Alltagsbewußtseins betrachten, wie auch deren Niederschlag in wissenschaftlichen Verlautbarungen, können wir immer wieder eine Ausgrenzung der Täter konstatieren: der Nationalsozialismus und seine vielfältigen Erscheinungsformen bis hin zur Vernichtung der Juden wird reduziert auf einige wenige Beteiligte: die Nazis! - und findet letztendlich in dem Versuch, das Böse schlechthin in der Figur Hitlers zu personalisieren, seine absurdeste Ausdrucksform.

In diesem Vorgang können wir ohne Schwierigkeit genau jenen Mechanismus der Abspaltung, wie der Verleugnung des eigenen Bezugs, des eigenen Involviertseins erkennen: Es ist der Versuch, eine Entlastung der eigenen Person, wie auch des Gros' des Kollektivs der Deutschen, auf dem Wege der Delegation der Verantwortlichkeit für die Handlungen zu erreichen.

Die eigenen Selbstanteile sind hier an einer kleinen Gruppierung des gesamten Kollektivs projektiv festgemacht, um den Umstand zu verschleiern, daß letztendlich doch alle, die gesamte Bevölkerung, von den Zielen, den Vorhaben nationalsozialistischer Ideologie und deren Umsetzung wußten und damit in das Geschehen involviert waren.

Auffällig an diesem Vorgang ist die immer zu machende Beobachtung, daß die so auf eine kleine Gruppierung aus dem gesamten Kollektiv reduzierte Vorstellung von Tätern und Täterschaft ungemein ich-synthon ist: Die Verantwortung für das schreckliche Geschehen liegt bei einigen wenigen und ist dem eigenen Erleben, dem eigenen Ich fremd. Dieser

Umstand erfährt in einem weiteren Schritt dann nochmals eine zusätzliche Manifestation der Abspaltung: Im Zuge der Delegation der Verantwortlichkeit und deren Umsetzung im Handeln an eine kleine Gruppierung wird diese Gruppierung als unnormal, krankhaft, diabolisch definiert - in dem Sinne, als handele es sich bei den Erscheinungsformen des Nationalsozialismus um etwas isoliert Diabolisches, eine einmalige Entgleisung, quasi eine Abnormität, letztendlich einiger weniger Mitglieder des Kollektivs der Deutschen, was aber das gesamte Kollektiv im Grunde nicht berühren würde und nicht betreffen würde. Die dementsprechenden Rationalisierungen sind Ihnen hinlänglich bekannt.

Im Sinne paranoid-schizoiden Geschehens ist dieser Vorgang der Ausgrenzung und der Fremdmachung der Täter sehr wohl logisch und verstehbar - aber tatsächlich bewirkt er eine Aufrechterhaltung der Realitätsdeformation, denn er verleugnet, daß dieses Geschehen, wofür Auschwitz steht, nur aus der Kontinuität der Geschichte der Deutschen, ihrer Kultur und damit ihrer Bewußtseinsstrukturen zu verstehen ist.

Exemplarisch für diese verleugnete Form des Umgangs mit der deutschen Geschichte stehen fraglos auch die aktuellen Versuche deutscher Historiker, das Geschehen im Nationalsozialismus als Bruch mit der deutschen Geschichte darzustellen und dadurch zu relativieren, indem nach Ereignissen gesucht wird, die den nationalsozialistischen Verbrechen entsprechen sollen. - Hier soll dieser Vorgang der Abspaltung der eigenen Selbstanzeige quasi so etwas wie eine Definition von Normalität dadurch erfahren, daß dieser Vorgang als etwas sehr Allgemeines darzustellen versucht wird. Das Problematische, das hierbei zum Vorschein kommt, ist daß in diesen Versuchen jenes grauenhafte - und zugegebenermaßen fraglos schwer verstehbare - Geschehen von Vernichtung und Zerstörung eingeordnet und zugeordnet werden soll, so als sollte es integriert werden in jene diffuse Vorstellung vom Allgemein-Menschlichen, ohne daß damit der Versuch gemacht werden müßte, dieses Geschehen, wofür Auschwitz und die darin zum Vorschein kommende Destruktion steht, in seiner ganz spezifischen Genese zu verstehen und zu begreifen ist; damit vielleicht auch die Einmaligkeit einer solchen Destruktion anzuerkennen und sich mit ihr auseinanderzusetzen; stattdessen sollen auf diesem Wege jene Abspaltungen aufrechterhalten werden und im Sinne der Verleugnung in dem Nebel einer selbst konstruierten allgemein- menschlichen Destruktivität untertauchen.

Und ebenso verhält es sich in bezug auf jenen anderen eben angesprochenen Aspekt: den Versuch, den Nationalsozialismus als Bruch in der

Kontinuität deutscher Geschichte darzustellen, als eine einmalige Verirrung unter dem Druck unabänderlicher historischer Ereignisse, wie dem verlorenen Krieg und den großen ökonomischen Krisen. Diese eher mystifizierenden Versuche des Bemühens überdimensionaler Kräfte, auf die sich auch gerade aktuell eine ganze Gruppe deutscher Historiker beruft, leugnet die Kontinuität von Geschichte und damit die wichtige Funktion von Bewußtseinsstrukturen und leugnet letztendlich auch immer die jeweils persönliche Verantwortung - wie auch immer diese durch die objektiven Strukturen behindert oder eingeschränkt sein mag. Es gilt auch hier, an dem Subjekt-Charakter festzuhalten, denn Geschichte ist immer ein dialektischer Prozeß zwischen den ökonomischen, sozialen und politischen Kräften einerseits und menschlichen Wunschvorstellungen von einem befriedigenden Lebensentwurf andererseits. Unser Erkenntnisinteresse hat daher gerade jenen gesellschaftlichen Strukturen und kulturellen Bedingungen zu gelten, die das Subjekt zu hindern und zu zerstören suchen und menschliches Leben in Objektstrukturen zu verwandeln trachten. Unsere Aufmerksamkeit ist gerade dort gefordert, wo die für uns Menschen so eminent wichtigen Maßnahmen zur Kultursicherung in Frage gestellt und vielleicht sogar - wie in der Zeit des Nationalsozialismus geschehen - aufgehoben werden.

Das Auffällige dieser öffentlich in Erscheinung tretenden Symptome der Abspaltung und Verleugnung in Bezug auf jenen Teil deutscher Geschichte ist ihre gravierende Gleichförmigkeit bezüglich ihrer Struktur, ihrer Matrix. Das tatsächliche Geschehen, die tatsächliche Geschichte erscheint abgespalten und verleugnet und auf der sprachlichen Ebene, in der Rationalisierung, versichert man sich seiner Normalität und ist offenbar frei von Schuld und Scham, und zwar dies in einem Maße, daß an der Existenz dieser Gefühle tatsächlich zu zweifeln ist. - Die agierten Handlungen sind strukturell immer ungeheuer ähnlich, und die Rationalisierungen verblüffen durch ihre Austauschbarkeit untereinander. - Dieser Vorgang erinnert sehr an das, was Adorno in seiner Arbeit "Die Freud'sche Theorie und die faschistische Propaganda" konstatierte: "Die Sprache der verschiedenen Agitatoren ist so gleichförmig, daß man nur die Reden eines einzigen zu analysieren braucht, um sie alle zu kennen. Dazu kommt, daß man auch in den einzelnen Reden wieder nur endlose Wiederholungen findet."[2]

2.Adorno, T. W.: Die Freudsche Theorie und die faschistische Propaganda. 1970, S. 487

Diese zu beobachtenden gleichförmigen Versuche zur Aufrechterhaltung der paranoiden Struktur in Bezug auf diesen Teil deutscher Geschichte - das Abgespaltene darf um keinen Preis als eigener Selbstanteil wahrgenommen werden - sind mir auch aus der Erfahrung mit Patienten in der Klinik und Praxis geläufig.

Im Rahmen einer Vortragsveranstaltung vor einigen Jahren ebenfalls hier an dieser Universität attackierte mich eine Zuhörerin sehr emotional mit dem Hinweis, daß ihr Vater Nationalsozialist gewesen sei, sie ihn gleichwohl liebe und sich dieses auch nicht streitig machen ließe. Sie brachte damit genau jenes Dilemma, in dem sie sich befand, zum Vorschein: die Liebe zum Vater konnte nur aufrechterhalten werden um den Preis der Abspaltung all jener Anteile, die diese Beziehung vermeintlich stören oder verhindern könnten. - Und genau diese Bewußtseinsfigur hat im Kontext dieses Geschehen etwas sehr Typisches, Starres, wie auch aus folgender Fall-Vignette deutlich wird: Eine seinerzeit 32jährige Analysandin berichtete zu Beginn der Analyse, die schon in Folge massiver Widerstände nur mühsam zustande gekommen war, daß ihr Vater als SS-Mann im Ghetto von Wilna eingesetzt war. Während der sich anschliessenden Sitzungen sprach sie nur davon, daß ihr Vater Juden sehr gemocht hätte und nie einem Juden etwas angetan habe. Sie schilderte den Vater als "anständig, ehrenhaft, normal". Gleichzeitig initiierte sie ein ungeheuer virulentes Übertragungsgeschehen, indem sie dem Analytiker zu vermitteln versuchte, daß er vollkommen wertlos, unfähig, wirklich wie nichts sei.

Hier können wir die Wirkungsweise dieser Struktur uns nochmals zu verdeutlichen versuchen: Die Realität des Vaters wird im Sinne der Abspaltung um einen Teil verkürzt, jenen Teil, der als problematisch und quälend erscheint, und dieser Teil wird nach außen projiziert und in diesem Falle am Analytiker festgemacht, wobei in diesem Vorgang die ungeheure Destruktivität, die es zu verleugnen galt, erlebbar war. Nun war der Analytiker somit zum Träger der unliebsamen Anteile geworden, damit aber gleichzeitig zu jemand Bedrohlichem, denn nun schien die Gefahr dieser bedrohlichen Selbstanteile von ihm auszugehen, da er ja diese zu verkörpern schien. Sich dieser Verfolgung zu entziehen, war nur über die totale Entwertung, quasi die Vernichtung des Analytikers möglich, um damit den höchst ambivalenten eigenen Status quo aufrecht erhalten zu können: Die Illusion eines liebevollen Vaterbildes ohne die so schwierigen aggressiven und destruktiven Anteile. Im Sinne dieser Verleugnungen des Abgespaltenen stimmt dann auch die Bewertung der Patientin des Verhaltens als "anständig, ehrenhaft, normal", denn das eigentliche Geschehen ist seines tatsächlichen Realitätsanteils beraubt, und somit können diese Begriffe nunmehr losgelöst, quasi beliebig, eingesetzt werden. Damit erfahren diese Begriffe aber auch eine gravierende Umwertung.

Und gleichzeitig wird hier sichtbar, daß die Patientin in der Beziehung zum Analytiker genau jene Erfahrungen inszenierte, die sie selber in der Beziehung zum Vater gemacht hatte: Die Eltern, also jene Generation von Betroffenen durch jenen Teil deutscher Geschichte, spricht den Töchtern und Söhnen die Kompetenz, sich das Geschehen anzueignen, geschweige denn es zu verstehen, ab. Es scheint, als müsse dieser Status der Verleugnung der abgespaltenen Selbstanteile um jeden Preis aufrechterhalten werden, und als sei er eine wesentliche Determinante in der Interaktion zwischen den Generationen hier in Deutschland. Möglicherweise finden die so vielfältigen Erscheinungsformen der "Als-Ob-Persönlichkeit" in Bezug auf diesen Kontext hier ihre Begründung.

In einer weiteren Fall-Vignette aus der Analyse einer jetzt 46jährigen Frau, die im streng katholischen Milieu aufgewachsen ist, wird das Gefangensein in diesem unheilvollen Circulus vitiosus, dem dauernden Versuch, den eigenen abgespaltenen Selbstanteilen zu entkommen, gravierend deutlich: Im Verlaufe des Golfkrieges wurde eine starke Identifikation mit den Irakis offenbar. Sie bemerkte in diesem Zusammenhang: "Die sind genauso arme Schweine, wie wir damals, die haben nicht nur unter einem Diktator zu leiden, wie wir damals unter Hitler, sondern die werden auch noch von den Amerikanern bestraft, wie wir damals auch." In einer der folgenden Sitzungen änderte sich plötzlich die bis dahin aufrecht erhaltene Übertragungsvorstellung, deren Inhalt war, daß der Analytiker ein linker Katholik sei, dahingehend, daß sie angstvoll äußerte, es wäre ja auch möglich, daß ihr Analytiker Jude sei. Auf die Nachfrage, was denn das für sie beinhalte, beschrieb sie mit großem Affekt, daß dann nichts mehr gehen würde, weil ein Abgrund zwischen uns sei. Bei Juden würde sie auf eine Unerbittlichkeit stoßen, wogegen sie nur Amok laufen könne - bei Juden würde man vergeblich auf Vergebung warten, wobei sie auf die Absolution ihrer christlichen Sozialisation anspielte. "Ich habe eine wahnsinnige Wut auf Juden, weil die mir etwas aufbürden, ich will mich davor retten."
Und in den darauffolgenden Stunden, die gekennzeichnet waren von ihrer Abwehr, sich diesem Problem-Komplex nähern zu können, vermochte sie

jedoch diese Verleugnung des Abgespaltenen kaum unter Kontrolle zu halten, daß es nicht doch zur Sprache hätte kommen können. Sie äußerte: "Wenn Sie ein Jude sind, sind Sie jemand, der eine Sonderbehandlung verdient hat." Und sie fügte hinzu: "Wenn Sie der Jude sind, sind Sie unerreichbar." - Und im weiteren Verlauf vermochte die Patientin den zugrunde liegenden Konflikt anzusprechen. "Ich schaffe die Verbindung nicht zwischen dem Guten und dem Bösen in mir, aber ich unterstelle Ihnen, daß sie es nicht zulassen, weil Sie auf der anderen Seite stehen." - Und sie versucht, ihre Situation zu beschreiben, indem sie sich selbst auf einem Podest sieht, aus dem kein Platz für andere sei, speziell nicht für Juden; würde sie die Juden auf dieses Podest stellen, sei für sie absolut kein Platz mehr da.

Auf dem Hintergrund der verzweifelten Hilflosigkeit dieser Patientin vermag uns hier deutlich zu werden, wie sie aus dem Umstand, das Gute und Böse in sich nicht zusammenfügen zu können, versucht sich durch die Abspaltung dieser bösen Selbstanteile Entlastung zu verschaffen, um diesen Status aufrecht zu erhalten, damit aber auch diesen unheilvollen Kreislauf in seiner Kontinuität und damit dem ganzen Ausmaß seiner bedrohlichen Virulenz: Die Abspaltung und projektive Fixierung auf die Person Hitlers ist nur ein mittelbarer Schritt des Versuchs, den verleugnenden Vorgang der Abspaltung aufrecht zu erhalten, dahinter scheinen die eigentlichen Verursacher, die eigentlichen Träger der bedrohlichen Anteile auf: die Juden, ganz in dem Sinne, wie es in dem Zitat von Zwi Rix deutlich wurde: "Auschwitz werden uns die Deutschen niemals verzeihen."

Wenn wir uns den Zusammenhang der hier aufgezeigten psychischen Struktur, dem als ein gravierender Inhalt jene paranoid-schizoide Position anhaftet und der kollektiven Ideologie zu verdeutlichen versuchen, scheint mir auffällig an der deutschen Ideologie, daß sie wenig kultursichernde Elemente enthält, die jene hier angesprochenen paranoiden und daher virulenten Strukturen in einer Art kanalisieren würden, die damit auch ein Stück absichernde Funktion im Sinne der Aufrechterhaltung eines Status quo erfüllen würden. Es scheint evident, daß in dieser Ideologie - quasi wie in einer Verdoppelung, die paranoiden Strukturen der Abspaltung und Verleugnung sich manifestieren. Das ungemein Bedrohliche in diesem Kontext ist, daß die unliebsamen Selbstanteile an andere delegiert werden, wo sie immer wieder in einem endlosen wie sinnlosen Unterfangen bekämpft werden müssen.

In der deutschen Ideologie ist der Mechanismus im Sinne der sich in dem Satz verdichtenden Vorstellung "am deutschen Wesen soll die Welt genesen" ausmachbar. Im Nationalsozialismus erfuhr diese Ideologie eine ungemeine Zuspitzung, die sich letztendlich in dem Umstand des qualitativen Umschlages von der Phantasie-Ebene auf die Realitätsebene dokumentiert: Es schien nicht mehr ausreichend, die bedrohlichen und verfolgenden Selbstanteile auf der ideologischen, d. h. der Ebene der Phantasie zu bekämpfen, sondern sie mußten in realer brutaler Art dort, wo sie qua Projektion dingfest gemacht wurden, scheinbar vernichtet werden. Die kaum faßbare Sinnlosigkeit dieses Geschehens wird hier so evident: Durch die Vernichtung von Menschen, die zu Trägern der eigenen abgespaltenen Anteile wurden, sollte die Befreiung von jenen Anteilen erreicht werden. Die Paradoxie offenbart sich hier: Die Menschen wurden ermordet, aber die projizierten Selbstanteile konnten damit nicht vernichtet werden, sondern blieben lebendig.

Es scheint in der kollektiven psychischen Struktur der Deutschen und damit in den diese Struktur bedingenden Voraussetzungen - also in den Sozialisationsverläufen, in denen wir ja immer auch den Niederschlag gehabter kollektiver Geschichte und Kultur finden - Komponenten zu geben, die eine sinnvolle und gelungene Interaktion dieser als schwierig erlebten Selbstanteile nicht zulassen. - Es scheint hier ein verhängnisvoller Circulus vitiosus vorzuherrschen, der zur Aufrechterhaltung dieser paranoiden Struktur führt: Die Eltern und Bezugspersonen können - da ihnen selber diese Erfahrung fehlt - den Kindern nur unvollkommen oder gar nicht eine gute Möglichkeit anbieten, diese aggressiv-destruktiven Selbstanteile gut auf- und anzunehmen, um den Heranwachsenden im Prozeß ihrer Menschwerdung die Erfahrung einzuräumen, daß diese Selbstanteile zwar schwierig sind oder sein können, aber durchaus auch handhabbar und kontrollierbar, wenn sie nicht der eigenen Verfügung entzogen sind; es fehlt in diesem Prozeß die Erfahrung, daß diese bedrohlichen Selbstanteile zwar auf der Phantasieebene auftreten können, deren Realisierung aber von den eigenen Möglichkeiten und Fähigkeiten abhängig ist.

Diese grundlegenden Umstände etwa mit autoritären Strukturen zu erklären, scheint mir nicht hinreichend und aus dem hier Aufgezeigten wird eher deutlich, daß es sich im Sinne dieser paranoiden Strukturen um einen Vorgang handelt, der eine ausreichende Ich-Entwicklung nicht ermöglicht, die einen intra-psychischen Raum für jene schwierigen Selbstanteile schaffen und zulassen könnte. Das in der nationalsozialistischen

Ideologie kreierte Schlagwort vom "Volk ohne Raum" erfährt hier nochmals die eigentliche Verdeutlichung seiner intra-psychischen Dimension. In der nationalsozialistischen Ideologie und deren Umsetzung wurde diese paranoide Struktur in ihrer bedrohlichen, virulenten Dynamik auf kollektiver Ebene zu einem grundlegenden Element und bekam wahnhafte Qualitäten, dergestalt, daß den Deutschen eine Befreiung aus dem Dilemma des Gefangenseins in diesem Circulus vitiosus verheißen wurde.

Dieses Erleben des eigenen Unvermögens wurde in der romantisch völkischen Ideologie von Anbeginn an und später in der nationalsozialistischen kanalisiert: In diesem Sinne waren es die Juden, von denen all jene Bedrohung und das Elend der Deutschen herrührte, die aber in ihrer Identität offenbar über all jenes verfügten, was die Deutschen in ihrer Identität so schmerzlich vermißten.

In den sogenannten "Bormann-Diktaten" bringt Hitler selber diesen Aspekt nationalsozialistischer Ideologie deutlich zum Vorschein: Er gesteht offen die Unterlegenheitsgefühle der Deutschen gegenüber den Juden ein. Er stellt fest, daß es eine "jüdische Rasse" im biologischen Sinne nicht gibt, sondern: "Die jüdische Rasse ist vor allem eine Gemeinschaft des Geistes", und er fährt fort: "Geistige Rasse ist härter und dauerhafterer Art als natürliche Rasse. Verpflanzt einen Deutschen nach den Vereinigten Staaten, und er wird bald zum Amerikaner. Der Jude, wohin er auch geht, er bleibt ein Jude... und gerade dieses Merkmal der nicht Assimilierbarkeit ist bestimmend für seine Rasse und muß uns als trauriger Beweis für die Überlegenheit des Geistes über das Fleisch erscheinen!"[3] Demzufolge ist es naheliegend, wenn Hitler es für unabdingbar hält, den "Deutschen Rassenstolz" zu fördern, da die Deutschen einen solchen "Im Grunde genommen nicht kannten, und wenn er sich bemerkbar macht, aggressive Formen annimmt, ist er nur eine ausgleichende Gerechtigkeit auf die Minderwertigkeitsgefühle zahlreicher Deutscher." [4]
Wenn Hitler hier von den Juden als einer "Gemeinschaft des Geistes " spricht, der gegenüber die Deutschen sich unterlegen fühlen müßten, berührt er damit jenen zentralen Aspekt, an dem deutlich wird, daß eine positive kollektive Identitätsbildung bei den Deutschen offenbar stattgefunden hat. Gerade die neuere Antisemitismusforschung zeigt uns, wie sehr die Juden durch ihre Anstrengungen zur Überwindung des Opfers, durch die Entwicklung der Vorstellung eines einzigen Gottes und die mo-

---

[3] 1981, S. 68
[4] 1981, S. 67

ralische Forderung der Liebesgebote und der Forderung nach Überwindung des Fremdenhasses, dem Versuch einer Etablierung von moralischer Selbstverantwortlichkeit im einzelnen, an jenen Unterlegenheitsgefühlen bei den anderen Ethnien rührten. Dieser Umstand wird hier von Hitler benannt und in der nationalsozialistischen Ideologie und deren Umsetzung deutlich: In kausaler Verknüpfung sollten mehrere ungelöste und scheinbar unlösbare Konflikte erledigt werden: Die als nicht integrierbar erscheinenden Selbstanteile werden auf jene projiziert, die genau um jene Integration sich bemühen und kämpfen, um mit deren Vernichtung sich der verleugneten und abgespaltenen Selbstanteile vermeintlich ein- für allemal entledigen zu können - und gleichzeitig jene im Sinne dieser Vorstellung verhaßten Menschen zu entwerten und zu vernichten, um sich selbst an deren Stelle zu setzen, den Status des Auserwählten - dem im Judentum eine sehr spezifische und ganz andere Bedeutung zukommt - auf dieser archaisch-primitiven Ebene für sich selbst zu reklamieren.

Ein schreckliches Beispiel, das diese Struktur illustriert, wurde jetzt nochmals im Prozeß gegen den SS-Mann Schwammberger in Stuttgart offenbar, der vor der Erschießung eines Rabbiners zu diesem sagte: "Mal sehen wer stärker ist, dein Gott oder meine Pistole". Und der Kommandant von Auschwitz, Höss, bringt in dem Satz: "Die Tötung der Juden ist das Unheil des Antisemitismus" dieses Dilemma zum Vorschein.
Die industrielle Vernichtung der Juden diente dem paranoiden Versuch der "eigenen Rettung", vor den bedrohlichen und verfolgenden abgespaltenen Anteilen, und das Wahnhafte dieses Geschehens wird in vielfältiger Manier sichtbar, wenn etwa im Sinne dieser nationalsozialistischen Ideologie die Vorstellung propagiert wurde, die Vernichtung der Juden und ihrer Kultur würde einen Dienst an der gesamten Menschheit darstellen. Auch diese wahnhafte Überhöhung dieses Versuches der Selbstrettung durch Vernichtung anderer vermochte die Sinnlosigkeit dieses Unterfangens nicht aufzuheben: Mit dem von den Deutschen selbst so bezeichneten "Zusammenbruch", nämlich der Beendigung des Nationalsozialismus durch die Alliierten, brach auch diese Vorstellung einer Selbstrettung zusammen. Das, wofür Auschwitz steht, hatte sich im Sinne der nationalsozialistischen Ideologie für die Deutschen nicht als Lösung ihrer konflikthaften kollektiven psychischen Struktur erwiesen.
Aus diesen Umständen erklärt sich auch die Paradoxie des eingangs zitierten Satzes von Zwi Rix "Auschwitz werden uns die Deutschen niemals verzeihen."

Damit berühren wir wieder einen eingangs aufgezeigten Aspekt: Die offensichtliche Absenz von Schuld- und Schamgefühlen in den vorherrschenden Figuren des Alltagsbewußtseins, und wir finden hier die Gründe für dieses tatsächliche Fehlen: Schuld und Scham können nur dort entstehen, wo das Geschehen auch als Konsequenz eigenen Handelns wahrgenommen zu werden vermag - im Falle der im Kontext dieses Geschehens aufgezeigten paranoid-schizoiden Struktur, in der die Externalisierung der verleugneten Selbstanteile erfolgt, vermögen diese wie auch die aus dem Umgang mit diesem projizierten Abspaltungen erwachsenden Konsequenzen nur als fremd und nicht zur eigenen Struktur zugehörig wahrgenommen zu werden, was dann ja die allseits bekannten Paradoxien - wie etwa die der Gnade der späten Geburt und ähnliches zeitigt.

Schuld- und Schamgefühle vermögen sich nur dort zu entwikkeln, wo das Tun und Handeln auch als eigenes erlebt und begriffen zu werden vermag - Schuld- und Schamgefühle aber sind die unabdingbare Voraussetzung für eine Trauer und damit auch für eine Revision eigenen Verhaltens, für eine Auseinandersetzung mit den durch eigene Verhaltensweisen gezeitigten Realitäten. Eine Auseinandersetzung mit dem, wofür Auschwitz steht, müßte hier in Deutschland diesem zentralen Aspekt der paranoid-schizoiden Struktur mit ihren Abspaltungen und Verleugnungen entsprechende Aufmerksamkeit widmen. Denn nach dem, was geschehen ist, erscheint es zunächst doppelt schwer, sich diesem Abgespaltenen zuzuwenden, denn zwischen das Kollektiv und das von ihm Abgespaltene ist eine Realität getreten, die in ihrem Grauen und ihrer Destruktivität kaum vorstellbar erscheint. Hier werden wir mit dem schwierigen Umstand konfrontiert, daß zerstörerische Phantasien, denen in der intra-psychischen Struktur kein Raum gegeben werden konnte, so daß eine Auseinandersetzung mit ihnen gerade dort - im intrapsychischen Bereich hätte erfolgen können - in so schrecklicher Form Realität wurden, daß diese Realität wiederum fraglos ein Sich-Annähern an diese Phantasien erschwert.

Dennoch bleibt kein anderer Weg, als jener, die Versuche der Auseinandersetzung mit jenen verleugneten Inhalten zu führen, die eine Realisierung von jener haßerfüllten Zerstörung ermöglicht haben. Andernfalls wirkt diese bedrohliche Virulenz dieser paranoid-schizoiden Struktur weiter .

Wenn es gelingt, sich durch die Auseinandersetzung dieser Abspaltung wieder verfügbar zu machen, kann es letztendlich nur eine Bereicherung darstellen, denn damit würde man sich auch der Wahrheit, d.h. dem Lebendigen wieder nähern und eine Bindung zum Leben wieder schaffen.

Dem Menschen ist es, da er vom Baum der Erkenntnis aß, beschieden, zwischen Gut und Böse zu unterscheiden. Verleugnet er die böse Regung in sich, so treibt es ihn geradewegs in die böse Tat, wie es Kain geschah, der die Mahnung Gottes, d.h. die Erinnerung an eine über die subjektive Befindlichkeit hinausreichende Moral, das Böse in sich zu erkennen, nicht annahm und stattdessen sich treiben ließ von diesem Bösen in sich und seinen Bruder erschlug. - Auch dem schuldig Gewordenen steht in der jüdischen Überlieferung das Recht zu leben zu, wenn er seine Schuld anerkennt und somit auch zu jenem bisher verleugneten Selbstanteil von sich wieder Zugang findet. - Kain erkannte seine Schuld, nahm das Kainsmal von Gott an und lebte weiter, er erkannte damit eine über ihm übergeordnete Ordnung. Wenn der Mensch sich jedoch anmaßt, eine Welt erschaffen zu können, in der das Böse eliminiert ist, so errichtet er eine Welt des Schreckens, in der das Böse vorherrscht.

Wolfgang Kraushaar
Philosemitismus und Antisemitismus. Zum Konflikt zwischen Horkheimer, Adorno und der Studentenbewegung[1]

Die Rückkehr Horkheimers und Adornos (1949)

Während für Adorno, seinen eigenen Worten nach, die Entscheidung, nach der Niederwerfung der NS-Herrschaft zurückzukehren, nie in Frage gestanden haben soll, so vollzog sich Horkheimers Überlegung in einem langen, sich über mehrere Jahre hin abspielenden Prozeß, der im Grunde auch nach der Rückkehr nie wirklich abgeschlossen war.

Nach einer ersten Reise 1948, die er zur Kontaktaufnahme und zur Teilnahme an der Hundertjahrfeier des Paulskirchenparlaments durchführte, kehrt er im Frühsommer 1949 als erster zurück. Bereits nach wenigen Wochen zirkuliert ein Aufruf zur Wiedereröffnung des von den Nazis geschlossenen Instituts für Sozialforschung, und schon im Juli wird der 1933 abgeschaffte Lehrstuhl für Sozialphilosophie wieder eingerichtet und mit seinem alten Inhaber besetzt. Bemerkenswert für Horkheimers Schritt zur Remigration ist die Tatsache, daß er erst in dem Moment einwilligt, in Deutschland zu bleiben, als ihm versichert wird, auch weiterhin US-Bürger bleiben zu können. Eine spezielle, von Hochkommissar John McCloy unterstützte Gesetzesinitiative, die von Präsident Truman 1952 dann auch tatsächlich zum Gesetz erhoben wird, garantiert dem früheren Institutsdirektor die Beibehaltung seiner US-Staatsbürgerschaft trotz seiner Remigration.

Die ersten Lehrveranstaltungen mit Beginn des Wintersemesters 1949/50 nimmt jedoch Horkheimers Freund und Kollege Theodor W. Adorno wahr, der sich zu dieser Zeit bereits auf Zwischenstation in Paris aufhält. Adorno führt neben einem Seminar über transzendentale Dialektik bei Kant und Hegel eine Vorlesung zur Grundlegung von Kategorien des bürgerlichen Bewußtseins, insbesondere der aristotelischen Politik, durch. In einem Brief über die Aufnahme der Veranstaltungen, zu denen jeweils zwischen hundert und hundertundfünfzig Studenten kommen, äußert sich Adorno mehr als befriedigt. Er ist offenbar von Bereitschaft und Fähigkeit, sich auf anspruchsvolle philosophische Grundlagentexte einzu-

---

[1] Der Text stellt eine erweiterte Fassung eines Aufsatzes dar, der erstmals unter dem Titel "Die Wiederkehr der Traumata im Versuch, sie zu bearbeiten - Die Remigration Horkheimers und Adornos und ihr Verhältnis zur Studentenbewegung" veröffentlicht wurde. Vortrag im Rahmen der Vorlesungsreihe "Das Echo des Holocaust" an der Hamburger Universität vom 9.Januar 1992

lassen, so überrascht, daß er ins Schwärmen kommt und einen Seminar-
teilnehmer gar mit dem seiner genialischen Züge wegen oft gerühmten
jungen Schelling vergleicht.
In dem im Mai 1950 unter dem Titel "Auferstehung der Kultur in
Deutschland?" in den Frankfurter Heften erschienenen Aufsatz schildert
Adorno noch einmal seinen ersten Eindruck im Seminar, um ihn dann al
lerdings einer kritischen Analyse zu unterziehen. "Der Intellektuelle, der
nach langen Jahren der Emigration Deutschland wiedersieht," so heißt es
dort, "ist zunächst von dem geistigen Klima überrascht. Draußen hat sich
die Vorstellung gebildet, als hätte das barbarische Hitler-Regime Barbarei
hinterlassen (...) Man setzt Stumpfheit, Unbildung, zynisches Mißtrauen
gegen jegliches Geistige voraus (...) Davon kann aber keine Rede sein.
Die Beziehung zu geistigen Dingen, im allerweitesten Sinne verstanden,
ist stark. Mir will sie größer erscheinen als in den Jahren vor der
nationalsozialistischen Machtergreifung (...) Die Studenten der Philosophie und der Sozialwissenschaften, mit denen ich umgehe, zeigen das
äußerste Interesse an praktisch unverwertbaren Problemen. Die schwere
materielle Bedrängnis, in der die meisten leben, hat darauf keinen Einfluß. Unterscheidungen äußerster Subtilität, etwa in der Auslegung des
Sinnes der Kantschen Erkenntnistheorie, finden überschwengliche Mitar-
beit..."[2] Adorno, der glaubt, diese Beobachtung über Universität und intellektuelle Eliten hinaus verallgemeinern zu können, sieht in der überra-
schenden Erfahrung einer schier ungebrochenen geistigen Leidenschaft
traditionelle Züge der Verinnerlichung, der Trostsuche im privaten Win-
kel und der Alibifunktion der Kultur, über das gesellschaftliche Grauen
und Elend hinwegzutäuschen. Insbesondere kritisiert er die Suprematie
eines Geistbegriffs, der glaubt, wie im deutschen Idealismus die Wirklichkeit überhaupt erst zu stiften. Dagegen erinnert er an den Verlust des
politischen Subjektstatus, der offenbar mit der Absolutsetzung des Geistes kompensiert werden müsse.
Etwa zur gleichen Zeit erscheint in den USA in einem Sammelband ein
Aufsatz von Max Horkheimer, der den Titel trägt: "The Lessons of Fascism". Darin versucht der Sozialphilosoph nicht nur Lehren aus dem Faschismus, sondern auch aus dem Scheitern der Entnazifizierung zu ziehen. Eine besondere Schuld sieht er bei den deutschen Universitäten. Aus
der ideologischen Prägung der akademischen Eliten versucht er Konsequenzen zu ziehen. "Wenn nicht das Problem der deutschen Universität
sorgfältig beachtet wird," so heißt es dort,"kann sie wieder zum Zentrum

---

2 Adorno, T.W.: Auferstehung der Kultur in Deutschland?, in: Frankfurter Hefte, 5.
   Jg., Mai 1950, Heft 5, S.469f.

eines bösartigen Nationalismus werden (...) Die demokratischen Elemente in den Fakultäten brauchen Hilfe und Ermutigung, den vielen Professoren und Studenten die Augen zu öffnen, die noch auf nationalistischen, insgeheim sogar pronazistischen Einstellungen beharren (...) Der Hauptbeitrag des Wissenschaftlers zu den Bemühungen, den aggressiven Nationalismus zu bekämpfen, besteht darin, die Einsicht in die Wesensstruktur der gesellschaftlichen Realität zu vertiefen. Hätte das deutsche Volk die Kräfte ausfindig gemacht, die tatsächlich hinter Hitlers Machtergreifung standen, und hätte es durch die Fassade der nationalsozialistischen Wirtschaftspolitik die dahinterstehenden Realitäten gesehen, so hätte es die letztlich zerstörerische Natur des ganzen Programms verstanden. Statt dessen nahm es die Befriedigung eines unmittelbaren Interesses entgegen, Vollbeschäftigung, wie die nationalsozialistische Wiederaufrüstung sie herbeiführte, und am Ende bezahlte es teuer für seine Kurzsichtigkeit. Jetzt, nach der Katastrophe, bildet eine unbefangene Untersuchung der Lehren der jüngsten deutschen Geschichte zusammen mit einer wirksamen Unterrichtung der Völker der Welt in diesen Lehren die wichtigste erzieherische Aufgabe des Wissenschaftlers."[3] Es ist naheliegend, daß Horkheimer, der ohnehin immer zur Vorsicht und Tarnung neigte, eine solch offene Sprache in einer deutschen Publikation wohl nicht gebraucht hätte.

Als im August 1950 das Institut für Sozialforschung mit Horkheimer als Direktor und Adorno als seinem Stellvertreter wieder mit seiner Forschungsarbeit beginnt, steht ein Untersuchungsprojekt im Vordergrund, das sich den von Horkheimer in "The Lessons of Fascism" skizzierten Aufgabenstellungen verdankt und in der für ihn charakteristischen Weise verschlüsselt ist. Die 1954 veröffentlichte Studie "Gruppenexperiment" ist eine empirische Untersuchung über das politische Bewußtsein der Bundesdeutschen, die in der Nachfolge der großen Studien aus den dreißiger und vierziger Jahren gesehen werden muß. Als beunruhigendstes Resultat zeigt sie, daß der Antisemitismus immer noch weit verbreitet ist, insbesondere unter den Akademikern. "Das vorgelegte Material ermächtigt wohl zu dem Schluß," wie es in einem der zentralen Punkte heißt, "daß zwar die nationalsozialistische Ideologie als in sich einheitlich organisierter Zusammenhang nicht mehr existiert, da ihr insbesondere durch den Mißerfolg ihre stärkste integrierende Kraft entzogen wird, daß aber zahlreiche Einzelelemente des faschistischen Denkens, herausgebrochen aus ihrem Zusammenhang und darum oft doppelt irrational, noch gegen-

---

3 Horkheimer, M.: Lehren aus dem Faschismus, in: ders.: Gesammelte Schriften Bd.8, Frankfurt 1985, S.34f.

wärtig sind und in einer veränderten politischen Situation wieder manipuliert werden könnten."[4] Dieser Auszug aus einem der Ergebnisse zeigt, in welchem Maße das Mißtrauen der beiden Remigranten seine sozialwissenschaftliche Bestätigung finden soll, nicht zuletzt im Kreise ihrer universitären Kollegen.

Gegen Ende des Jahres 1951, genau am 14. November, wird schließlich der mit Geldern des McCloy-Fonds, der Stadt Frankfurt und privater Gönner finanzierte Institutsneubau an der Senckenberganlage feierlich eröffnet. Horkheimer hatte zwei Tage zuvor in einer internen Einweihungsfeier seine ganze Skepsis gegenüber den gesellschaftlichen Eingriffsmöglichkeiten kritischer Soziologen zum Ausdruck gebracht: "Die Welt ging einen ganz anderen Gang als wir es wünschten, es ist eine schlechte Welt. Und wir sollen nicht denken, die wir hier in diesem Institut arbeiten, daß es jetzt nicht noch einmal so komme. Die Entwicklung geht einen schlimmen Gang (...) Ich denke an die Mitarbeiter, die in den Kellern der Gestapo und den Konzentrationslagern umgekommen sind und an die, die dies überlebten... Wir wollen an die denken, die unter einer künftigen Gestapo werden sterben müssen und trinken auf die, die unseres Geistes sind."[5] Nur wenige Tage darauf, am 20. November, wird der alte und neue Institutsdirektor zum Rektor der Johann Wolfgang Goethe-Universität gewählt - mit knapper Mehrheit. Es ist das erste Mal, daß nach der Niederwerfung der NS-Herrschaft ein Jude und das zweite Mal, daß ein amerikanischer Staatsbürger an der Spitze einer deutschen Universität steht. Mit allen akademischen Insignien, Talar und Amtskette, ausgerüstet hält Horkheimer unter dem Titel "Zum Begriff der Vernunft" eine an die noch im Exil verfaßte "Eclipse of Reason" angelehnte und von allen politischen Bezügen gereinigte Initiationsrede. "Sie sind", so hatte der Stellvertreter des Frankfurter Oberbürgermeisters sich zuvor, die Integrationsbemühung keineswegs verbergend, an ihn gewandt, "in beispielhafter Versöhnung in das Vaterland zurückgekehrt, und Sie haben Ihr Lehramt an dieser Universität wieder angetreten. So viel Treue verpflichtet um Treue. Deshalb empfinden wir alle ihre Wahl zu dem höchsten akademischen Amt unserer Johann Wolfgang Goethe-Universität als die Krönung unserer eigenen Wiedergutmachungspflicht."[6]

Der Remigrant Horkheimer hat es in nur kurzer Zeit unter den spezifischen Bedingungen der von den USA dominierend beeinflußten Nach-

---

4 Gruppenexperiment. Ein Studienbericht, bearbeitet von Friedrich Pollock, Frankfurt 1955, S.397
5 Max-Horkheimer-Archiv der Stadt- und Universitätsbibliothek Frankfurt IX 273.17
6 zit. nach: Wiggershaus, R., a.a.O., S.497

kriegspolitik vermocht, seine alte Stellung vom Ende der Weimarer Republik wieder einzunehmen und darüber hinaus die höchste Stufe der universitären Karriereleiter zu erklimmen:
Er ist wieder Direktor seines Instituts geworden; er hat für sich und seine Mitarbeiter ein neues Institutsgebäude bekommen; er hat seinen alten, kaum modifizierten Lehrstuhl zurückerhalten; er ist Oberhaupt seiner früheren Universität geworden und er ist schließlich zu einem wissenschaftlichen und kulturpolitischen Funktionsträger am Beginn der Ära Adenauer aufgestiegen.
Seine privaten Aufzeichnungen und seine internen Äußerungen signalisieren allerdings ein solches Maß an Distanz zu dieser offiziellen Rolle, daß ohne Übertreibung von einer Art Doppelexistenz des Remigranten Max Horkheimer gesprochen werden kann.

Max Horkheimer und eine frühe Studentenbewegung (1952)

Während sich das Frankfurter Institut im Neuaufbau befindet, steht ein deutscher Filmregisseur immer wieder aufs Neue im Zentrum der öffentlichen Auseinandersetzung. Es ist Veit Harlan, der Mann, der den berüchtigten antisemitischen Hetzfilm "Jud Süß" drehte, der während des Krieges auch in den von der Wehrmacht eroberten Teilen der Sowjetunion gezeigt worden ist, um die propagandistische Einstimmung in die Deportation von Juden herzustellen. Harlan, der 1949 und 1950 zweimal von einem Hamburger Schwurgericht unter jeweils fragwürdigen Begleitumständen von der Anklage, mit seinem Streifen ein Verbrechen gegen die Menschlichkeit begangen zu haben, freigesprochen worden ist, wird 1951 mit der Aufführung seiner beiden neuesten Filme "Unsterbliche Geliebte" und "Hanna Amon" erneut zum bundesweiten Objekt heftiger Polemiken und Proteste.
Wie in vielen anderen Städten so bildet sich auch in Frankfurt ein lokales Aktionsbündnis, das zum Boykott der Veit-Harlan-Filme aufruft. Neben prominenten Einzelpersonen wie Eugen Kogon und Walter Dirks von den "Frankfurter Heften", Karl Gerold, dem Herausgeber der "Frankfurter Rundschau", Franz Böhm, dem Vorstandsmitglied der "Gesellschaft für christlich-jüdische Zusammenarbeit" und späteren Leiter der Delegation für Wiedergutmachungsverhandlungen mit Israel, beschließen auch die örtlichen Vorstände von SPD und DGB zu Beginn des Jahres 1952, die Erstaufführung von "Unsterbliche Geliebte", in der Harlans Ehefrau Christina Söderbaum die Hauptrolle spielt, mit allen Mitteln zu verhindern. Und in der Tat, am 6. Januar setzt der Besitzer des zentral gelege-

nen Kinos "Metro im Schwan" den Film, ohne ihn jemals gezeigt zu haben, vom Spielplan ab.

Nicht zuletzt durch diesen Erfolg öffentlichen Protests ermuntert, verabschiedet das Studentenparlament der Johann Wolfgang Goethe-Universität drei Tage später eine Erklärung zur "Haltung gegenüber den Juden". Darin fordert es eine "baldige und gerechte Wiedergutmachung", eine rasche Verabschiedung des geplanten Strafrechtsänderungsgesetzes, durch welches antisemitische Hetze unter Strafverfolgung gestellt werden soll, sowie eine Reform der schulischen Lehrpläne unter dem selben Gesichtspunkt. Der Wille des deutschen Volkes, so heißt es, müsse zum Ausdruck gebracht werden, nach Kräften an der Beseitigung der materiellen Schäden mitzuwirken. "Indessen darf es keineswegs bei dieser materiellen Wiedergutmachung bleiben, weil ausschließlich hierbei die geistige Haltung entscheidend ist."[7]

Am darauffolgenden Tag richtet Max Horkheimer in seiner Funktion als Rektor ein Dankesschreiben an das Studentenparlament. Darin heißt es: "Als gestern Abend die Resolutionen eingebracht und ohne Stimmenthaltung angenommen wurden, die sich auf das im Dritten Reich geschehene Unrecht beziehen und den Willen der Studenten unserer Universität bekunden, durch die Tat etwas zur Versöhnung beizutragen, war ich, wie Sie verstehen werden, viel zu bewegt, als daß ich selbst nochmals hätte sprechen können. Aber es ist mir ein tiefes Bedürfnis, Ihnen noch ganz persönlich für die Erfahrung dieses Abends zu danken (...) Wenn Sie jetzt als erste studentische Gruppe in Deutschland ganz und gar aus eigenem Antrieb etwas zur Heilung der Wunde beitragen wollen, die durch den Rassenwahn entstanden ist, dann helfen Sie nicht bloß in einer wichtigen Frage des deutschen Lebens, sondern Sie ehren auch die Angehörigen unserer Universität, Juden und Nichtjuden, die gegen die blutige Dummheit aufgestanden sind. Ihre Resolutionen sind ein Symbol dafür, daß der spezifische Geist der Frankfurter Universität, der identisch ist mit dem Besten der deutschen akademischen Tradition überhaupt, ungebrochen fortdauert. Es ist meine Hoffnung, daß darin zugleich ein Ansporn für die gesamte akademische Entwicklung liegt. Meine Bewegung über den unmittelbaren guten Willen", so schließt Horkheimer sein Schreiben, "verbindet sich mit der Dankbarkeit für einen Vorgang, dem ich wahrhaft objektive Tragweite zuschreibe."[8] Der mit solch bewegten Worten ge-

---

[7] zit. nach: Neue Zeitung vom 12. Januar 1952
[8] zit. nach: Adam, H.: Studentenschaft und Hochschule. Möglichkeiten und Grenzen studentischer Politik, Frankfurt 1965, S.85f.

würdigten Resolution schließen sich in den Tagen und Wochen darauf die meisten Studentenvertretungen bundesdeutscher Hochschulen an. Allein im Januar 1952 folgen weitere Protestkundgebungen, Versammlungen und Demonstrationen gegen die Aufführung von Veit-Harlan-Filmen - so in München, Freiburg, Münster, Erlangen und Göttingen. Zu heftigen Zusammenstößen, die bundesweit großes Aufsehen erregen, kommt es dabei zwischen Polizei, Passanten und Demonstranten in Freiburg im Breisgau. Zweihundert Studenten, die mit dem Ruf "Veit Harlan - Jud Süß" durch die Stadt ziehen, werden mit pronazistischen und antisemitischen Parolen angepöbelt und nach einer polizeilichen Aufforderung, den Zug aufzulösen, mit dem Gummiknüppel auseinandergetrieben. Dutzende von ihnen werden verletzt, viele festgenommen, drei landen mit Gehirnerschütterungen im Krankenhaus.

Die Bewegung gegen den antisemitischen Filmregisseur ist im Kern eine Studentenbewegung. Obwohl die Aktionsbündnisse, wie am Frankfurter Beispiel deutlich zu erkennen ist, das gesamte linksliberale und zum Teil auch liberal-konservative Spektrum umfassen, so liegt das Zentrum dieser moralisch geprägten, mit stark idealistischen Zügen verknüpften antinazistischen, projüdischen Bewegung an den Universitäten. In den Jahren 1951 bis 1953 finden mehr als sechzig Anti-Harlan-Demonstrationen statt, bis auf wenige Ausnahmen in Universitätsstädten.

In einem Interview mit Max Horkheimer, das am 1. August 1952 in der "Allgemeinen Wochenzeitung der Juden in Deutschland" erscheint, würdigt er noch einmal die Frankfurter Resolution zur Wiedergutmachung, die besonders aktive Rolle der Studenten im "Fall Veit Harlan" und die Tatsache, daß er in Frankfurt noch keinem Angehörigen einer neonazistischen Organisation begegnet sei. Das Interview endet mit den Worten:"Ich glaube nicht, daß es einem ehemaligen Flüchtling, wie ich einer bin, ansteht, düster dreizublicken, und seine Augen angesichts des heutigen Deutschlands zu schließen. Das beste, was man tun kann, ist herkommen, sich umsehen und arbeiten, so daß das, was war, nicht wieder geschieht. Ich habe nie gesagt: man muß vergessen. Aber ich bin überzeugt, daß man mithelfen kann, eine Studentengeneration heranzubilden, die so fühlt, wie wir es gewohnt sind."[9]

---

9 Gid, M.: Der jüdische Rektor und seine deutsche Universität. Interview mit Max Horkheimer, dem Rektor der Frankfurter Universität, in: Allgemeine Wochenzeitung der Juden in Deutschland vom 1. August 1952

Horkheimer und die Anti-Atombewegung (1958)

Das beherrschende innenpolitische Thema der fünfziger Jahre ist neben den vergeblichen Bemühungen um eine Wiedervereinigung Deutschlands die Frage der Remilitarisierung. In mehreren Schüben konstituieren sich umfangreiche Protestbewegungen gegen die Wiederbewaffnung. Das letzte und wohl umfassendste Kapitel markiert die Bewegung "Kampf dem Atomtod", die die Ausrüstung der Bundeswehr mit Atomwaffen durch die Mobilisierung einer Volksbewegung zu verhindern sucht. Da eine innerparlamentarische Opposition gegen die von Bundeskanzler Konrad Adenauer - dieser hatte am 4. April 1957 verharmlosend von Atomwaffen als einer "Weiterentwicklung der Artillerie" gesprochen - und Bundesverteidigungsminister Franz Josef Strauß gehegten Pläne wegen der numerischen Schwäche der SPD- Fraktion im Bundestag keinerlei Aussicht auf Erfolg hat, startet der SPD- Parteivorstand eine außerparlamentarische Initiative und ruft am 10. März 1958 mit einer bundesweiten Plakataktion zur Kampagne "Kampf dem Atomtod" auf. In der Folge gründen sich im ganzen Land lokale und regionale Aktionsgemeinschaften, deren Aktivitäten von einem zentralen Arbeitsausschuß, zu dessen Mitgliedern auch Martin Niemöller gehört, koordiniert werden. In den Monaten April und Mai werden in über 60 Städten Kundgebungen durchgeführt, an denen sich Hunderttausende von Protestierenden beteiligen.

Eine wesentliche Strömung innerhalb dieser breit angelegten Kampagne ist die studentische Bewegung, deren Höhepunkt auf den 20. Mai 1958 fällt. An diesem Tag versammeln sich mehrere Tausend Studenten an 14 verschiedenen Hochschulorten und führen Schweigemärsche und Kundgebungen durch. Als Redner treten in den unabhängig von Parteien und Gewerkschaften organisierten Veranstaltungen vor allem Dozenten der Philosophischen Fakultät auf, so zum Beispiel auf dem Frankfurter Römer, zu dem an diesem Tag 400 Studenten gezogen sind, der 28jährige Adorno-Assistent Jürgen Habermas. In seiner unter dem Titel "Unruhe erste Bürgerpflicht" kurze Zeit später in der Studentenzeitung "Diskus" publizierten Ansprache macht er deutlich, daß gegen die "Politik der Stärke" Individuen und nicht Organisationen protestieren.

Einer, der mit diesen und anderen Ausführungen, mit der Kampagne überhaupt, nicht einverstanden ist, das ist Max Horkheimer. Zwei Tage nach der Kundgebung auf dem Römer notiert er in einer Mischung aus Zynismus und Überheblichkeit:"Als ob es um die Gefährlichkeit der Atome ginge! Wenn sie die Erde verwüsten, hat niemand mehr Kopfweh."[10] Er ist der Ansicht, daß ohnehin die Militärs die Macht in der Hand halten, die kontinentaleuropäischen Demokratien nicht mehr zu retten sind und sich "ein faschistischer Staatenbund" an ihrer Stelle etabliert.

Nicht weniger panisch ist eine Aufzeichnung, die er etwa zur gleichen Zeit notiert und in der er sich explizit mit der Anti-Atombewegung auseinandersetzt. Er vergleicht sie mit der nationalistischen Bewegung Nassers und unterstellt mit der Geste einer kaum zu überbietenden Selbstverständlichkeit, daß beide Massenbewegungen "bei den Russen" ihren Ursprung hätten. Dominant ist dabei seine Angst, daß sich aus einer Bewegung, die offenbar glaubt, sich noch ungebrochen auf das "Volk" berufen zu können, eine neue faschistische Speerspitze bilden könnte, die wiederum die marginalisierten Einzelnen verfolgt. Wörtlich heißt es:"Sie repetieren mit Protesten und Schweigemärschen im technischen Zeitalter, verärmlicht, verflacht und vulgarisiert, die Französische Revolution. Das "Volk" als oberste Kategorie im kurzschlußhaften, fixen Denken von Studenten, Funktionären, allerhand Interessenten. (...) Aber die Jungen sind nur in dem Sinn einig, daß sie aktiv sein wollen. Die Mehrzahl ist, wenigstens zunächst noch, westlich ausgerichtet, erstrebt die guten Stellen in der Industrie, ohne einen politischen Katechismus herzusagen, notfalls machen sie einen westlich inspirierten oder gar deutsch-autonomen Faschismus als technische Vorhut mit. (...) "Das Volk" soll verwirklicht werden. Und wie könnte das anders geschehen als durch Bürokratie und Disziplin. (...) Jeder soll sich eingliedern ins Volk. (...) Der Feind ist der Einzelne, der Feind sind wir."[11]

Wie idiosynkratisch Horkheimers Reaktion auf diese Massenbewegung auch sein mag, unbestreitbar ist, daß in ihrem weiteren Verlauf die angstbesetzte Kategorie immer mehr ins Zentrum der politischen Auseinandersetzung gerät. Nachdem die Senate der beiden sozialdemokratisch geführten Hansestädte Hamburg und Bremen Gesetze zur Durchführung von Volksbefragungen beschlossen hatten, reicht die Bundesregierung eine Klage beim Bundesverfassungsgericht ein. Die Hauptentscheidung in dieser Sache ergeht bereits am 30. Juli: Das oberste Gericht der Republik erklärt die Gesetzesakte der beiden Hansestädte für nichtig. Volksbefragungen werden durch dieses Urteil zwar nicht prinzipiell ausgeschlossen, jedoch in ihrer Durchführung an eine vorherige Billigung durch die

---

10 Horkheimer, M.: Zur Funktion der Atombewaffnung, in: ders.: Gesammelte Schriften Bd.14, Frankfurt 1988, S.83
11 Horkheimer, M.: Mitte Mai 1958, in: ders.: Gesammelte Schriften Bd.14, Frankfurt 1988, S.82f

Mehrheit des Bundestages geknüpft. Damit ist die Möglichkeit einer plebiszitären Umgehung der im Parlament vorhandenen Mehrheitsverhältnisse ausgeschlossen. Die SPD zieht sich daraufhin aus der außerparlamentarischen Kampagne zurück. Die Bewegung "Kampf dem Atomtod" versandet in relativ kurzer Zeit.

Zu Weihnachten 1959 wird die bundesdeutsche Öffentlichkeit durch antisemitische Schmieraktionen in Köln aufgeschreckt. Zwei junge Mitglieder der neonazistischen "Deutschen Reichspartei" (DRP) haben am Heiligabend Hakenkreuze und Parolen wie "Deutsche, wir fordern: Juden raus" an die erst wenige Wochen zuvor von Bundeskanzler Adenauer eingeweihte Synagoge und an das Denkmal für die Opfer des Nationalsozialismus angebracht. Die Täter, die kurz darauf festgenommen und später verurteilt werden, lösen eine ganze Welle von Nachfolgeaktionen in der Bundesrepublik, West-Berlin und in der DDR aus. Allein bis Ende Januar 1960 registrieren die bundesdeutschen Polizeibehörden 685 als antisemitisch eingestufte Vorfälle, 234 Personen, darunter auffallend viele Jugendliche, werden in diesem Zusammenhang festgenommen.

Die nur für oberflächliche Beobachter überraschend auftretenden Vorfälle lösen nicht nur eine heftige innenpolitische Kontroverse aus - die Bundesregierung versucht die Schmieraktionen zunächst als von kommunistischen Drahtziehern betriebene "Diffamierungskampagne" hinzustellen -, sondern auch einen rapiden außenpolitischen Legitimationsverlust des Staates Bundesrepublik. In London, New York und verschiedenen israelischen Städten kommt es zu empörten Demonstrationen gegen die von Bundeskanzler Adenauer zu verantwortende Politik, der eine systematische Verharmlosung antisemitischer und nationalistischer Strömungen und Organisationen vorgeworfen wird.

Horkheimer schreibt bereits am 6. Januar 1960, daß dies das erste Mal seit 1945 sei, daß "eine völkische Kundgebung so umfangreicher Art" sich ereignet habe.[12] Seine Reaktion ist panisch. Er glaubt, die antisemitische Welle sei von Nasser und dessen Nazi-Beratern organisiert, hinter denen auch verschiedene deutsche Gruppen stehen könnten. Seine Überlegungen, die vor allem um die als unmittelbar gegeben unterstellte Gefahr einer Liquidation Israels kreisen, bewegen sich fast ausschließlich auf der internationalen Ebene.

Im Frühling desselben Jahres notiert Friedrich Pollock, der wohl langjährigste und engste Freund Horkheimers, nach einem gemeinsamen abendlichen Gespräch:"Wir stehen vor der Alternative, in Deutschland tätig zu

---

12 Horkheimer, M.: Vom Sinn des Neonazismus, in: ders.: Gesammelte Schriften Bd.14, Frankfurt 1988, S.100f.

sein oder uns nach Amerika zurückzuziehen und dort an der Bemühung um Erkenntnis und deren Formulierung zu arbeiten. Können wir es mit unserem Gewissen vereinbaren, gegen all das Ungeheuerliche, das sich jetzt wieder in Deutschland vorbereitet, nichts zu tun, nicht unsere Stimme zu erheben, solange wir noch gehört werden. (...) Sollen wir schweigen, wenn jemand, der am Tod von 15 000 Kindern schuldig ist, noch in der Regierung sitzt? Wir müßten eine neue Zeitschrift herausbringen, die sagt, was heute gesagt werden muß und es nicht den östlichen Publikationen überläßt. Ist es zu verantworten, daß wir schweigen, während es unsere Aufgabe als Intellektuelle wäre, herauszubrüllen, was schlecht ist?"[13]

All diese bitteren Fragen, die Horkheimer und Pollock nach dem Schock der Jahreswende 1959/60 umtreiben, bleiben offen. Sie werden im Kamingespräch geäußert, ohne daß aus ihnen irgendwelche Konsequenzen gezogen würden. Nach einem Jahrzehnt Remigration, in die Horkheimer ohnehin mit der Weigerung, seine US-amerikanische Staatsbürgerschaft aufgeben zu wollen, eine Art Notbremse eingebaut hat, stellt sich die Frage einer erneuten Emigration in die Vereinigten Staaten in aller Schroffheit. Von der Euphorie den Studenten gegenüber, die er vor allem während seiner Rektoratszeit im Januar 1952 geäußert hat, ist offenbar nichts mehr übrig. Die ursprüngliche Hoffnung scheint in Resignation und Pessimismus umgeschlagen zu sein.

Die Herausforderung der kritischen Autoritäten durch die antiautoritäre Bewegung (1967/68)

Im Februar 1965 hat die Redaktion der Frankfurter Studentenzeitung "Diskus" Max Horkheimer eine von allen Mißtönen freie "Dankadresse" zu dessen 70. Geburtstag gewidmet. "Wieviel wir von ihm gelernt haben", so heißt es dort, "wissen wir noch nicht; denn alles, was er lehrt, ist auf die Praxis eines besseren Lebens gerichtet und will erst verwirklicht werden. Bei hundert alltäglichen Gelegenheiten: im Widerstand gegen Unrecht und Gewalt im großen wie im kleinen, in jedem Versuch, zum privaten Glück eines Einzelnen oder zum allgemeinen Wohl beizutragen, erfahren wir, was wir gelernt haben." Es ist sein ebenso braver wie beflissener Ton, der die kleine Laudatio kennzeichnet und an die Stimmung vom Beginn der fünfziger Jahre erinnert. Am Ende heißt es: "Und eine einfache, unzeitgemäße Formel mag den Dank seiner Studenten ausdrük-

---

13 Pollock, F.: Überlegungen aus dem Frühling 1960 (Späne. Notizen über Gespräche mit Max Horkheimer), in: Horkheimer, M.: Gesammelte Schriften Bd.14, Frankfurt 1988, S.544

ken: Max Horkheimer ist ein guter Lehrer."[14] In der darauffolgenden Ausgabe erscheint ein Leserbrief, in dem sich der Geehrte mit rührenden Worten für den Geburtstagsgruß bedankt. Der Austausch dieser beiden Dankadressen wirkt wie ein verspäteter Nachruf auf ein bereits seit längerer Zeit nicht mehr ganz ungetrübtes Verhältnis zwischen den Lehrern der Kritischen Theorie und ihren studentischen Schülern.

Wie spannungsgeladen die Beziehungen noch werden sollen, das stellt sich jedoch erst 1967 im Zuge der Außerparlamentarischen Opposition gegen die Große Koalition in Bonn und den Vietnamkrieg der USA heraus, die dominiert wird von einer neuartigen Studentenbewegung mit dem SDS an der Spitze.

Am 7. Mai 1967 zeigt sich Max Horkheimer bei der Eröffnung der deutsch-amerikanischen Freundschaftswoche auf dem Frankfurter Römer demonstrativ mit einem US-General. Am Abend hält er einen Vortrag im Amerikahaus, in dem er, die Sichtweise des dankbaren Emigranten ungebrochen verlängernd, die studentischen Demonstrationen gegen den Vietnamkrieg explizit kritisiert. "Wenn in Amerika es gilt", so führt er u.a. aus, "einen Krieg zu führen - und nun hören sie wohl zu - einen Krieg zu führen, so ist es nicht so sehr die Verteidigung des Vaterlandes, sondern es ist im Grunde die Verteidigung der Verfassung, die Verteidigung der Menschenrechte..." Und die Kritiker sollten im übrigen auch daran denken, "...daß wir hier nicht zusammen wären und frei reden könnten, wenn Amerika nicht eingegriffen hätte und Deutschland und Europa vor dem furchtbarsten totalitären Terror schließlich gerettet hätte."[15]

Der Frankfurter SDS, an dessen Adresse diese Worte vor allem gerichtet sind, versucht, Horkheimer unmittelbar nach Bekanntwerden dieser Rede zu einer Diskussion zu bewegen. In einem "Offenen Brief" erhebt die Gruppe den Vorwurf, die Äußerungen des emeritierten Sozialphilosophen seien eine "mit dem Mantel der Privatheit verkleidete Unwissenschaftlichkeit", gar die "in die Apologie des Faschismus und Imperialismus umgeschlagene Resignation".[16]

Horkheimer antwortet darauf ebenfalls mit einem "Offenen Brief". In dem ebenso freundlich wie dezidiert gehaltenen Schreiben weist er darauf

---

[14] N.N. (Diskus-Redaktion): Dankadresse - Professor Max Horkheimer zum 70. Geburtstag, in: Diskus - Frankfurter Studentenzeitung, 15. Jg., Februar/März 1965, Nr.2, Lokales S.1

[15] Horkheimer, M.: Vortrag im Amerika-Haus Frankfurt anläßlich der deutsch-amerikanischen Freundschaftswoche, in: Diskus - Frankfurter Studentenzeitung, 17. Jg., Nr.4, Juni 1967, S.10

[16] N.N.: Vietnam - ein Vortrag und zwei Briefe, in: Diskus - Frankfurter Studentenzeitung, 17. Jg., Nr.4, Juni 1967, S.10

hin, daß die "kommunistische Parteiherrschaft" der "Tendenz zum Imperialismus", ihrer inneren ökonomischen Logik ebenso wie ihren äußeren Machtinteressen nach, in nicht geringerem Maße verhaftet sei, "...als nur je die kapitalistische Welt."[17] Zugleich bekundet er seine Bereitschaft zu einer gemeinsamen Diskussion; sie soll auch stattgefunden haben, über ihren Verlauf sind aber keine Spuren aufzufinden.

Wie weit die Differenzen zwischen den kritischen Autoritäten und den antiautoritären Aktivisten wirklich gehen, das wird erst nach dem 2. Juni 1967 sichtbar, dem Tag, an dem der Germanistikstudent Benno Ohnesorg nach einer Demonstration gegen den Schah-Besuch in West-Berlin von der Polizei erschossen wird.

Am 9. Juni findet nach der Beerdigung Benno Ohnesorgs in Hannover unter Beteiligung von 5000 Studenten und Dozenten aus allen Teilen der Bundesrepublik der Kongreß "Hochschule und Demokratie - Bedingungen und Organisation des Widerstands" statt. Auf ihm wirft Jürgen Habermas, der inzwischen auf dem Umweg über Heidelberg wieder nach Frankfurt zurückgekehrt ist, Rudi Dutschke, der über den Zirkel "Subversive Aktion" zum führenden Sprecher des SDS in West- Berlin geworden ist,vor, für seinen Aufruf, an allen bundesdeutschen Universitäten Aktionszentren zu bilden, eine "voluntaristische Ideologie" zu bemühen, die er glaube "linken Faschismus" nennen zu müssen.

Am 7. Juli wird ein Vortrag Theodor W. Adornos im Audimax der Freien Universität Berlin über Goethes "Iphigenie" von Mitgliedern des SDS und der Kommune I gestört. Auf einem der Transparente ist zu lesen "Berlins linke Faschisten grüßen Teddy den Klassizisten"[18]. Obwohl Adornos Weigerung, sich auf eine politische Diskussion einzulassen, zunächst einen Tumult auslöst, kann der Vortrag dann doch noch stattfinden.

Nur wenige Tage später hält Adornos aus Kalifornien eingeflogener ehemaliger Institutskollege Herbert Marcuse im selben Hörsaal eine Vortragsreihe über "Das Ende der Utopie"[19], in der er die historische Möglichkeit umreißt, die entfalteten Produktivkräfte für eine gesellschaftliche Befreiung zu nutzen. In dem Besuch Marcuses, der in der Öffentlichkeit

---

17 Brief Max Horkheimers an die SDS-Gruppe Frankfurt, in: Diskus - Frankfurter Studentenzeitung, 17. Jg., Nr.4, Juni 1967, S.10

18 zit. nach: Szondi, P.: Über eine "Freie (d.h. freie) Universität" - Stellungnahmen eines Philologen, Frankfurt 1973, S.58

19 Marcuse, H.: Das Ende der Utopie. Vorträge und Diskussionen in Berlin, Frankfurt 1980

große Aufmerksamkeit erringt, sehen Kommentatoren einen demonstrativen Solidaritätsakt mit den gesellschaftlich weitgehend isolierten studentischen Rebellen. Ein jüdischer Emigrant, US-amerikanischer Staatsbürger und deutscher Philosoph, so heißt es, sei, obwohl an einer Universität auf der anderen Seite des Globus lehrend, in die Bresche gesprungen. Marcuse selbst kommentiert die Diskussionen mit den Studenten später gegenüber Reinhard Lettau mit den Worten, dies sei für ihn "eine Art Versöhnung mit Deutschland"[20].

Der Aufbruch von APO und Studentenbewegung erreicht nach dem Attentat auf Rudi Dutschke während der Ostertage 1968 einen Höhepunkt der Mobilisierung, schlägt aber bereits hier in gewaltsame Aktionen um und endet mit der trotz aller Anstrengungen nicht zu verhindernden Verabschiedung der Notstandsgesetze in einer großen innenpolitischen Niederlage. Danach kommt es immer häufiger zu verzweifelt militanten Aktionen, die die SDS-Aktivisten jedoch Schritt für Schritt weiter in die Isolation führen.

Eine dieser Aktionen findet am 22. September 1968 statt. Vor der Frankfurter Paulskirche versuchen 2000 Demonstranten, stark gesicherte Polizeiketten zu durchbrechen, um gegen die Verleihung des Friedenspreises des Deutschen Buchhandels an den der Kollaboration mit dem Kolonialismus beschuldigten senegalesischen Staatspräsidenten Leopold Senghor zu protestieren. Einzelne versuchen dabei in kamikazeartigen Überrumpelungsangriffen, in die Paulskirche vorzudringen. Sie werden jedoch allesamt überwältigt und von der Polizei zusammengeknüppelt. Unter ihnen sind auch Hans-Jürgen Krahl, Daniel Cohn-Bendit und Joschka Fischer. Einen Tag danach, Cohn-Bendit sitzt inzwischen in Butzbach in Untersuchungshaft, findet in dem einem Frankfurter Vorort gelegenen Haus Gallus eine Podiumsdiskussion zum Thema "Autoritäten und Revolution" statt.[21] An ihr beteiligen sich u.a. Adorno, Friedeburg, Habermas, Krahl und aus dem Publikum Günter Grass. Es ist die letzte ernstzunehmende öffentliche Auseinandersetzung zwischen kritischen Theoretikern und Sprechern des SDS. Obwohl auch sie bisweilen aus den Fugen zu geraten droht, wird sie von beiden Seiten nicht unterhalb der ihnen jeweils eigenen Begründungsstandards geführt.

---

[20] zit. nach: Lettau, R.: Denken und Schreiben gegen das tägliche Entsetzen, in: Der STERN vom 9. August 1979, Nr.33, S.100f.

[21] Das Protokoll der Podiumsdiskussion ist unter dem gleichnamigen Titel abgedruckt in: Soziologisches Lektorat (des Luchterhand Verlages), ad lectores 8, Neuwied - Berlin 1969, S.19-60

In einem Briefwechsel, der sich anschließend zwischen Adorno und Grass entwickelt, wirft der Autor der "Blechtrommel" dem Verfasser der "Minima Moralia" vor, er habe sich auf der Gallus-Veranstaltung von Krahl an die Wand spielen lassen. Und außerdem verstehe er nicht, daß sich Adorno nicht öffentlich für Sozialdemokraten wie Gustav Heinemann und Willy Brandt einsetze.[22]

In einem denkwürdigen Antwortschreiben kommt Adorno seinem Kritiker zunächst in der Bewertung des Veranstaltungsverlaufs weit entgegen, um dann umso schärfer die essentiellen Differenzpunkte zu markieren: Adorno bekennt sich trotz aller Schwierigkeiten zu Hans-Jürgen Krahl und bezeichnet ihn als einen seiner begabtesten Schüler. Ferner klagt Adorno, die Wertschätzung für Heinemann keineswegs verhehlend, daß die Sozialdemokratie "sich seit 1914 treu geblieben" sei. Das Godesberger Programm sei für ihn ein einzigartiges Dokument, weil es zeige, wie "eine Partei allen, aber auch wirklich allen theoretischen Gedanken abschwört, die sie einmal inspiriert hatten."[23] Dem SDS gegenüber lehne er eine öffentliche Distanzierung ausdrücklich ab. Mit äußerster Bestimmtheit erklärt er:"So genau ich weiß, daß die Studenten eine Scheinrevolte betreiben und das eigene Bewußtsein der Unwirklichkeit ihres Treibens durch ihre Aktionen übertäuben, so genau weiß ich auch, daß sie, und die Intellektuellen überhaupt, auf der Plattform der deutschen Reaktion die Rolle der Juden übernommen haben."[24] Und am Ende seines vier Seiten langen, enggetippten Schreibens fügt er noch handschriftlich die Frage an: "Ist Ihnen bekannt, daß Helmut Schmidt die Soziologie generell angegriffen hat? Oder irre ich mich da?"[25] Es gibt wohl kein anderes Zeugnis Adornos, in dem er seine Position im Trubel der 67er/68er-Auseinandersetzungen treffsicherer formuliert als in diesem Brief; eine Position, die sich in ihrer letzten Dimension und in ihrem entscheidenden Bezug von der gesellschaftlichen Rolle eines Juden her bestimmt.

Die polizeiliche Räumung des Instituts, der Krahl-Prozeß und der Tod Adornos (1969)

Nach den Niederlagen in der Anti-Notstandsbewegung und in der "Enteignet Springer"-Kampagne konzentriert der SDS sein Interesse am

---

22 Brief von Günter Grass an Theodor W. Adorno vom 17. Oktober 1968, Theodor W. Adorno-Archiv
23 Brief von Theodor W. Adorno an Günter Grass vom 4. November 1968, Theodor W. Adorno-Archiv
24 Ebd.
25 Ebd.

Ende des Jahres 1968 wieder auf die Universität. Nicht, um dort die Hochschulreform in Gang zu setzen, sondern um das eigene Terrain gleichsam als Brückenkopf für eine revolutionäre Veränderung der Gesellschaft zu nutzen.

Am 3. Dezember 1968 beginnt in der Abteilung für Erziehungswissenschaften der Frankfurter Universität ein Boykott aller Lehrveranstaltungen. Verhindert werden soll eine Verkürzung des Lehrerstudiums auf sechs Semester. Die vom SDS dominierten Soziologen greifen den Anlaß auf und proklamieren einen "aktiven Streik zur Neuorganisierung des Studiums", der sich rasch über die gesamte Universität ausbreitet.[26] Im drei Tage später besetzten und in "Spartakus-Seminar" umbenannten Soziologischen Seminar wird eine Vielzahl unabhängiger, von Studenten selbst organisierter Arbeitskreise eingerichtet. Nach einer pausenlosen Abfolge von Vollversammlungen, Gruppensitzungen und Strategiedebatten räumt im Morgengrauen des 18. Dezember die Polizei das besetzte Seminar. Dennoch bereiten die Studenten eine weitere Expansion des Streiks vor.

Nach der Jahreswende beschließt ein "Organisationszentrum der Arbeitsgruppen", eine erneute, diesmal als "modifiziert" ausgegebene Besetzung des Seminars. Dieser Schritt, die Okkupation eines Raumes mit der entsprechenden Büroausstattung, erfolgt am 24. Januar. Die Hausherren entschließen sich dann am 31. Januar, das gesamte Seminar zu schließen, weil am Tag zuvor während einer vom SDS organisierten Demonstration ein Stoßtrupp Unbekannter systematisch die Scheiben von Banken, Konsulaten und US-Einrichtungen in der Innenstadt eingeworfen hat. Als daraufhin die SDS-Gruppe in das Institut für Sozialforschung zieht, um von dort die Koordination der Streikaktivitäten fortzuführen, rufen Adorno und Friedeburg die Polizei. Bei der anschließenden, ohne gewaltsame Auseinandersetzung verlaufenden Räumung werden 76 Studenten festgenommen. Bis auf Hans-Jürgen Krahl, der wegen des Vorwurfs des Hausfriedensbruchs und der Rädelsführerschaft in Untersuchungshaft kommt, werden alle anderen im Laufe des Abends freigelassen.

Diese Räumung durch die Polizei wird von den SDS-Studenten als eine Art "Sündenfall" der kritischen Autoritäten betrachtet. Daß gerade diejenigen, die immer so eindringlich vor repressiven Gefahren gewarnt haben, in dem Moment, als es um den Status quo ihrer eigenen Sphäre geht, bereit sind, die Staatsmacht um Hilfe zu rufen, desavouiert sie in den Au-

---

[26] Vgl. die umfangreiche, aber verzerrte Darstellung in: Zoller (Hrsg.): AKTIVER STREIK - Dokumentation zu einem Jahr Hochschulpolitik am Beispiel der Universität Frankfurt a.M., Darmstadt o.J. (1969)

gen der Antiautoritären. Für sie sind die Kritischen Theoretiker, die sich bisher so beharrlich der politischen Praxis entzogen, zu Komplizen eines faschistischer Tendenzen beschuldigten Polizei- und Staatsapparates geworden.

Während im unmittelbaren Konflikt durch die Semesterferien zunächst eine Ruhepause eintritt - Krahl ist nach einer Reihe von Aktionstagen inzwischen wieder auf freien Fuß gesetzt worden -, tut sich ein Nebenschauplatz auf. Im März dringen mehrere Mitglieder der "Lederjackenfraktion"[27], des aktionistischen Flügels des SDS, in eine Wohngemeinschaft ein und demolieren das Zimmer eines Philosophie-Studenten aus dem engsten Umkreis von Krahl. Sie reißen die Bücher aus den Regalen und sprühen die Drohung an die Wand: "Ins KZ mit dem Pack der Intellektuellen!" Der Angegriffene, der selber zu den politischen Aktivisten gehört, aber an der Notwendigkeit einer unabhängigen theoretischen Arbeit festhält, gilt den Desperados als Provokation. Adorno, dem diese Einschüchterungsaktion offenbar zu Ohren gekommen ist, schreibt in seinen "Marginalien zu Theorie und Praxis" über den Vorfall folgendes: "Heute wird abermals die Antithese von Theorie und Praxis zur Denunziation der Theorie mißbraucht. Als man einen Studenten das Zimmer zerschlug, weil er lieber arbeitete als an Aktionen sich zu beteiligen, schmierte man ihm an die Wand: Wer sich mit Theorie beschäftige, ohne praktisch zu handeln, sei ein Verräter am Sozialismus."[28] Wie hätte Adorno wohl reagiert, wenn er die wirkliche Parole, die die schlimmsten seiner Befürchtungen nicht nur bestätigte, sondern auf den Punkt brachte, gekannt hätte?

Als er im Sommersemester damit beginnt, eine Vorlesung "Einführung in die Dialektik" zu halten, wird Adorno selber zum Objekt einer Rancune-Aktion. Offenbar aus später Rache für den Polizeieinsatz im Institut wird er in seiner Vorlesung vom 22. April systematisch irritiert, gestört und schließlich am Weiterreden gehindert. Während Flugblätter mit der Überschrift "Adorno als Institution ist tot" im Hörsaal verteilt werden, umringen ihn drei in Lederjacken gekleidete Studentinnen, verstreuen Blumen, führen Pantomimen auf und entblößen schließlich, den Parodierten immer mehr bedrängend, ihren Busen. Adorno bricht nach diesem Zwischenfall, der auch von der überwältigenden Mehrheit der Zuhörer als ebenso peinlich wie perfide wahrgenommen wird, seine Veranstaltung ab und setzt

---

27 Zur "Lederjackenfraktion" gehört auch der Herausgeber der obengenannten Dokumentation.

28 Adorno, T.W.: Marginalien zu Theorie und Praxis, in: ders.: Stichworte, Frankfurt 1969, S.173

sie für unbestimmte Zeit aus. Hans-Klaus Jungheinrich, der den Eklat miterlebt hat, schreibt zwei Tage später in der "Frankfurter Rundschau": "Wer den Faschismus am eigenen Leib gespürt hat, wird notwendig allergisch gegen den kleinsten Anflug von Terror. Ohne Gewalt, ohne terroristische Momente sind die dem SDS vorschwebenden Umwälzungsprozesse aber undenkbar. Adorno weiter zur Weggenossenschaft zwingen zu wollen, wäre daher ein schlicht inhumanes Ansinnen."[29]Nachdem ein Versuch, die Vorlesung wieder aufzunehmen, erneut gestört wird, setzt Adorno sie schließlich am 18.Juni endgültig ab.

Das Semester ist für ihn damit jedoch noch nicht zu Ende. Der Schlußakt erfolgt außerhalb der Universität, vor den Schranken des Gerichts. Im Prozeß gegen seinen Doktoranden Hans-Jürgen Krahl, der des Hausfriedensbruchs beschuldigt ist, soll Adorno am 18.Juli als Zeuge der Anklage auftreten. Wie dieser Akt verlaufen ist, läßt sich pointiert an einer Schlagzeile der anschließenden Presse-Berichterstattung ablesen, in der es heißt: "Krahl nimmt Doktorvater ins Kreuzverhör".[30] Eine Woche später wird der Adorno-Doktorand zu drei Monaten Gefängnis verurteilt. Die Strafe wird, wie es heißt, wegen der Zubilligung "idealistischer Gesinnung" zur Bewährung ausgesetzt. Kurz darauf reist Adorno in die Schweiz, um einen seit langer Zeit geplanten Urlaub anzutreten.

Der gesamte Zeitraum seit der spektakulären Institutsräumung durch die Polizei ist begleitet von einer dichten und sich stetig steigernden Korrespondenz zwischen Adorno und Marcuse, die die psychische Dynamik des Angegriffenen und persönlich Bloßgestellten erkennen läßt. Ohne diesen umfangreichen Briefwechsel hier ausführlich zitieren zu wollen, seien nur die wesentlichen Punkte daraus rubriziert:

- Am 24. Januar, dem Tag der "modifizierten" Besetzung des Soziologischen Seminars, lädt Adorno Herbert Marcuse offiziell zu einer Veranstaltung des Instituts ein.

- Am 14. Februar erinnert Adorno nochmals an die Einladung, da er noch keine Antwort erhalten hat. Er beschreibt und rechtfertigt dabei zugleich den Entschluß, die Polizei zur Räumung des von streikenden Studenten belagerten Instituts herbeizurufen.

- Am 20. Februar bestätigt Marcuse den Empfang der Einladung und äußert den Wunsch, den "Dialog" zwischen ihnen so privat wie möglich zu

---

[29] Jungheinrich, H.-K.: "Adorno als Institution ist tot" - Wie der Bewußtseinsveränderer aus dem Hörsaal gejagt wurde, in: Frankfurter Rundschau vom 24. April 1969
[30] Frankfurter Rundschau vom 19. Juli 1969

führen. Er schlägt vor, dazu die Privatwohnung Siegfried Unselds, Leiter des Suhrkamp Verlages, zu benutzen.

- Am 28. Februar stimmt Adorno dem Wunsch Marcuses zu und äußert Befürchtungen wegen möglicher Ausschreitungen in seiner geplanten Vorlesung.

- Am 18. März meint Marcuse, den Besuch unter den von Adorno geschilderten Umständen, die er als "geradezu scheußlich" empfindet, vielleicht doch besser abzusagen.

- Am 25. März spricht sich Adorno dafür aus, wie geplant zu verfahren. Er beschreibt die weitere Eskalation der Studentenbewegung als eine "Entwicklung der Greuel".

- Am 5. April überrascht Marcuse Adorno mit einem Schreiben, in dem er aufgrund des Besuchs durch einen Frankfurter Studenten eine erheblich andere Wahrnehmung des Konflikts zu erkennen gibt. Er will nicht nach Frankfurt kommen, ohne nicht auch mit den Studenten sprechen zu können.

- Am 5. Mai, also erst einen Monat später, antwortet Adorno, daß Marcuse sich nur auf eigene Verantwortung mit den Studenten treffen könne. Er rechtfertigt ausführlich seine Position unter expliziter Bezugnahme auf den von Habermas vorgebrachten Vorwurf des Linksfaschismus. Am Ende gibt er der Hoffnung Ausdruck, Marcuse im Urlaub in der Schweiz zu treffen. - Am selben Tag geht ein paralleles Schreiben von Habermas an Marcuse ab, in dem dieser den kalifornischen Kollegen heftig kritisiert und die Aktionen der Studenten als "Teil einer illusionär auf unsere Verhältnisse übertragenen Partisanenstrategie"[31] bezeichnet.

- Am 23. Mai sagt Marcuse in einem sichtlich pikierten, dennoch aber auch herzlichen Ton seine Reise nach Frankfurt endgültig ab.

- Am 4. Juni erläutert Marcuse, der sich inzwischen in London aufhält, seine Entscheidung noch einmal ausführlich. In dem Brief heißt es:"Du schreibst von den 'Interessen des Instituts' und das mit der emphatischen Mahnung: 'unseres alten Instituts Herbert'. Nein, Teddy. Es ist nicht unser altes Institut, in das die Studenten eingedrungen sind."[32] Marcuse verweist auf die völlig unterschiedliche politische Situation in den dreißiger und in den sechziger Jahren. Und weiter heißt es: "Du schreibst,... daß wir seinerzeit ja auch die Ermordung der Juden ertragen hätten, ohne zur Praxis überzugehen, 'einfach deshalb, weil sie uns ver-

---

31 Brief von Jürgen Habermas an Herbert Marcuse vom 5. Mai 1969, Herbert-Marcuse-Archiv der Stadt- und Universitätsbibliothek Frankfurt
32 Brief von Herbert Marcuse an Theodor W. Adorno vom 4. Juni 1969, Herbert-Marcuse-Archiv der Stadt- und Universitätsbibliothek Frankfurt

sperrt war.' Ja, und genau heute ist sie uns nicht versperrt. Der Unterschied in der Situation ist der zwischen Faschismus und bürgerlicher Demokratie."[33]

- Am 19. Juni antwortet Adorno über eine "Phase äußerster Depression" klagend in aller Ausführlichkeit. Er versucht, die Wirksamkeit der alten Institutstraditionen auch in den jüngeren Forschungsprojekten zu belegen. Er beschreibt die letzten Vorgänge in Frankfurt. Und er hält fest:"Die Gefahr des Umschlags der Studentenbewegung in Faschismus nehme ich viel schwerer als Du."[34]

- Am 21. Juli verteidigt Marcuse, der sich inzwischen in seinem französischen Urlaubsort aufhält, die Studentenbewegung und verweist auf seine bedrückenden Erfahrungen mit der Zerschlagung von Demonstrationen in Berkeley. Er beklagt sich bei diesem Anlaß darüber, daß, wie er im SPIEGEL habe lesen müssen, Horkheimer sich "dem Chorus meiner Angreifer" zugesellt habe.[35]

- Am 28. Juli sendet Adorno daraufhin ein Telegramm an Marcuse. Es enthält die Worte:"telefonierte mit max stop spiegelzitat aus zusammenhang gerissen völlig irreführend stop positive stellen geschnitten stop halte vor öffentlicher auseinandersetzung aussprache mit ihm zürich mitte august für notwendig herzlichst teddie"[36] - Am selben Tag erscheint ein Leserbrief im SPIEGEL, in dem sich Rudi Dutschke, Oskar Negt, Alfred Schmidt und andere mit Herbert Marcuse im Namen der Neuen Linken solidarisieren und die Unterstellung, Marcuse sei CIA-Agent gewesen, scharf zurückweisen.[37]

---

[33] Ebd.

[34] Brief von Theodor W. Adorno an Herbert Marcuse vom 19. Juni 1969, Herbert-Marcuse-Archiv der Stadt- und Universitätsbibliothek Frankfurt

[35] In dem erwähnten Artikel, dessen Anlaß eine Veranstaltung im römischen Teatro Eliseo ist, bei der Marcuse als "CIA-Agent" verleumdet wird, heißt es wörtlich: "Die extremen Anwürfe sind symptomatisch für das Anwachsen der Kritik an dem kalifornischen Philosophen. Linke wie rechte Gegner sind sich im Grunde einig, daß man es mit einem "unreifen" ("Prawda"), "romantisch-reaktionären" (Ernst Topitsch) Protest zu tun habe, daß solche "Herolde der Zukunft ohne Vergangenheit" (Helmut Kuhn) "gewisse irrationalistische Züge" in ihrer "linksutopischen Vorstellungswelt" (Jean Améry) haben. Sogar Max Horkheimer, Senior des Frankfurter Instituts für Sozialforschung, zählt zu den Kritikern. Er führt Marcuses Ruhm bloß zurück auf "Gedanken, die gröber und simpler als Adornos oder meine Gedanken sind"." Aus: DER SPIEGEL vom 30. Juni 1969, 23. Jg., Nr.27, S.109

[36] Telegramm von Theodor W. Adorno an Herbert Marcuse vom 28. Juli 1969, Herbert-Marcuse-Archiv der Stadt- und Universitätsbibliothek Frankfurt

[37] Siehe: DER SPIEGEL vom 28. Juli 1969, 23. Jg., Nr.31, S.13f.

- Am 6. August läßt Adorno per Eilboten seinen von einer Sekretärin ab-
getippten Brief an Marcuse senden. Darin heißt es:"Die Meriten der Stu-
dentenbewegung bin ich der letzte zu unterschätzen: sie hat den glatten
Übergang zur total verwalteten Welt unterbrochen. Aber es ist ihr ein
Quentchen Wahn beigemischt, dem das Totalitäre teleologisch innewohnt. (...) Und ich bin kein Maochist, bis in die Theorie hinein nicht.
Zudem ist die deutsche Situation wirklich anders. (...) Was das heutige
Institut anlangt, so hat es ganz gewiß nicht mehr politische Abstinenz ge-
übt als das in N.Y. der Fall war. Von dem Maß an Haß, das sich auf
Friedeburg, Habermas und mich konzentriert, machst Du Dir offenbar
keine Vorstellung (...) Herbert, nach Zürich oder Pontresina kann ich
wirklich nicht kommen. Du mußt (...) mit einem schwer ramponierten
Teddie rechnen, Max wird es Dir bestätigen."[38]
In dem Moment, in dem eine Sekretärin diese Zeilen abtippt, liegt Adorno
bereits im Sterben. Am Abend zuvor ist er mit Herzbeschwerden in das
Krankenhaus von Brig eingeliefert worden, wo er am Tag darauf 65jährig
einem Infarkt erliegt.
Theodor W. Adorno wird eine Woche später, am 13. August, im Grab
seiner Familie auf dem Frankfurter Hauptfriedhof beigesetzt. Unter den
2.000 Trauergästen befinden sich neben der Witwe Gretel Adorno Max
Horkheimer, Jürgen Habermas, Ernst Bloch, Alexander Mitscherlich und
viele Mitglieder des SDS. Hans-Jürgen Krahl, der ein halbes Jahr später
auf tragische Weise bei einem Verkehrsunfall umkommt, hat all jenen,
die auf die Idee kommen könnten, die Trauerfeier zu stören, Prügel angedroht. Sie verläuft ruhig.

Antisemitismus: "Das Gewitter in der Wolke" des Antizionismus

Wie Sie sehen, hat Adorno in den Monaten vor seinem Tod einen weit-
gehenden Positionswechsel in der Beurteilung der Studentenrevolte voll-
zogen. Verteidigte er die Studenten im November 1968 Grass gegenüber
noch mit dem Argument, sie würden in der bundesdeutschen Gesellschaft
die "Rolle der Juden" einnehmen, so rückt er in ihrer Charakterisierung
im Frühjahr 1969 immer näher an das von Habermas in die Debatte ge-
worfene Wort der "linken Faschisten" heran. Er sieht in ihnen nicht mehr
potentielle oder tatsächliche Opfer, sondern vor allem irrational handelnde Aggressoren.
Seine veränderte Haltung ist nicht so sehr das Resultat einer theoretischen
Analyse - obwohl es für solche Bemühungen auch Textbelege gibt -,

---

[38] Brief von Theodor W. Adorno an Herbert Marcuse vom 6. August 1969, Herbert-
Marcuse-Archiv der Stadt- und Universitätsbibliothek Frankfurt

sondern Ausdruck eines realen Rollenwechsels, den Adorno schmerzlich am eigenen Leib gespürt hat. Im Zuge der universitären Konfliktdynamik ist er aus der Position der theoretischen Autorität immer mehr in die Rolle des Sündenbocks, ja Prügelknaben geraten. Nachdem sich bereits Anzeichen einer theoretischen Delegitimation des marxistischen Gehalts Kritischer Theorie verdichteten, setzt im April 1969 ein wahres Kesseltreiben gegen ihn ein. Weder Habermas noch Friedeburg, die in der Öffentlichkeit die politischen Positionen beziehen, werden zur primären Zielscheibe der Angriffe, sondern der Mann, der sich der unmittelbaren politischen Auseinandersetzung zu entziehen versucht und der 1968 noch ein Freisemester genommen hat, um seine "Ästhetische Theorie" abzuschließen. Und diese Angriffe haben eine Dimension, die sich der verbalen Vermittlung weitgehend entzieht. Sie sind symbolisch hochgradig aufgeladen und bleiben einer Kommunikation unzugänglich. Bei der Busenaktion z.B. gibt es für Adorno keine Möglichkeit mehr, sich zu verteidigen oder zu rechtfertigen. Der Theoretiker, der wegen seiner rhetorischen Brillanz gerühmt wird, ist zur Wortlosigkeit verurteilt. Es bleibt ihm nur die Flucht aus dem Hörsaal.

Obwohl es die Beteiligten seinerzeit sicherlich abgestritten hätten, so war es objektiv doch eine Art von Vertreibung. Ein jüdischer Professor wurde 1969 von linken Studentinnen und Studenten aus dem Hörsaal gejagt.

Parallel zu diesem Prozeß, in dem aus einem bewunderten und verehrten Lehrer ein verachteter Büttel des Staates, ein Mann auf der anderen Seite der Barrikade wird, vollzieht sich bei den meisten SDS-Studenten eine Wendung in ihrer Haltung gegenüber dem Staat Israel. Das Land, dem über anderthalb Jahrzehnte ungebrochen die Sympathien bundesdeutscher Studenten galten - die Übernahme der Aktion "Friede mit Israel" (Erich Lüth) und die Ölbaumspenden sind nur sichtbarster Ausdruck davon -, wird plötzlich als Vorhut des US-Imperialismus angesehen.

Der Zeitpunkt für den Umschlag von einer Pro- in eine Antihaltung fiel mit dem des "Ausbruchs der Studentenunruhen" - wie es in der an eine vulkanische Eruption erinnernden Redewendung der Presse zumeist hieß - fast in eins: Der siegreiche Sechstagekrieg der Israelis über die Ägypter, der mit der Annexion der Sinai-Halbinsel, des Gazastreifens und des Westjordanlands endete, geschah zwischen dem 5. und dem 10. Juni 1967, also nur wenige Tage nach dem Schahbesuch in West-Berlin. Bereits am 3. Juni hatten es FU-Studenten auf einer Vollversammlung abgelehnt, einer Aufforderung von Günter Grass zu folgen und eine Solidaritätserklärung für Israel zu unterzeichnen.

Mit dem Sieg der Israelis vollzieht sich in der Wahrnehmung der sich radikalisierenden Studenten eine Wende: Sie erscheinen ihnen nicht mehr als Bedrohte, als potentielle Opfer, sondern selbst als militärisch erfolgreich operierende Aggressoren. Ohne sich weiter mit der Behauptung auseinanderzusetzen, daß es sich bei dem Sinai-Feldzug um einen Präventivschlag handle, tritt an die Stelle einer nahezu ausschließlichen Identifikation mit Israel eine mindestens ebenso rigorose mit der arabischen Bevölkerung in den besetzten Gebieten, jenen, die erst in der Folge als Palästinenser bezeichnet werden.

Wie weit diese Wendung geht, wird noch im Jahre 1969 deutlich. Als am 9. Juni der israelische Botschafter Asher Ben Nathan zu Beginn einer Veranstaltungsreihe "Frieden in Nahost" als Referent an die Universität Frankfurt kommt, dröhnen ihm Parolen wie "Axel Springer und Ben Nathan - eine Clique wie Dajan" und "Ha, ha, ha - Al Fatah ist da" entgegen. Als er in seinem Redebeitrag schließlich mit Zwischenrufen wie "Faschisten raus!" unterbrochen wird, erklärt er: "Es würde ein geschichtliches Ereignis sein, wenn sie diese Diskussion heute Abend unmöglich machen. Dies nämlich ist in Deutschland das letztemal vor 34 Jahren geschehen."[39] Die vom "Bundesverband Jüdischer Studenten in Deutschland" (BJSD) organisierte Veranstaltung muß dennoch nach kurzer Zeit abgebrochen werden. Während SDS-Studenten diesen Verlauf kurze Zeit später als "Sieg der Al Fatah" feiern, bezeichnet Ben Nathan den im Hörsaal offenbarten Antizionismus Journalisten gegenüber als "verkappten Antisemitismus". Zwei Tage später werden auf einer weiteren Veranstaltung im selben Hörsaal mehrere linke Israelis und Palästinenser - darunter Abdallah Frangi - von einer proisraelischen Schlägertruppe krankenhausreif geschlagen. Der Vorsitzende des BJSD, Dany Diner, erklärt dazu: "Unter der Voraussetzung, daß unter den Schlägern Juden waren, müssen wir feststellen, daß diese Männer offensichtlich in der Zeit des Nazi-Terrors aufgewachsen sind und daß sie die KZs durchlebt haben. Sie sahen sich einer Situation gegenüber, von der sie annahmen, die Ausschreitungen (...) könnten der Anfang einer antijüdischen Entwicklung sein, die sie nicht noch einmal passiv hinnehmen wollten."[40] Am 10. November scheitert in West-Berlin ein Bombenanschlag auf das jüdische Gemeindehaus lediglich daran, daß der Zünder versagt. Zur gleichen Zeit kursiert bereits ein Flugblatt mit der Überschrift "Schalom + Napalm", in dem eine "Palästina-Front" der "Tupamaros West-Berlin" (TW) die Verantwortung für das Attentat übernimmt. Die Anarcho-Zei-

[39] Frankfurter Rundschau vom 11. Juni 1969
[40] Frankfurter Rundschau vom 13. Juni 1969

tung "Agit 883" zitiert kurz darauf ausführlich aus dieser Erklärung: "Am 31. Jahrestag der faschistischen Kristallnacht", heißt es dort, "wurden in West-Berlin mehrere jüdische Mahnmale mit 'Schalom + Napalm' und 'Al Fatah' beschmiert. Im jüdischen Gemeindehaus wurde eine Brandbombe deponiert. Beide Aktionen sind nicht mehr als rechtsradikale Auswüchse zu diffamieren, sondern sie sind ein entscheidendes Bindeglied internationaler, sozialistischer Solidarität. (...) Der wahre Antifaschismus ist die klare und einfache Solidarisierung mit den kämpfenden Feddayin."[41]Zur Gruppe der TW, der vermutlich ersten Stadtguerilla-Organisation in der Bundesrepublik - die RAF entsteht erst ein halbes Jahr später mit der Baader-Befreiung[42], zählen Georg von Rauch, Thomas Weißbecker, Michael "Bommi" Baumann und Dieter Kunzelmann, ehemals führender Kopf der "Subversiven Aktion" und der "Kommune I". Letzterer schreibt als Entgegnung auf den von Tilman Fichter in der nächsten Ausgabe der "Agit 883" geäußerten Antisemitismusvorwurf: "Wenn wir endlich gelernt haben, die faschistische Ideologie Zionismus zu begreifen, werden wir nicht mehr zögern, unseren simplen Philosemitismus zu ersetzen durch eindeutige Solidarität mit Al Fatah, die im Nahen Osten den Kampf gegen das Dritte Reich von gestern und heute und seine Folgen aufgenommen hat."[43] Zuvor hat es in der APO bereits einige Brandanschläge gegeben. Dies jedoch, der Sprengsatz vor dem jüdischen Gemeindehaus, ist der erste Versuch, einen Sprengstoffanschlag durchzuführen. Die Stadtguerilla hat hierzulande mit einer antisemitischen Aktion die Szene betreten.

Was in West-Berlin noch Drohung geblieben ist, das wird wenig später in München erschütternde Wirklichkeit. Bei einem Brandanschlag auf das Altersheim der Israelitischen Kultusgemeinde kommen sieben Bewohner ums Leben, neun werden verletzt. Die meisten der Opfer sind KZ-Überlebende. Da drei Tage zuvor auf dem Flughafen München-Riem von Arabern ein Bombenanschlag auf eine El-Al-Maschine verübt worden ist, bei dem es einen Toten und elf Verletzte gegeben hat, vermutet man, daß die Täter aus denselben Kreisen stammen. Die Urheberschaft bleibt jedoch ungeklärt. Im Sommer 1976 erregt eine Flugzeugentführung besonders großes Aufsehen. Ein französischer Airbus mit 257 Personen an

---

41 Agit 883 vom 13. November 1969
42 Im Oktober ist gerade im Suhrkamp Verlag das neueste von Hans Magnus Enzensberger herausgegebene Kursbuch mit einem Kursbogen erschienen, in dem unter der Überschrift "Stadtguerilla - neue Strategie" die Praxis der Tupamaros in Uruguay propagiert wird.
43 Agit 883 vom 13.November 1969

94

Bord, darunter 83 Israelis, wird am 27. Juni auf dem Flug von Tel Aviv nach Paris von einem Kommando der PFLP nach Entebbe in Uganda entführt. Gefordert wird die Freilassung von 53 Terroristen aus Gefängnissen in Israel, der Bundesrepublik, Kenia, der Schweiz und Frankreich. Verlangt wird u.a., die inhaftierten Jan-Carl Raspe aus der RAF und Fritz Teufel von der "Bewegung 2. Juni" auszufliegen[44]. Sprecher des "Kommandos Ché Guevara" ist der 26jährige Frankfurter Ex-Student Wilfried "Bonnie" Böse. Am dritten Tag trennen die Entführer die nichtjüdischen Geiseln von den jüdischen und lassen 47 von ihnen frei. Als die israelische Regierung bereit ist, mit den Entführern zu verhandeln, werden weitere hundert Passagiere freigelassen. Am achten Tag der Entführung, zwölf Stunden vor Ablauf eines Ultimatums, greift schließlich eine israelische Kommandoeinheit ein und befreit in einer Blitzaktion die jüdischen Geiseln. Dabei werden 31 Menschen getötet, drei Geiseln, ein israelischer Offizier, sieben Entführer, darunter Wilfried Böse und dessen Freundin Brigitte Kuhlmann, und zwanzig ugandische Soldaten.

Der nachfolgende Streit innerhalb der Vereinten Nationen über die Legitimität dieser Militäroperation und die Klage des damaligen UN-Generalsekretärs Kurt Waldheim, Israel habe die Souveränität Ugandas verletzt, sei hier nur am Rande erwähnt.

Wichtiger für unseren Zusammenhang ist, daß in Entebbe eine Grundsituation reproduziert worden ist: Wie an der Rampe in Auschwitz selektieren Deutsche Juden. Diesmal sind es jedoch keine Nazis, sondern junge Linke, die sich als Internationalisten und als Antifaschisten ausgeben. Hier erreicht der linke Antizionismus, in dem der Antisemitismus nach einem Wort Jean Amérys enthalten ist "wie das Gewitter in der Wolke", seinen logischen Fluchtpunkt: Er nimmt für sich in Anspruch, über Leben oder Tod von jüdischen Menschen zu entscheiden.[45]Daß Böse von einer

---

[44] Zu den Genannten zählt mit der wegen Waffenschmuggels und anderer Delikte in der Schweiz einsitzenden Deutsch-Italienerin Petra Krause auch eine jüdische KZ-Überlebende. Die in Berlin geborene Frau hatte ihre ersten drei Lebensjahre in Auschwitz verbringen müssen, wo ihre Eltern umgebracht wurden. Ihre Rettung verdankt sie lediglich dem Zufall, daß 2.000 jüdische Kleinkinder gegen eine Lieferung schwedischen Stahls ausgetauscht wurden.

[45] Inzwischen ist unter der Überschrift "Selektion entlang völkischer Linien" in der Tageszeitung (TAZ vom 21. Dezember 1991, S.17f.) ein Brief der "Revolutionären Zellen" erschienen, in dem die Hinrichtung des RZ-Mitglieds Gerd Albartus durch Palästinenser zum Anlaß genommen wird, die Flugzeugentführung nach Entebbe und insbesondere die Selektion jüdischer Geiseln zu verurteilen. Albartus hatte eine mehrjährige Haftstrafe verbüßt, weil er einen Brandanschlag auf ein Krefelder

Stewardeß später in positiven Zügen beschrieben wird, nach Beginn der Schießerei gerufen haben soll, er habe das nicht gewollt, und kurz nachdem er seine Handgranate auf Aufforderung von Geiseln aus dem Fenster geworfen hat von den tödlichen Schüssen getroffen worden ist, muß sekundär bleiben. Seine Begleiterin wird im übrigen von einer der geretteten Geiseln, einem 61jährigen israelischen Lehrer, als unmenschlich, als "Nazi-Frau" beschrieben, die mit einem herrischen Ton durch die Reihen stolziert sei und den jüdischen Passagieren ihre Jarmulkas vom Kopf geschlagen habe.

Unerwähnt bleiben sollte an dieser Stelle nicht, daß eine der Geiseln, die in einem Krankenhaus von Kampala behandelt werden sollte, noch Tage nach der israelischen Befreiungsaktion - offenbar als Rache - ermordet wird. Es ist die 75jährige Dora Bloch, Jüdin britischer Staatsangehörigkeit, KZ-Überlebende. Wie der Terrorismus-Aussteiger Hans-Joachim Klein berichtet, soll Idi Amin gegenüber dem palästinensischen Anführer der Kommandoaktion, Wadi Haddat, geprahlt haben, Dora Bloch sei von ihm eigenhändig erwürgt worden.[46]

Wer nun war Wilfried Böse? Der aus Bamberg stammende frühere Student gehörte zum engsten Umkreis des ehemaligen SDS-Bundesvorsitzenden Karl-Dietrich Wolff. Er war 1970 in der Black-Panther-Solidaritätsbewegung aktiv, war Mitbegründer der "Roten Hilfe" und der "Revolutionären Zellen", einer im Unterschied zur RAF als ungreifbar geltenden und als "Feierabend-Guerilla" verharmlosten Gruppierung. Mitte der siebziger Jahre schloß er sich dem PFLP-Kommando um Iljitsch Ramirez Sanchez, genannt "Carlos", an. Er führte Hans-Joachim Klein an die Palästinensergruppe heran, die im Dezember 1975 in einem blutigen Handstreich die OPEC-Sitzung in Wien überfiel.[47] Parallel zu dieser Entwicklung war Böse im linken Verlagswesen aktiv. Zusammen mit Karl-Dietrich Wolff und Hannes Weinrich, der heute noch in Damaskus als Vertrauensmann von Carlos fungiert, gründete er den Verlag Roter Stern. Über mehrere Jahre hinweg fungierte er auch als Geschäftsführer des Agit-Buchvertriebs, in dem vornehmlich Reprints der Kritischen Theorie erschienen sind. In einer an Rosa Luxemburg und den Spartakusbund erinnernden "Junius-Drucke" genannten Reihe sind die beiden Bände der berühmten sozialpsychologischen Studie "Autorität und

---

Kino verübte. Dort war ein amerikanischer Spielfilm über die israelische Befreiungsaktion in Entebbe gezeigt worden.

46 Klein, H.-J.: Rückkehr in die Menschlichkeit - Appell eines ausgestiegenen Terroristen, Reinbek 1979, S.80

47 Kleins Mutter war Jüdin und hatte das KZ Ravensbrück überlebt.

Familie" sowie mehrere Tonbandabschriften von Vorlesungen Adornos aus den fünfziger und sechziger Jahren erschienen.

Im Anschluß an die Flugzeugentführung von Entebbe vollzieht sich, von einer größeren Öffentlichkeit so gut wie unbemerkt, eine Polarisierung innerhalb der linken Kritik. Während Henryk M. Broder sich über die verkehrte Optik linker Gruppierungen erregt[48] und einen Aufsatz mit dem Titel "Antizionismus - linker Antisemitismus?"[49] schreibt, reagiert Gerhard Zwerenz, der mit "Die Erde ist unbewohnbar wie der Mond"[50] die literarische Vorlage für das umstrittene und in Deutschland unaufgeführt gebliebene Faßbinder-Stück "Der Müll, die Stadt und der Tod"[51] schuf, mit einem Text unter der Überschrift "Linke Antisemiten gibt es nicht!". Damit ist ein Streit eröffnet, der, obwohl bereits mehrfach für rhetorisch und damit für überholt erklärt, immer noch anhält.

---

[48] "Fassungslos, vollkommen fassungslos verfolgte ich damals die Reaktion der diversen linken Gruppen, die sich nicht über die Entführung und die Selektion aufregten, sondern über die israelische Reaktion, das heißt die gewaltsame Befreiung der Geiseln auf dem Flughafen von Entebbe." Broder, H.M.: Linker Antisemitismus? in: Schneider, K. u. U. Simon (Hrsg.): Solidarität und deutsche Geschichte - Die Linke zwischen Antisemitismus und Israelkritik, West-Berlin 1987, S.22

[49] In: Beilage zur Wochenzeitung "Das Parlament"

[50] Frankfurt 1973

[51] Faßbinder, R.W.: Der Müll, die Stadt und der Tod, Frankfurt 1976. - Am 12. März 1976 bezeichnet der FR-Kritiker Helmut Schmitz den Text als antisemitisch, was ohne Folgen bleibt. Am 19. März zieht der FAZ-Herausgeber Joachim Fest unter der Überschrift "Reicher Jude von links" mit dem Vorwurf nach, woraufhin der Suhrkamp Verlag den Text zurückziehen und einstampfen läßt.

Emanuel Hurwitz
Friedensliebe und Aggression[1]

"Wenn der Mensch sich anmaßt, eine Welt erschaffen zu können, in der das Böse eliminiert ist, errichtet er eine Welt des Schreckens, in der das Böse vorherrscht" - schreibt der Hamburger Psychoanalytiker Dierk Juelich in seinem in diesem Band veröffentlichten Beitrag zum Thema "Die Wiederkehr des Verdrängten - Sozialpsychologische Aspekte zur Identität der Deutschen nach Auschwitz". Das klingt auf den ersten Blick paradox und eher theologisch: Dem Bösen ist durch Ausrottung nicht beizukommen, obschon dies dem Wunsch der Menschen entspräche. Juelich knüpft an die biblische Geschichte von Kain und Abel an: "Auch dem schuldig Gewordenen steht in der jüdischen Überlieferung das Recht zum Leben zu, wenn er seine Schuld anerkennt ... Kains Schicksal zeigt, daß es nicht um die Beseitigung von Schuld geht, sondern um deren Anerkennung. Er "nahm das Kainsmal von Gott an und lebte weiter, er anerkannte damit eine ihm übergeordnete Ordnung." Offen bleibt allerdings die Frage, warum Gott Kain hat schuldig werden lassen. Ist der eigentlich Schuldige nicht Gott selber, der seine Gunst so willkürlich und ungerecht verteilte? Hat der allwissende Gott den Brudermord durch seine so ungleich verteilte Zuwendung nicht geradezu provoziert? Mit diesen Fragen ist ein zentrales Thema des Alten Testamentes angesprochen: **die Ambiguität Gottes**. Der Gott Israels ist weder nur gut noch nur böse, er ist beides: liebevoll, hilfsbereit, treu, aber auch zornig, strafend, willkürlich. Das Christentum hat die Ambiguität Gottes zugunsten einer ausschließlich guten, hellen Lichtgestalt aufgegeben. Was geschah mit den bösen Aspekten, mit den Aggressionen?

Auch der Psychoanalytiker beschäftigt sich mit Schuld, allerdings mehr unter dem Aspekt der Abwehr. Die psychoanalytische Erfahrung zeigt, daß der Glaube, man habe das Böse eliminiert, Bewältigung mit Verdrängung, mit Abwehr verwechselt. Aggressive Triebansprüche lassen sich so wenig wie libidinöse ausschalten, wenn sie in Konflikt geraten mit Über-Ich oder Ich-Ideal. Der Abwehrcharakter dieser vermeintlichen "Bewältigung" erweist sich spätestens bei der Wiederkehr der verdrängten Inhalte. Der Abwehr dient aber nicht nur die Verdrängung, die Ver-

---

1 Erweiterte Fassung eines Vortrages im Rahmen der Vorlesungsreihe "Das Echo des Holocaust" an der Hamburger Universität vom 30. Januar 1992

leugnung oder die Abspaltung, auch das vom Bewußtsein anerkannte Böse kann in den Dienst der Abwehr gestellt werden, wenn es ausschließlich als Problem von Schuld oder Unschuld abgehandelt wird. Jeder Therapeut hat schon Paare oder Gruppen erlebt, die sich an der Schuldfrage festbeißen, um sich der Entstehungsgeschichte, den Inhalten oder den Ursachen des Konfliktes und seiner Aggressionen nicht zuwenden zu müssen. Das hartnäckige Kreisen um die Schuld kann dann zur Sackgasse werden, die den analytischen Prozeß erfolgreich verhindert.

Auch in gesellschaftlichen Prozessen spielt das Problem des Bösen und die Frage nach der Schuld und ihrer Entstehung eine große Rolle. Heute fragen sich zum Beispiel viele Menschen, warum die Bewältigung der jüngsten Vergangenheit so wenig bewirkt hat und der Haß auf die Juden schon wieder seine Blüten treibt. Auch hier äußert sich die "Unfähigkeit zu trauern" nicht nur als Abwehr von Schuld, indem immer neue Feindbilder woanders gesucht werden, an welche die Schuld delegiert werden kann, sondern auch als unproduktives Festkleben an der Schuldfrage, die zum Tabu wird und so der Vermeidung der kulturellen Auseinandersetzung ebenfalls dient. Wer da nicht steckenbleiben will, kann sich weder mit der Schutzbehauptung begnügen, man habe mit all dem nichts zu tun, noch mit der obstinaten Selbstgeißelung "mea maxima culpa". Die absolut dringende Untersuchung unserer Kultur auf ihre Abspaltungen des Bösen kann weder durch Verleugnung solcher Abspaltungen noch dadurch abgewehrt werden, daß man die Kulturfrage zur Schuldfrage verniedlicht.

Abspaltungen des Bösen, Abwehr von Aggressionen werden sichtbar, wenn sich aggressive Gefühle bemerkbar machen, ohne daß die Möglichkeit besteht, die Aggression als Aggression wahrzunehmen. Haß als offene Leidenschaft ist leicht erkennbar. Wer würde jedoch bei der Negation des Hasses, der Ablehnung von Aggressionen, der Friedensliebe so heftige Äußerungen des Hasses vermuten, wie dies in jüngster Zeit zu beobachten war? Kehrt ein nur lange abgewehrter Haß in verkleideter Gestalt wieder? Ist er deshalb so schwer erkennbar, weil er sich als Friedfertigkeit tarnt, als Wolf im Schafspelz?

Einige Beispiele mögen verdeutlichen, wie dies zu verstehen ist:
Auf die Frage, warum die Friedensbewegung jetzt, wo in Jugoslawien der Krieg vor Europas Haustüre stattfindet, so penetrant schweige, antworteten zwei Schweizer Parlamentarier aus dem Friedenslager (Rosmarie

Simmen von den Grünen und Hansjörg Braunschweig von der SPS): Beim Krieg in Jugoslawien fehle das klare Feindbild. Seltsam: Der Kampf für den Frieden benötigt einen erkennbaren Feind. Ist der Einsatz für den Frieden ohne Aggression nicht möglich?

In Deutschland klingt solches oft heftiger und bizarrer, beispielsweise im Krieg der Medien über den Golfkrieg. An der Kontroverse zwischen einigen Redaktoren und ihren Leserbriefschreibern im "Konkret" scheint mir besonders interessant, wie hier Linke gegen Linke mit enormer Destruktivität darum kämpfen, wer der bessere Friedenskämpfer sei. Die folgenden Zitate sind weniger inhaltlich als formal interessant: Nach Wolfgang Pohrt ("Musik in meinen Ohren", Konkret 3/91) verdiene der "Sadismus piepsstimmiger Erzieherinnen, Lehrerinnen und Mütter, die im Fernsehen erzählen, wie sie ihre Kinder mit dem Golfkrieg quälen... nur Verachtung und Haß ..." Der Staat solle die weißen Friedenstücher als Einladung begreifen, "das ganze Pack hinter Gitter zu verfrachten." Die Deutschen seien "übergeschnappt", ihre Exponenten führten sich, "von der Angst vor der Vernichtung und der Sehnsucht nach ihr hin und her gerissen ... wie Triebtäter" auf. ... "Das Wort vom Linksfaschismus stellt sich als Untertreibung dar, weil man sich die Vorsilbe "links" sparen kann, und die Regel lautet: Je weiter links einer stand, ein desto engagierterer Nazi ist er nun"... "Man braucht keine Phantasie mehr, um sich die Antiimps oder die Autonomen als Volkssturmabteilungen der Hitlerjugend oder als Verbände der Aktion Wehrwolf vorzustellen." ...

"Konkret" hat zum Problem des Golfkrieges eine Sammlung von an die 60 Leserbriefen publiziert[2] - man darf die folgenden Zitate also durchaus als Ausdruck eines Massenphänomens ansehen. Darin findet man Worte wie "klugscheißerische Kacke", "Dreckübeleien", Pohrt stelle sich auf eine Stufe "mit der Bundesregierung, Realogrünen und Leuten wie Biermann oder Enzensberger" (was offenbar alles Schimpfwörter sind - E.H.), er habe "als Genosse ausgeschissen", litte an "Wahnvorstellungen", "grenzenloser Eingebildetheit & pathologischen Bewußtseinstrübungen". Sein "blutrünstiges, kriegslüsternes und menschenverachtendes Gegeifere", müsse als "rassistische Kriegshetze" bezeichnet werden. "Das perfide, faschistoide u. menschenverachtende Geseire Pohrts" .. weise "auf den Ernst seiner gesundheitlichen Lage" hin, die Waagschale von Genie und Irrsinn senke sich bei diesem "paranoiden Schreiberling", diesem "wahrhaft autoritären Charakter" immer stärker auf die Seite des

---

2 "Stellt Euch vor, Konkret ruft zum imperialistischen Krieg gegen den Süden auf, und keiner geht hin", Dokumentation, Hamburg 1991

Irrsinns. Bei diesem "Mensch(en) im Rausch seiner Omnipotenzphantasien", diesem "Opportunisten" habe die Krise der Linken offenbar zur persönlichen Krise & zu selbsterniedrigender Konversionsbereitschaft" geführt. Sein "selbstverräterisches Gekeife" zeige einzig "sein Überlaufen zur Rechten an." Man könne ihm nur empfehlen, "sich mit Leuten wie Kühnen zwecks Gründung eines nationalsozialistischen Patientenkollektivs zusammenzutun". Dieser "Rotzlöffel" verdiene nur noch das Prädikat "charakterloser Lump", bei seinem Aufsatz "handelt es sich um den dümmsten Mist, den ich je gelesen habe". Kurz: "Ein größeres Arschloch als Pohrt hat noch in keiner Zeitung schreiben dürfen."

Das ist die neue Spontaneität! Frisch vom Bauche weg, unbefangen von rationalen Argumenten und frei von metakommunikativen Überlegungen entwerten Linke andere Linke, stigmatisieren, exkommunizieren oder psychopathologisieren sich gegenseitig mit einem Vokabular, das sonst als bürgerliche Spezialität kritisch und sensibel bekämpft würde. Jetzt ist plötzlich der Teufel in sie gefahren. Woher kommt dieses aggressive Potential? Und woher die Blindheit sich selber gegenüber?

Die Präsenz heftiger Haßgefühle bei totaler Unmöglichkeit, diese als Haß wahrzunehmen, ist eine **paradigmatische Struktur**. Sie imprägniert unser Kulturverhalten und unseren Alltag. Ihr Ursprung geht auf die Geschichte der christlich-jüdischen Beziehung zurück. Nachdem der Gott des Christentums nur noch gut, hell und licht war, und Jesus als Religionsstifter die Welt zwar nicht aus Knechtschaft und Erniedrigung, doch dafür vom Bösen schlechthin erlöst hatte, war die Utopie von der Elimination des Bösen zum apokalyptischen System erhoben worden. Nun können Wolf und Lamm nebeneinander liegen und Schwerter in Pflugscharen verwandelt werden. Das Böse verschwindet aus der Welt und mit ihm die Aggressionen. Wie ist das möglich? Was ist mit ihnen geschehen? Sie wurden - prototypisch für die erwähnte paradigmatische Struktur - gegen die Juden gewendet und mittels Projektionen und Wahnbildungen unkenntlich gemacht. Dabei wurden die Juden zum absoluten Feindbild, zum Symbol des Bösen schlechthin gestempelt.

Dieser Mechanismus wurde in die Vorstellung vom Heilsprozeß eingebaut, er wurde ein Bestandteil dieses Heilsprozesses, eine Notwendigkeit in der Nachfolge Christi. Damit war sein aggressiver Charakter vollends nicht mehr erkennbar. Dieses paradigmatische Kulturverhalten hat sich ubiquitär im Alltag niedergeschlagen, bis heute. Es läßt sich etwa am Beispiel jenes Arztes (aus meinem Buch "Bocksfuß, Schwanz und Hörner") darstellen, den ich in seiner Praxis vertreten sollte. Nachdem der

Arzt zweimal einen jüdischen Kollegen als "sehr netten Menschen obwohl Jude" apostrophiert hatte, sagte ich ihm, ich sei selber Jude, falls er
die Juden nicht möge, sei es wohl besser, er suche sich einen andern
Praxisvertreter. Seine Reaktion war seltsam, aber typisch. "Er etwas gegen die Juden haben, wie ich denn darauf komme, im Gegenteil, er kenne
diesen und jenen Juden, die möge er alle sehr gut, und außerdem Israel..."
- und schon geriet er ins Schwärmen. Die Nahtlosigkeit, mit der sich in
Bruchteilen von Sekunden judenfeindliche Vorurteile in ungebrochene
Judenliebe verwandeln, ist angesichts der Trägheit, mit der psychische
Prozesse sonst abzulaufen pflegen, bemerkenswert.

Das Beispiel steht für unzählige jüdische Erfahrungen. Es zeigt den unbewußten Antisemitismus eines Menschen, der Haß auf Juden weit von
sich weisen würde. Dennoch ist die Judenfeindschaft als solche noch einigermaßen erkennbar, zumindest für den Außenstehenden. Schwieriger
wird die Diagnose, wenn sich der Judenhaß verkleidet, etwa als emanzi-
pative, aufklärerische, fortschrittliche Tendenz, als Kampf für das Gute,
für Gerechtigkeit, für den Frieden, oder gar als Liebe zu den Juden. Dann
kann paradoxerweise der Einsatz im Dienste der Aufklärung die alten
Feindbilder - eventuell in anderer Form - wieder reproduzieren. Diese
Aggression ist nun aber sowohl für den Täter als auch für Außenstehende
nicht mehr erkennbar. Ihre Exponenten sind nämlich nicht selten Leitbil-
der für kleinere oder größere Scharen von Anhängern, bei denen weder
der Wille zur Kritik an ihren Gurus noch die Bereitschaft zu solcher Infragestellung der eigenen Identität noch die für die Diagnose nötige kritische Distanz vorhanden sind. Wenn ich beispielsweise an die vielen
friedliebenden jungen Menschen denke, die sich für Frieden, Gerechtigkeit und gegen den Krieg am Golf einsetzen, staune ich immer wieder: sie
kämpfen gegen das Böse, sie wollen nur das Gute, doch ihre Stimme bebt
vor Haß und ihre Worte sind von schneidend kalter Schärfe. Woher
kommt ihre Wut?

Beim Niederschlag dieses kulturellen Paradigmas im Alltag bleibt die religiöse Dimension stets spürbar. Sie äußert sich etwa in der Tiefe der Aggressionen oder in der so rasch eskalierenden Gewalt. So haßerfüllt werden nur Glaubenskriege geführt. Die Unmöglichkeit, diesen Haß zu erkennen, weist ebenfalls auf die religiöse Grundlage hin. Der Zweck hei-
ligt die Mittel. Der Haß wird zum Heil. Das kulturelle, historische und
religiöse Vorbild der Juden läßt sich später mühelos auf Ketzer und Hexen übertragen. Die Feinde der Christen werden - ungeachtet der Gebote

der Nächsten- und der Feindesliebe - dämonisiert, kriminalisiert und zum Bösen schlechthin mythologisiert. Ist der Prozeß einmal abgeschlossen, können die widersprüchlichsten Vorwürfe erhoben werden, ohne daß dieser Haß die Glaubwürdigkeit oder das Selbstverständnis der Liebesreligion in Frage stellte. Das Böse ist zum kulturimmanenten Paradigma geworden, es entzieht sich jeder Metakommunikation.

Den Juden etwa wird dann gleichzeitig der Vorwurf gemacht, sie hätten ihre universale Mission aufgegeben und sich von der Welt abgeschlossen - ein Beweis für ihren Egoismus - als auch, sie strebten nach der Weltherrschaft, womit sie ihre Machtgelüste und ihren Egoismus ebenfalls offenbarten. Solche Widersprüche stören niemanden, denn die Bekämpfung und Ausrottung des Bösen im Dienste Gottes oder der Gerechtigkeit oder einer besseren Welt etc. ist immer eine gute Sache.

Antisemiten sind stets überzeugt, sie hätten eine Mission zum Heile der Menschheit zu vollbringen. Sie waren nie etwas anderes als Anhänger einer religiösen Bewegung - wie säkular sich diese auch kleiden mag. Selbst die Nazis waren von religiösem Eifer beseelt, als sie der Ausrottung der europäischen Juden als ihrer historischen Mission bis zuletzt höchste Priorität beimaßen.Die kritische Auseinandersetzung mit diesem religiös-kulturellen Paradigma ist außerordentlich schmerzhaft. Denn das Paradigma selber trifft sowohl die christliche Heilsbotschaft als auch die christliche Identität im Mark. Christen sind allenfalls bereit zuzugeben (weil ihnen nichts anderes übrigbleibt), daß die christliche Praxis der Theorie nicht entspreche. Sie werden aber höchst unwillig, wenn von der Praxis auf die Theorie geschlossen und diese kritisch hinterfragt wird (was sie ihrerseits dem Sozialismus gegenüber aber sofort selber tun würden).Kein Wunder also, daß gegen solche Infragestellung Mauern errichtet werden. Sie dienen der Abwehr und sollen von den eigentlichen Problemen ablenken. Dazu gehört auch eine ganze Reihe weitverbreiteter vorgefaßter Meinungen:

1. Antisemitismus tritt immer offen und militant auf. Ist dies der Fall, kann das Kulturproblem kaum mehr erkannt werden, denn es wurde an einzelne Täter delegiert und so vom kulturellen Kontext isoliert. Ganz abgesehen davon, daß es dann für die Bekämpfung meist zu spät ist. Der unterschwellige Judenhaß, die oft unbewußte Grundlage des ubiquitären Alltags-Antisemitismus - das ist der Boden, auf dem der militante, unverdeckte Antisemitismus der Wenigen aufbaut. Dieser wäre machtlos ohne die jederzeit abrufbaren antijüdischen Klischees bei den Vielen. Der Automatismus des stillschweigenden Konsenses lähmt sowohl die Kritikfähigkeit als auch die Widerstandskraft. Heute wird dem gerne entgegengehalten, es gebe doch bereits wieder genügend Erscheinungen, die unsere Besorgnis eher verdienten. Die Bilder vom Rechtsextrementreffen in Madrid etwa, die roten Hakenkreuzfahnen und die Unzahl junger Menschen, die begeistert die Hand zum Hitlergruß heben, oder der Song jener Rockband aus der ehemaligen DDR, "Die Juden, die Juden haben wieder alles in der Hand - darum gibt es nur eines: raus, raus, raus aus diesem Land!" - gesungen in öffentlichen Konzerten, laut ARD von Länderregierungen mitfinanziert. Dies alles zeigt nur, wie lange und wie tief wir geschlafen haben.

2. Wenn der offene Antisemitismus - etwa als Folge offizieller Doktrin - verschwunden ist, ist der Antisemitismus verschwunden. Die Beispiele aus Osteuropa oder aus Österreich beweisen das Gegenteil. Wir müssen uns mit der schmerzlichen Tatsache abfinden, daß weder 40 Jahre Sozialismus und von oben verordneter Antifaschismus noch vierzig Jahre halbwegs ernsthaft betriebener Vergangenheitsbewältigung, so redlich sie oft gemeint war, Entscheidendes gegen den Judenhaß bewirkt haben.

3. Juden sind garantiert keine Antisemiten. Welch ein Irrtum! Dagegen ließen sich aus der jüdischen Geschichte zahllose Beispiele anführen, von den konvertierten Juden bei den Disputationen der Inquisition bis zu den jüdischen Kronzeugen der antitalmudischen Hetze im 18. und 19 Jahrhundert. Die Geschichte des Judentums ist auch eine Geschichte jener Juden, die sich - getauft oder ungetauft - in den Dienst der Judenfeinde nehmen ließen. (In meinem "Bocksfuß"-Buch habe ich einigen Beispielen aus diesem Gruselkabinett psychischer Perversionen ein Kapitel gewidmet.) Trotzdem wird immer wieder der Antisemitismus-Vorwurf mit dem Hinweis auf jüdische Ahnen abgewehrt - man denke nur an die überstrapazierte jüdische Großmutter! Immer wieder findet man alltägliche Beispiele, die auf dieser irrtümlichen Meinung aufbauen:
In der größten Zürcher Tageszeitung war 1988 eine Karikatur abgebildet mit dem stereotypen kaftantragenden bärtigen Juden, der einen Davidstern mit der Aufschrift "Menschenunrecht" durch die Wüste zieht. Die Zeichnung wurde von der jüdischen Öffentlichkeit als antisemitisch empfunden. In einer Diskussion am Fernsehen verteidigte sich der Zeichner mit der Bemerkung, antisemitisch könne seine Karikatur unmöglich sein, stamme er doch selber von Ostjuden ab.
Ein umfangreiches, 1987 in der DDR erschienenes Buch über den Antisemitismus, "Der gelbe Fleck" von Rosemarie Schuder und Rudolf Hirsch, befaßt sich unter anderem mit Karl Marx Schrift "Zur Juden-

frage":[3] "Es wäre unsinnig, aus dieser so widerspruchsvollen Schrift zu schließen, Marx sei ein Judenfeind oder gar ein Antisemit gewesen. Er selber stammte aus einer Familie frommer Juden. Seine beiden Großväter waren Rabbiner..." Das hat Marx nicht gehindert, sich in dieser Schrift auf antijüdische Klischees zu berufen.

Die "Neue Zürcher Zeitung" schickt - wie übrigens viele Medien - in der Absicht, sich so gegen allfällige Antisemitismus-Vorwürfe zu schützen, einen jüdischen Korrespondenten in den Nahen Osten. Dieser (Georges Szpiro) berichtet von den Reaktionen in Israel auf den Putsch in Moskau, wobei das Schweigen des israelischen Ministerpräsidenten ihn zur Bemerkung veranlaßt: "Es scheint im Wesen des jüdischen Volkes zu liegen, daß es versucht, sich mit jedem Herrscher auf irgendeine Art zu verständigen." Der Chefredakteur der "Jüdischen Rundschau" kommentiert diesen Satz: "Antisemitismus scheidet bei diesen schier unglaublichen Zeilen aus - der Autor ist Jude". "Schier unglaublich" sind jedenfalls die Geschichtskenntnisse des jüdischen Chefredakteurs.

4. Wer sich selbst als Nicht-Antisemit, Antisemitismus-Gegner oder gar Judenfreund definiert, ist von judenfeindlichen Gefühlen frei und somit von der Kulturdiskussion dispensiert. Im Gegenteil: Wer sich am immunsten glaubt, ist oft am anfälligsten. Die paradigmatische Struktur wirkt auch innerhalb säkularisierter Ideologien, die sich ihrer religiösen Ursprünge nicht mehr bewußt sind. Drei Beispiele mögen die Aktualität und Wirksamkeit dieser Struktur aufzeigen: Ein philosophisch-politologischer, ein politischer und ein religiöser Exponent, alles Identifikationsfiguren der Linken, zeigen, wie wenig sogenannte Gegner des Judenhasses gegen judenfeindliche Gefühle und Tendenzen gefeit sind.

Im Februar 1991 - mitten im Golfkrieg - publizierte **Arnold Künzli**, emeritierter Professor für Philosophie der Politik an der Universität Basel, in der Zeitschrift "Einspruch" einen Aufsatz mit dem Titel "Zwischen Aufklärung und Fundamentalismus":[4]

"Nach dem israelischen Sechstagekrieg, in dessen Verlauf Israel die Gebiete eroberte und besetzte, die ihm heute so zu schaffen machen, schrieb ein Rabbi, dieser Krieg sei ein ´erstaunliches göttliches Wunder..., das Ende der Zeiten ist bereits gekommen...,sehet nun, daß Erez Israel durch

---

[3] Schuder, R. u. R. Hirsch: Der gelbe Fleck. Wurzeln und Wirkungen des Judenhasses in der deutschen Geschichte. Essays, Berlin (DDR) 1987

[4] Künzli, A.: Zwischen Aufklärung und Fundamentalismus, Einspruch 25, 5.Februar 1991

106

Eroberung von Unterdrückung befreit worden ist..., es ist in das Reich der Heiligkeit eingezogen.'5. Der Gott, der da von den jüdischen Spartanern und ihren Feldpredigern beschworen wurde, um die unwiderrufliche Besetzung des eroberten Gebietes zu rechtfertigen, ist der Gott des Alten Testamentes, der das Volk Israel aus der ägyptischen Knechtschaft durch die Wüste ins Land Kanaan geführt hatte, wo angeblich Milch und Honig flossen. Gott hatte sich Israel zu seinem Volk auserwählt, höchstpersönlich die Rösser und Streitwagen des ägyptischen Pharao im Meer ertrinken lassen und das ägyptische Volk mit grausamen Plagen bestraft."

Der namentlich nicht genannte, aus einem anderen Buch zitierte "Rabbi"[6], dürfte eine zwar bedenkliche, aber marginale Einzelstimme gewesen sein, die für Israel nicht repräsentativ war. Künzli kritisiert nun aber nicht das Kritikwürdige an dieser Einzelstimme. Er globalisiert und pauschalisiert dermaßen robust, daß die Spitze seiner Kritik sich gegen die Juden, Israel und die jüdische Geschichte überhaupt richtet. Mit solchen Methoden hat der Antijudaismus schon immer operiert.

"Das ist politischer Fundamentalismus par excellence", sagt Künzli. Wer "seine Politik auf das unzerstörbare und allen weltlichen Einflüssen trotzende Fundament eines Absoluten stellt", reklamiere für sich "eine absolut gültige Letztbegründung". Dieser politische Fundamentalismus sei "ein Erzfeind aller Aufklärung, aller kritischen Vernunft, aller Autonomie, Freiheit, Mündigkeit und Eigenverantwortung des Individuums, aller Toleranz und allen Pluralismus, aller Dialogik und aller Dialektik." Latent und oft auch manifest sei er "gewalttätig und totalitär".
Mit diesen Worten nimmt Künzli als radikaler Aufklärer Stellung. Er betrachtet Religionen allgemein als gefährlich, aggressiv, machtbesessen und kriegslüstern im Gegensatz zur rationalen, emanzipativen und friedenssichernden Potenz der Aufklärung. Das gelte nicht nur für unsere Zeit, das sei schon immer so gewesen. Im Wortlaut Künzlis heißt das so:

"Da der Herr Israel zu seinem 'heiligen Volk' auserwählt hatte, machte er als transzendenter Oberbefehlshaber Israels (oder: 'als Generalstabschef des Exodus des Volkes Israel') mit den im Lande Kanaan ansässigen Völkern kurzen Prozeß... Sofern sie nicht vertilgt wurden, sollten sie vertrieben werden, 'einzeln nacheinander will ich sie vor dir her ausstoßen, bis du zahlreich bist und das Land besitzest... Laß sie nicht wohnen

---

5 zit. nach Walzer, M.: Exodus und Revolution, Berlin 1988
6 wahrscheinlich ist ein Rabbiner gemeint

in deinem Lande...'. Und so geht das auch in den andern Büchern Mose munter weiter. Im dritten Buch werden genaue Vernichtungsanweisungen gegeben. ... Man erstarrt. Die fünf Bücher Mose, die Tora, sind das Grundbuch des Judentums, neben dem Talmud. Sie sind, was die Feinde Israels anbelangt, ein einziger Aufruf zum Völkermord. (...) Aber auch in den eigenen Reihen wird gesäubert. Als Strafe für die Anbetung des goldenen Kalbes spricht Moses zum Volk: 'So spricht der Herr, der Gott Israels: 'Ein jeder gürte sein Schwert um die Lenden und gehe durch das Lager hin und her von einem Tor zum andern und erschlage seinen Bruder, Freund und Nächsten... es fielen an dem Tage vom Volk dreitausend Mann'. Gott und Moses gebärden sich da als Stalinisten, und selbst der schaurige Name Auschwitz fällt einem ein..." (Nun wissen wir es endlich: die wahren Erfinder von Auschwitz sind die alttestamentlichen Juden!)

Nachdem das Feindbild Jude abgerufen und durch Verankerung in der Bibel und der mehrtausendjährigen jüdischen Geschichte befestigt ist, räumt Künzli ein, er hätte die Beispiele ebensogut "beim katholischen, protestantischen oder islamischen religiös-politischen Fundamentalismus .. beziehen können. ... Als Paradigma für den religiös-politischen Fundamentalismus" wähle er "den heute in besonderem Maße aktuellen israelisch-jüdischen" wegen seiner "quasi-universellen Bedeutung des Exodus für die "westliche" Zivilreligion". Denn es gebe "wohl kaum einen Krieg im Kulturkreis der Bibel und ihrer Liebesreligion, der nicht von Geistlichen abgesegnet und von Politikern als göttlicher Auftrag legitimiert worden wäre. Als Europäer, die die Kreuzzüge, die Inquisition und Auschwitz veranstalteten, haben wir keinen Anlaß, uns über" - nicht etwa den jüdischen, sondern - "Khomeyni und seinen islamischen Fundamentalismus zu entrüsten."
Während Künzli mit diesem entschuldigenden Hinweis den islamischen Fundamentalismus knapp streift (den christlichen spart er ohnehin aus), identifiziert er das Judentum praktisch vollständig mit Fundamentalismus. "Das biblische Exodus-Paradigma" spiele eben "in allem Nationalismus .. eine wichtige Rolle". Der Exodus des Volkes Israel sei "im biblischen Kulturkreis so etwas wie ein **Archetyp des Nationalismus**, der die Nationen dazu verführt, sich als neues Volk Israel zu identifizieren und daraus die göttliche Mission abzuleiten, als ein von Gott auserwähltes Volk der Menschheit das Heil bringen zu müssen." In diesem Zusammenhang weist Künzli darauf hin, daß auch "das Proletariat in der Revolutionstheorie des Juden Karl Marx (...) ein neues Volk Israel ist, das Moses Marx aus der kapitalistischen Knechtschaft ins gelobte Land des Sozia-

lismus zu führen den Auftrag hatte..." Dieser Archetyp sei ein Bestandteil des jüdischen Messianismus, mit dem ein anderer biblischer Archetyp zusammenhänge, **das Reich**. "Er hat die politische Funktion, einem beliebigen Imperialismus einen Heiligenschein aufzusetzen und ihn damit in der Transzendenz zu verankern". Die Sehnsucht nach einem Reich der Erlösung bedeute eine große Verführung, die Erlösung "voluntaristisch herbeizuzwingen", d.h. "sich in ein militärisches Abenteuer zu stürzen, in der Hoffnung, dadurch den Messias herbeilocken zu können, wie dies etwa die "terroristische Sternbande" unter der Leitung des "heutigen israelischen Ministerpräsidenten Schamir" beabsichtigt hätte.Künzlis Kritik am Fundamentalismus, seine grundsätzlich antireligiöse Position, konzentriert sich unter Schonung aller andern Fundamentalismen ganz auf den "jüdisch-israelischen". Zwar würde er, wie er sagt, alle Religionen mit solcher Kritik durchleuchten können, aber er tut es nicht. Stattdessen findet er eine einzelne gegenwärtige jüdische Stimme neben zahlreichen Bibelzitaten genügend beweiskräftig, um das jüdische Volk insgesamt zum Paradigma für jeden Fundamentalismus, für das Böse schlechthin, zu machen.

Wenn Künzli den biblischen "Exodus-Archetyp" für alle Auswüchse nationalistischen Denkens und Politisierens verantwortlich macht, also auch für die Ideologie der Gründerväter der USA und ihrer Ausrottungspolitik den Indianern gegenüber, interpretiert er den Mythos der jüdischen Volkswerdung einseitig als Vorbild für sämtliche Imperialismen. Explizit nennt er den US-Imperialismus sowie den "Moses Marxschen" Kommunismus, daneben meint er aber jede Form des Fundamentalismus sowie dessen Entartungen zu Terrorismus und Totalitarismus. Schließlich haben die Juden ja auch schon vor Jahrtausenden Völkermord, Stalinismus und Auschwitz erfunden! Die Hetze, die Künzli mit solchen Methoden anheizt, gleicht durchaus jener Pogromstimmung, die August Rohling 1870 mit seinen antitalmudischen Ausfällen entfacht hat. Auch dieser hat sich übrigens stets als Spezialist für Judentum und Antisemitismus angepriesen.Die definitorische Unschärfe, welche diesen Denkfehlern Künzlis zugrundeliegt, macht es eben möglich, den jüdischen Fundamentalismus überall festzumachen, sowohl in der gegenwärtigen Politik Israels, d.h. postaufklärerisch im Sinne eines Rückfalls in voraufklärerische Atavismen, als auch in der biblischen Epoche, in der vermutlich alle dort lebenden Völker und ihre Religionen als "fundamentalistisch" einzustufen wären. Diese unentschuldbare Denkschwäche bei einem der Ratio verpflichteten Aufklärer verlangt nach einer Erklärung.

Künzli sagt selber, es sei "Aufgabe eines sich mit dem philosophisch-politischen Fundamentalismus auseinandersetzenden Denkens, zunächst einmal seine eigene Geschichte im Sinne einer Kritik der reinen Unvernunft auf ihre fundamentalistischen Verirrungen hin zu untersuchen." Man könne sich dabei "mit Vorteil der Erkenntnisse der modernen Psychoanalyse und Psychiatrie vom Wesen psychotischer Wahnvorstellungen bedienen." Der Psychoanalytiker, den Künzli anspricht, würde feststellen, daß antiklerikale Emotionen vermischt mit antijüdischen Klischees zu einem "abaissement du niveau mental" in Künzlis Denken führten, so daß sein antireligiöser Fundamentalismus ziemlich paranoide Züge bekommt. Jedenfalls mißachtet er den eigenen Anspruch sträflich: "Eine Aufklärung, die sich nicht ständig selbst über die Schulter blickt, ist keine".

Andrè Glucksmann hat in seiner Kritik an den "Meisterdenkern", das deutsche Verhängnis so zusammengefaßt:
"Die Chronologie des deutschen Übels ist im Grunde immer gleich geblieben, für den jungen Hegel (Der Geist des Christentums und sein Schicksal) oder für den alten (Vorlesungen über die Philosophie der Geschichte), oder für Nietzsche (Die Geburt der Tragödie): das neue Deutschland soll die Fackel eines Griechenland weitertragen, das hinweggefegt wurde von dem 'Sieg der jüdischen Welt über den abgeschwächten Willen der griechischen Kultur'."[7]

Niklaus Meienberg, linker Schriftsteller und Journalist, anarchisches enfant terrible der Schweizer Medienszene, Anwalt der Unterdrückten und Entrechteten, Kämpfer gegen Antisemitismus wie gegen jede Form von Fremdenfeindlichkeit, hat zweifellos seine Verdienste um die Aufdeckung judenfeindlicher Tendenzen. Die Fragmente über den "Eidg. Judenhaß" ("Weh unser guter Kaspar ist tot", Zürich 1991) sind ein Beispiel dafür. Außerdem hat er in Paris Araber wie Juden in ihrem Alltag kennengelernt. Meienbergs große Nähe zu seinen Objekten, ein Kennzeichen seines Stils, wird in der Beschreibung der "Rue Ferdinand Duval, Paris 4e.", der ehemaligen "Rue des Juifs", spürbar,[8] oder im Aufsatz "Die Rue des Juifs ist stiller geworden".[9] Meienberg ist ein sensibler, präziser, strenger und manchmal rücksichtsloser Beobachter:
"...lauter kleine Ghettos. Die Tunesier verkehren nicht mit den Algeriern, der jüdische Inhaber von Jakobs Brockenhaus hat noch nie mit einem

---

[7] Glucksmann, A.: Die Meisterdenker, Frankfurt a.M. u. Berlin 1989
[8] Meienberg, N.: Heimsuchungen, Zürich 1986
[9] ders.: Weh unser guter Kaspar ist tot, Zürich 1991

Araber gesprochen. Der polnische Jude Salomon Edel - ′strikt koschere Metzgerei unter Aufsicht des Ober-Rabbiners von Paris′ - kann den katholischen Polen vom Ellen-Hotel nicht riechen. ′Denn′, sagt Salomon Edel ... ′wir Juden sind ausgewandert, weil das polnische Volk antisemitisch war. Die haben uns doch alle den Deutschen verraten. Die SS hatte polnische Helfershelfer. Die Katholiken hingegen sind ausgewandert, weil sie das Regime nicht mochten. Sie sehen, ein gewaltiger Unterschied. (...) Und die Zigeunerin Anna aus dem Kaukasus mit ihren grellen Röcken, welche all diesen Stämmen aus der Hand liest. ... Die orthodoxen Juden lassen sich aber nicht aus der Hand lesen, das ist mit der Tora nicht vereinbar. ... In ihrer Synagoge an der Rue des Tournelles sahen die Elsässer die osteuropäischen Juden nicht gerne, welche nach den Pogromen von 1880 nach Frankreich strömten. Deshalb haben die Ostjuden ihre eigene Synagoge an der Rue Pavèe. Weil sie an der Rue Pavèe nicht willkommen waren, haben die Juden aus Nordafrika sich ihrerseits in der Synagoge der Rue des Ecouffes versammelt...''

Anfang 1991, während des Golfkrieges, fielen Meienbergs politische Analysen durch hektischere und angstvollere Töne auf:
"High noon am Golf. Hussein. Kein Hitler, dummer Enzensberger, blöder Biermann. Man kann ihn nicht verstehen, wenn man nur die westeuropäischen Kulturen kennt. ... Hussein kommt aus kleinen Verhältnissen wie Buonaparte, ... ist von Natur aus nicht grausam, wie uns nun die Dummerjane von der Zionistenpresse glauben machen wollen. ... Napoleon war ein Massenmörder, wie jeder große Feldherr. ... Wer ihn bewundert, muß auch Hussein anstaunen. ... Schwarzkopf ist jüdischer Abstammung, ein rechtsextremer Zionist, militärischer Berserker, vitaler Satansbraten, 140 Kilo schwer und 170 IQ. Nicht der Außenminister Baker, nicht Bush hat die Anti-Hussein-Koalition geschmiedet, und schon gar nicht der zarte Perez de Cuellar, sondern Schwarzkopf... Schwarzkopf kennt die Region, seit Kindesbeinen, kann auch ein bißchen arabisch. Er sieht sich als jüdischen Messias, oder wenigstens als Judas Makkabäus, welcher die Feinde Israels endgültig - harmaggedon! - aufs Haupt schlagen wird. Seine Vernichtungspläne sind echt hitlerisch...''
Mehrere Zeitungen weigerten sich, den Artikel abzudrucken. Die sozialdemokratische Ostschweizer AZ druckte ihn schließlich, versehen mit einem redaktionellen Kommentar:[10]
"...erinnert deine Interpretation fatal an die Ideen einer ′jüdischen Weltverschwörung′ unseligen Gedenkens. Der Ausbruch des Golfkrieges wird

---

[10] Ostschweizer AZ vom 25.2.1991

als eine von langer Hand geplante Aktion des Juden Schwarzkopf dargestellt. Entschuldige, aber das ist für mich Antisemitismus, auch wenn du
es nicht wahrhaben willst."

Das soll den Schriftsteller so in Rage gebracht haben, daß er dem Redak-
tor einen Prozeß androhte und ihn so lange beschimpfte, bis diesem die
Geduld ausging und er Meienberg aus seinem Büro hinauswarf[11].

Auch sonst sei Meienberg psychisch ziemlich ausgerastet gewesen. Der
(jüdische) Chef eines Zürcher Lokalradios habe ihn nachts furioso am
Telefon erlebt und einen mehrseitigen Brief mit Beschimpfungen erhalten. Den Chefredakteur des Schweizer Fernsehens habe er oft mitten in
der Nacht angerufen, nervös und lautstark. Einen Genossen, bei dem er
vorübergehend Unterkunft gefunden hatte, habe er derart in Schrecken
versetzt, als er dessen Wohnung zu zertrümmern drohte, daß dieser auf
Wunsch Meienbergs eine (jüdische) Stadträtin kommen ließ, die Meienberg beruhigen sollte. Meienberg habe sich vom CIA und vom israelischen Geheimdienst Mossad verfolgt gefühlt, sei von einem Ort zum andern
geflüchtet und habe zuletzt bei einem Freund in einem kleinen Schloß
Zuflucht gefunden. "Wenn ich das jetzt nicht hätte, wäre ich in einem Sa-
natorium oder in einer psychiatrischen Klinik, soviel ist jetzt auf mich zu-
gekommen", gestand Meienberg seinem Interviewer.

Alles deutet darauf hin, daß Meienberg damals eine psychotische Erkran-
kung durchmachte. Am meisten habe ihn gekränkt und verärgert, sagte er,
daß ihn die besten Freunde als paranoid bezeichnet hätten. Als Antisemiten empfinde er sich überhaupt nicht, nicht im geringsten.

"Es ist eine absolute Frechheit, mit Antisemitismus zu kommen, wenn du
die israelische Unterdrückungspolitik kritisierst. Oder wenn du bei einem
sagst, er sei jüdischer Abstammung, daß du dann als Antisemit giltst, ist
völlig lächerlich. Aber wir wagen schon gar nicht mehr, darüber nachzudenken. Es ist ein Tabu. Dabei bin ich der, der am meisten über Antisemitismus geschrieben hat".

Bestimmt kann Meienberg kaum als Antisemit im üblichen Sinn bezeichnet werden. Aber es ist immerhin interessant, daß derselbe Mensch, der
den Antisemitismus bewußt ablehnt, in der Psychose Antisemitismen
produziert. Bemerkenswert ist in diesem Zusammenhang auch, daß Luise
F.Pusch in ihrem Aufsatz "Das Schmettern des Schweizer Gockels" bei
Meienberg eine Vielzahl frauenfeindlicher Sexismen fand.[12]

---

11 Sonntags-Zeitung vom 17.3.1991
12 Pusch, L.F.: Alle Menschen werden Schwestern, Frankfurt a.M. 1990

Leonhard Ragaz, von 1908 bis 1921 Professor für systematische und praktische Theologie an der Universität Zürich und seit 1913 Mitglied der Sozialdemokratischen Partei, wurde unter dem Eindruck des Ersten Weltkrieges ein Verfechter der Gewaltlosigkeit, ein Führer der internationalen Friedensbewegung und der bedeutendste Begründer des religiösen Sozialismus in der Schweiz. 1921 legte er sein Lehramt nieder, um in einem Zürcher Armenviertel ganz für die Arbeiterbildung zu wirken. Engagiert trat er für die Verständigung zwischen Christen und Juden ein, was in jener Zeit weder selbstverständlich noch einfach war.1921 hielt er in einer jüdischen Vereinigung einen Vortrag über die Beziehungen zwischen Judentum und Christentum, den er im folgenden Jahr unter dem Titel "Judentum und Christentum" publizierte.[13] Er nehme, sagte er, die Gelegenheit gerne wahr, um dem auch in der Schweiz sich stärker regenden Antisemitismus entgegenzutreten, und um "Schutt und Unrat hinweg(zu)räumen, den Jahrtausende auf die Judenfrage gehäuft, und die wahren großen Probleme auf(zu)zeigen, die im Judentum selbst und in dem Verhältnis von Judentum und Christentum liegen."

Nach einer kurzen Darstellung, wie Ragaz das Verhältnis zwischen Judentum und Christentum sieht, fokussiere ich meine Aufmerksamkeit auf unterschwellige Antisemitismen in dieser Schrift von Ragaz.

Er rede als einer, "dem die Sache des Judentums nicht eine fremde, sondern die eigene sei, weil ein Teil der Sache Gottes und des Menschen überhaupt..." Er empfinde für das jüdische Volk nicht nur "höchste Achtung, sondern auch tiefe Liebe und rede als eine Stimme aus einem der beiden Lager, die die aus dem andern sucht."

Israel und Christentum entstammten derselben Wurzel, ihre Gemeinsamkeit sei der Antagonismus zum Heidentum. Denn Israel wie auch das Christentum kennten eine "naturüberlegene Welt, die Welt des lebendigen und heiligen Gottes, der unsere Welt geschaffen hat, sie aber auch richtet und erlöst, der jedenfalls größer ist als unsere Welt... Hier wird der Mensch erst geboren. Hier wird er Selbstwert, der Wert der Werte. Hier bekommt er seine Unendlichkeit, Unbedingtheit und Heiligkeit... Hier wachsen erst wahre Demokratie und wahrer Sozialismus..., hier entsteht die schöpferische Gewalt und Leidenschaft, die die menschliche Geschichte vorwärts drängt, .. der Freiheit entgegen."Historisch seien die beiden Bewegungen jedoch "nachdem sie sich einmal unter schwersten Kämpfen voneinander geschieden"... völlig getrennt nebeneinander hergegangen. "Zu einer tieferen und allgemeinen geistigen Berührung, .. zu einem Ringen um die Seele des andern ist es nicht gekommen..." Gerade

---

[13] Ragaz, L.: Judentum und Christentum, Zürich 1922

deshalb gelte es nachzufragen, worin sich die beiden Religionen unterschieden. Das Trennende liege weniger in der **Gestalt Christi**, der als Verbindung Gottes mit dem Menschen letztlich nur erfüllt, was in Israel schon angelegt sei,... als in der Frage, ob das Reich Gottes "**bloß ein kommendes**" oder nicht "**auch schon ein gekommenes**" sei. Auch im Christentum sei zwar "nicht alle Offenbarung schon fertig", auch dort stehe "das Größte noch bevor, die ganze Siegesherrlichkeit Gottes und seines Christus mit der ganzen Erlösung der Welt ..., trotzdem ist Gott auf Erden erschienen; trotzdem ist sein ganzes Heil aufgebrochen und sein ganzer Wille offenbar; trotzdem ist die volle Erlösung als entscheidender Sieg Gottes in seinem Christus gleichsam als Prinzip schon vorhanden."

Bliebe also "dem Judentum .. nichts übrig, als sich dem Christentum zuzuwenden?" - das wäre nach Ragaz ein Mißverständnis: Man dürfe "das Neue Testament so wenig mit dem Christentum verwechseln, als das Alte mit dem Judentum." Das Christentum habe der Welt Jesus gebracht, aber den Christus verloren, es habe den Messias verkündet, aber nach und nach den Messianismus vergessen. Im Judentum sei die Entwicklung umgekehrt verlaufen: "Es hat den Messianismus bewahrt, aber dieser leidet darunter, daß er vom Messias getrennt ist." Zwar habe das Judentum "immer vornan gestanden, wo es galt, gegen Nationalismus, Militarismus, Imperialismus, gegen die ganze Herrschaft des Gewaltsystems der Weltreiche zu kämpfen", es habe "den Universalismus" vertreten, "den Internationalismus des sittlichen Geistes". Es liege "dem Sohne Israels im Blute", ... "der geborene Anwalt der Schwachen und Unterdrückten" zu sein. Das erkläre auch die Nähe des Judentums zum Sozialismus: "Marx und Lassalle waren Söhne Israels", obgleich "um der Ehrlichkeit willen auch Radek, Sinoview, Trotzky und Bela Kun ... und mit ihnen der Bolschewismus" genannt werden müßten. Dieser gehe - "es ist hart zu sagen, aber es ist etwas Wahres daran" - zu einem gewissen Teil "auch auf die Rechnung des Judentums" und sei der Ausdruck "eines falschen, eines unerlösten Messianismus, eines Messianismus des Hasses, der den Pogrom zur Folge hatte und zur Judenfrage führte."

An diese Feststellung des unerlösten Messianismus im Judentum knüpfen sich im Folgenden reihenweise Antisemitismen: Weil das Judentum den Messianismus ohne den Messias vertrete, komme "eine gewisse Unruhe in es hinein, die Unruhe der ungestillten Sehnsucht, die es auf allerlei falsche Wege treibt". Der Jude suche die Wirklichkeit Gottes "dann gern am falschen Ort, ... im Gewinnen der Welt, in Besitz, politischer und sozialer Macht ... Der gesunde Realismus des Reiches Gottes..." werde "zu Materialismus und Mammonismus" ... und "jener Energismus, der aus der

Kraft des lebendigen Gottes strömt, zu einer Leidenschaft unbefriedigter Tatkraft, die sich selbst verzehrt, aber die Welt gegen das Judentum aufregt." Dann räche sich die "Ablehnung des Kreuzes, ... jener tiefsten Selbstüberwindung und Erhebung über alle bloß natürlichen Kräfte", und "der Drang nach dem Reiche Gottes" breche als "Gewaltsozialismus" hervor. "Jesus wird verworfen und Barrabas erwählt."

Die "in der jüdischen Seele auf Verwirklichung des Absoluten gerichtete Leidenschaft" könne dann gefährlich werden: "Wo nicht mehr die Gottesherrschaft erstrebt wird, sucht man die Weltherrschaft... und ..zersetzt mit seiner Unruhe alles, was man ergreift. Die jüdische Seele ist in allem leidenschaftlicher als die der abendländischen Völker. Wo ihr der Glaube entgeht, da ist ihr Unglaube viel aggressiver, viel bohrender als .. bei den von Natur mehr weltlich gearteten Menschen... Wo der jüdische Idealismus in Materialismus umschlägt, da wird dieser viel zügelloser. Wo sich der jüdische Energismus auf das Geld wirft, da bekommen wir einen Mammonismus, der den christlichen leicht noch überbietet." Nicht nur der Sozialismus, auch der Kapitalismus habe daher eine starke Wurzel im Judentum. Wenn sich der Jude aus Unsicherheit seiner Umgebung anpasse, werde er "nationalistischer ... als der Nationalist, brutaler als der Realpolitiker, frivoler als der reine Weltmensch". ... "An andern Völkern" über das Judentum ... nicht selten "eine auflösende Kritik an Volkstum und nationalem Empfinden". Durch diese "zersetzende Kritik" sei auch "die Willigkeit des Christentums für ein liebevolles Verständnis des jüdischen Wesens natürlich nicht gemehrt" worden.

Auch habe Israel "das, was ihm Gott für alle Völker gegeben, bloß für sich selbst nutzen, es zu seiner eigenen Erhöhung verwerten" wollen, "um sich im Stolz des auserwählten Volkes von den andern abzuschließen. ... Gegen diese Art reagiert der Antisemitismus aller Zeiten nicht ohne ein gewisses Recht, wenn auch in falscher Weise." Die Judenfrage werde nur "gelöst in dem Maße, als das Judentum seine eigene Seele gewinnt". Die Ahnung, Christus könne nur wiederkommen, wenn auch Israel sich ihm zugewandt habe, entbehre nicht der Wahrheit: beide, Judentum und Christentum, müßten "einmal, in der Fülle der Zeiten, zusammenströmen ..., damit der volle Tag Gottes und des Menschen, der Tag des Christus, über die Welt kommen könne." Letztlich kommt - nach Ragaz - der volle Tag Gottes und des Menschen also dann, wenn sich die Juden zum Christentum bekehren.

Die Zitate zeigen, wie tief Ragaz in den antijüdischen Klischees seiner Zeit und unserer Kultur verhaftet war. Er erinnert in gewisser Weise an jenen Friedrich Frank, der in seiner Schrift "Die Kirche und die Juden"

1892 die Juden zu verteidigen suchte, dabei aber die alten antijüdischen Klischees unkritisch weiterverbreitete. (Ich habe ihm in meinem Buch "Bocksfuß, Schwanz und Hörner" einige Seiten gewidmet.)

Zu Beginn des Golfkrieges wurde ich von einer Zürcher Tageszeitung befragt, wie Saddam Husseins Realitätsverlust zu verstehen sei.[14] Ich erlaubte mir die Bemerkung: "Ich frage mich, wie weit der Mangel an Wirklichkeitssinn ein Bestandteil der arabischen Seele ist." Daraufhin wurde mir prompt der Vorwurf des Rassismus gemacht - obschon führende Kenner der arabischen Welt, z.B. Bassam Tibi, immer wieder auf psychologische Unterschiede zwischen westlichen und arabischen Menschen aufmerksam machten. Wenn ich mit den erwähnten Beispielen auf Antisemitismen bei Künzli, Meienberg und Ragaz hinweise, wird der Vorwurf der "jüdischen Überempfindlichkeit" nicht ausbleiben. Beide Vorwürfe dienen wiederum der Abwehr: Die religiös-kulturelle Auseinandersetzung kann vermieden werden, wenn man diejenigen, die auf ihrer Notwendigkeit bestehen, als Rassisten oder überempfindliche Juden entwertet. Ebenfalls im Dienste der Vermeidung steht jenes Interesse, das sich sensationslüstern allein der Entlarvung getarnter Antisemiten zuwendet ("Aha, auch der!").
Auch diese Mechanismen isolieren das Problem durch Delegation an einzelne Täter.Die Imprägnierung unserer abendländischen Kultur mit frauenentwertenden Sexismen wird niemand bestreiten, und es wird auch niemand erwarten, daß solche Sexismen nur bei Männern und nicht auch bei Frauen vorkommen können. Die kulturelle Imprägnierung mit judenfeindlichen Topoi ist ebenso unübersehbar - und eben auch nicht nur dort, wo man sie selbstverständlich erwartet. Bei Franz Alt hat kürzlich Micha Brumlik solche Stereotypien nachgewiesen,[15] der Zürcher Historiker Heiner Ritzmann hat analoge Klischees bei Eugen Drewermann gefunden,[16] und eben wurde mir eine Sammlung ganz schlimmer judenfeindlicher Zitate aus dem Werk des Schweizer Pädagogen Heinrich Pestalozzi zugeschickt.
Das Faktum, daß die Religion der Nächstenliebe ihre eigene Kultur auf dem Haß gegen die Juden aufgebaut hat, ist schockierend, störend, schmerzhaft. Es stellt diese Kultur in einem Ausmaß in Frage, das zu Identitätsschwäche, Orientierungslosigkeit und Depression führen könnte. Dem allem steht neben den erwähnten vorgefaßten Meinungen auch die

---

[14] Tages-Anzeiger vom 19.Januar 1991
[15] Brumlik, M.: Der Anti-Alt, Frankfurt a.M. 1991
[16] Ritzmann, H.U.: Gewisse Gründe des deutschen Erbes, Ms. (unveröffentl.), 1992

Hoffnung im Wege, durch rationale Aufklärung allein könne der Judenhaß beseitigt werden. Aufklärung und Rationalität stoßen dort an Grenzen, wo Gefühle der Angst, der Scham und der Kränkung, die Bedrohung durch Identitäts- oder Heimatverlust und die zu erwartende Leere, wenn vertraute Strukturen auseinanderbrechen, das Denken und Fühlen lähmen und anästhesieren. Wer sich solcher Infragestellung aussetzt, muß mit psychischen Kosten rechnen, die schwer ins Gewicht fallen. Wer die Konfrontation zu erzwingen sucht, darf sich nicht wundern, wenn ihm Prozesse angedroht werden oder Beziehungen in die Brüche gehen. Judenhaß kann - sowenig wie der Haß überhaupt - nie endgültig eliminiert werden. Man kann ihn bestenfalls in ständiger Selbstreflexion kontrollieren. Gerade weil dieser Haß emotionalen, oft unbewußten psychischen Schichten entspringt, müssen für die Selbstreflexion angemessene psychologische Formen gefunden werden. Und gerade weil die angeführten Antisemitismen Abkömmlinge unbewußter Schichten sind, Fehlleistungen des Unbewußten, die der Kontrolle des Ich entschlüpften, konfrontieren sie uns mit der Tatsache, wie wenig das Ich "Herr ist im eigenen Haus" - nochmals eine ungeheure Kränkung. Sie kann zu Nachdenklichkeit und neuer Erkenntnis führen, aber auch zu neuer aggressiver Abwehr. Dann wird weiter verdrängt, verleugnet und abgespalten, ungeachtet der Tatsache, daß wir alle, Christen und Juden, diese Strukturen in uns tragen. Es gibt weder Schuldige noch Unschuldige, weder eindeutige Opfer noch eindeutige Täter. Denn dies bringt uns nicht weiter. Wir haben jedoch ein Problem, für das wir dringend bessere Lösungen finden müssen.

Fulbert Steffensky
Schuld und Identität. Die Fähigkeit, mit sich selbst zu brechen[1]

Ich möchte zunächst zwei Arten von Schuld unterscheiden: Die eine ist, gegen sein Gewissen zu handeln; die andere ist, kein Gewissen zu haben. Im normalen Sprachgebrauch meinen wir die erste, wenn wir von Schuld reden. Wir setzen ein freies Subjekt voraus, das souverän und fähig ist, Recht und Unrecht zu erkennen, zu prüfen und zu unterscheiden und nach seiner Erkenntnis oder gegen sie zu handeln. Vielleicht haben wir einige Jahrhunderte zu optimistisch denken gelernt über die Erkenntnis und Gewissenskräfte der einzelnen Subjekte. Sowohl die christlich-jüdische wie die bürgerliche Tradition haben uns gelehrt, daß der Einzelne Meister seiner selbst sei; daß sein Verstand die Kraft der Erkenntnis und sein Herz die Fähigkeit des Gewissens habe - aus sich selber und in sich selber. Diese Souveränität des Gewissens und des Handelns haben wir vorausgesetzt, wenn wir unsere Väter und Mütter gefragt haben: Wo wart Ihr während der Nazizeit? Warum habt Ihr nichts gesehen? Warum seid Ihr mitgelaufen? Warum habt Ihr keinen Widerstand geleistet? Im selben Begriff von Schuld haben sie geantwortet, sofern sie geantwortet haben: Wir haben es nicht gewußt. In einem gewissen Sinn haben sie recht. Warum aber haben sie nichts gesehen? Wie funktionierte die Selbstblendung, und wie kam es zur Gewissenlosigkeit?

Was meine ich, wenn ich sage, die Menschen haben nichts gewußt und nichts gesehen? Es war doch alles ersichtlich. Der Aufruf zum Boykott jüdischer Geschäfte stand doch im "Hamburger Tageblatt", dem amtlichen Organ der Hansestadt (31.3.1933). Alle haben die Schilder vor jüdischen Geschäften gesehen: "Deutsche, kauft nicht bei Juden!" Sie haben doch die christlichen Predigten gehört, in denen das jüdische Volk als verworfen bezeichnet wurde. Sie haben die Aufrufe in den Zeitungen gelesen, daß Juden ihre Fahrräder und Musikinstrumente abzuliefern hatten. Sie haben gesehen, wie unter ihren Augen ein ganzes Volk unsichtbar gemacht wird, bis schließlich niemand mehr da war. Gerade darum wußten sie nichts davon, weil das Verbrechen so geläufig war, so allgegenwärtig und selbstverständlich. "Unsichtbar macht sich die Dummheit, indem sie große Ausmaße annimmt.", sagt Brecht. Unsichtbar wurde das

---

[1] Erweiterte Fassung eines Vortrages im Rahmen der Vorlesungsreihe "Das Echo des Holocaust" an der Hamburger Universität vom 23.Januar 1992

Verbrechen, weil es überall war. Die Gewöhnung macht das Unrecht geläufig. Die Korruption, die tagtäglich geschieht, sehen wir nicht mehr. Was lange so war, was täglich geschieht, was alle tun, das legitimiert sich dadurch, daß es immer so war und daß es alle tun. Die Gewöhnung raubt Wissen und Gewissen. Die biblischen Traditionen nennen dies Verblendung: Das Unrecht tun und nicht wissen, daß es Unrecht ist; in der Korruption gefangen sein und sie für natürlich halten.

Ich erinnere an ein gegenwärtiges Beispiel eines zur Natur gewordenen Verbrechens, den Waffenhandel. Warum waren wir vor einem Jahr entsetzt, als wir erfuhren, daß deutsche Unternehmen die Giftgasanlagen für den Irak gebaut haben; daß deutsche Techniker die Zielgenauigkeit der Raketen und ihre Reichweite verbessert haben, so daß sie Israel erreichen konnten? Wir haben es doch gewußt, welches Geschäft der Waffenhandel in unserem Land ist. Man konnte es in der Zeitung lesen, man kennt die Skrupellosigkeit des Marktes, man hat Aktien, und man hat den Mythos der Ohnmacht der Einzelnen - wie damals. Auch hier hat die Geläufigkeit des Unrechts das Wissen verhindert oder so geschwächt, daß es einem Nichtwissen gleichkam. So entsteht die merkwürdige Situation des Verbrechens, das fast keine Subjekte hat; der Schuld, ohne daß sich jemand schuldig fühlt und der Tat ohne Täter. Sie verstehen, daß ich dies nicht sage, um die Damaligen und uns heute zu entschuldigen. ich beschwöre nicht ein allgemeines Fatum, das uns blind geschlagen hat, wie die Götter Ödipus, so daß er seinen Vater erschlug und seine Mutter heiratete. Ich beschwöre also keine Tragik, sondern frage nach der Schuld, die darin besteht, kein Gewissen zu haben.

Denn man ist nicht nur vor seinem Gewissen verantwortlich. Man ist auch für sein Gewissen verantwortlich.

Die Gewissenlosigkeit wurde also einmal produziert durch die Geläufigkeit und Allgegenwärtigkeit des Unrechts. Ich nenne zwei weitere Produzenten des Un-Gewissens: die Logik, die sich die Rechtlosigkeit beilegt, und die Sprache des Unrechts. Lassen sie mich bei der Sprache beginnen. Raul Hilberg, einer der führenden Erforscher des Holocaust, berichtet, daß er bei der Durchsicht zehntausender Nazi-Dokumente nicht ein einziges Mal auf das Wort "töten" gestoßen ist. Schließlich hat er den Ausdruck doch noch entdeckt: in einer Verordnung über den Umgang mit Hunden. Für die Sprache, die den Mord und seine Vorbereitung unsichtbar macht, zitiere ich ein Dokument aus dem Film "Shoah"[2] von Claude

---

[2] In der Regel haben die Herausgeber den Begriff Schoah in der deutschen Transkription verwandt; da hier explizit Bezug auf den Film genommen wird,

Lanzmann. Es ist ein Gutachten über die "technische(n) Änderungen an den im Betrieb eingesetzten und an den in Herstellung befindlichen Spezialwagen", ein Gutachten über die Lastwagen, mit denen zunächst die Vergasung der jüdischen Bevölkerung ausprobiert wurde. darin heißt es: "Die Beschickung der Wagen beträgt normalerweise 9-10 m² Bei den großräumigen Saurer-Spezialwagen ist eine Ausnutzung in dieser Form nicht möglich, weil dadurch zwar keine Belastung eintritt, jedoch die Geländegängigkeit sehr herabgemindert wird. Eine Verkleinerung der Ladefläche scheint notwendig... Vorstehende Schwierigkeit ist nicht, wie bisher dadurch abzustellen, daß man die Stückzahl bei der Beschickung vermindert. Bei einer Verminderung der Stückzahl wird nämlich eine längere Betriebsdauer notwendig, weil die freien Räume auch mit CO angefüllt werden müssen. Dagegen reicht bei einer verkleinerten Ladefläche und vollständig ausgefülltem Laderaum eine erheblich kürzere Betriebsdauer aus, weil freie Räume fehlen.
Bei einer Besprechung mit der Herstellerfirma wurde von dieser Seite darauf hingewiesen, daß eine Verkürzung des Kastenaufbaus eine ungünstige Gewichtsverlagerung nach sich zieht.... Tatsächlich findet aber ungewollt ein Ausgleich in der Gewichtsverteilung dadurch statt, daß das Ladegut beim Betrieb in dem Streben nach der hinteren Tür immer vorwiegend dort liegt."

Das "Ladegut", das sind Kinder, Frauen und Männer in Todesangst. Die "Beschickung", daß heißt, daß diese Menschen mit Hundepeitschen in den Wagen getrieben werden. Die "Stückzahl", das sind Menschen, die wissen, daß sie umgebracht werden. Die "Betriebsdauer" ist die Zeit, in der die Juden Todesschreie ausstoßen und am Gas ersticken. Das "Streben nach der hinteren Tür" ist der verzweifelte Versuch der Opfer, ins Freie zu kommen und dem Tod zu entgehen. Die Sprache der Menschen wurde tränenfrei gemacht. Die tränenfreie Sprache verbirgt die Gesichter der Opfer. Die Veränderung und Besetzung der symbolischen Welt wird zur Besetzung des Gewissens. Diese veränderte Sprache bemäntelt nicht nur vor anderen die Untat, die man selber als solche erkennt. Die Sprache verbirgt die Tat auch vor den Tätern, und so raubt sie das Gewissen.
Ein Gewissen haben, heißt, die Welt aus der Sicht der Opfer wahrnehmen können. Verhindert wurde dies durch die paranoide Logik und Einsichtigkeit, die dem Verbrechen und seiner Vorbereitung unterstellt wer-

---

haben wir die englische bzw. französische Transkription des Autors beibehalten - Anm. d.Hrsg.

den. Der amerikanische Psychiater Robert Jay Lifton beschreibt diese "verrückt gewordene Logik" am Beispiel der KZ-Ärzte. Sie töten nicht einfach und wissen sich als Mörder. Töten faßten sie als eine andere Art des Heilens auf. Sie trugen dazu ihre weißen Kittel wie am Krankenbett. Heilen wollten sie den Volkskörper und das Volksganze. Von denen, die sie töteten, sprachen sie in medizinischen Begriffen: Sie waren Geschwüre, sie waren die Pest, sie waren Parasiten, sie waren Auswüchse am Volkskörper. Die Wahnvorstellung wird logisch systematisiert - in der individuellen wie in der kollektiven Paranoia -. Ohne also selbst psychotisch zu sein, können die Ideologen ihre Logik bis in den Wahn zuspitzen.[3]

Die verrückt gewordene Logik und damit der Gewissensanalphabetismus gilt nicht nur für die Täter im direkten Sinn. Er gilt auch für die Zuschauer-Täter. Die Dorfbewohner von Chelmno erzählen in einer Szene, wie die Juden von den Nazis in eine Kirche getrieben und dort zur Vergasung abtransportiert wurden. Schließlich fragt sie Claude Lanzmann: "Wie konnte Ihrer Meinung nach den Juden diese Geschichte passieren?" Die Leute aus dem Dorf sind sich einig: "Es war der Wille Gottes, das ist alles." Eine Frau fügt hinzu: "Als Pontius Pilatus sich die Hände gewaschen hat, sagt er: 'Dieser Mann ist unschuldig, ich will mit dieser Geschichte nichts zu tun haben', und er hat Barabas geschickt. Aber die Juden haben gerufen: 'Sein Blut komme über uns!' Das ist das Ende, jetzt wissen Sie alles."
Diese Menschen hören die Schreie der zusammengetriebenen Juden. Aber die verrückt gewordene Logik, die sie diesem Geschehen unterschieben oder aus der heraus sie diese Vorgänge lesen, ließ sie die Schreie mit anderen Ohren hören. Ihr Glaube und ihre Lesart der Geschichte macht sie zu Zuschauern eines grandiosen Dramas der Weltgeschichte, dem man sich nicht in den Weg stellen konnte. Die Gesichter der zur Vernichtung bestimmten Menschen verschwammen vor dieser bösartigen Weltlogik, in der auch das Absurdeste wieder Sinn bekam, eine kalte unerbittliche Welterklärung. "So mußte es kommen", dachten sie, und damit war der Schmerz der Einzelnen entwichtigt. Er wurde zur Opfergabe an den Sinn des Ganzen. Die Doktrin und das Ganze lassen das Individuum unerheblich werden. Was ich hier lernen möchte, ist die Skepsis gegen die Welterklärungen und den gefährlichen Sinnhunger, die die Vernichtung des Einzelnen erklärlich machen, damit zulassen oder betreiben zur Rettung des Ganzen.

---

3 Lifton, R.J.: Ärzte im dritten Reich, Stuttgart 1988, S.509-536

So leben Menschen in geschminkten Realitäten. Sie sind nicht nur amoralisch, sondern ihre Lebenslandschaft ist amoralisch. Ihr Gewissen haben sie nicht innen. Es hängt in der gesellschaftlichen Inszenierung, die betrieben wurde in der öffentlichen Sprache, in der verrückten Logik und in der Routine dessen, was ständig und überall geschah.

Wie kann man dieser Landschaft entkommen? Wahrscheinlich nur durch eines, durch die Katastrophe, durch den Zusammenbruch der Gesamtszene. Die Katastrophe als Befreiung! Aber hat sie befreit, und was waren die Schwierigkeiten bei der Wiedereroberung des Gewissens? Was waren die Schwierigkeiten bei dem Umgang mit der Schuld? Ein Gewissen haben, heißt ja nicht nur, Recht und Unrecht erkennen und nach dieser Erkenntnis zu handeln. Zum Gewissen gehört die Reuefähigkeit des Menschen; die Kraft, sich von seinen eigenen Handlungen zu distanzieren; die Kraft an der eigenen Machenschaft und an den Opfern, die sie geschaffen hat, zu leiden. Es gehört dazu die Fähigkeit, mit sich selber zu brechen. Schuld ist ein Begriff der Würde des Menschen. Je größer ein Mensch von sich selber zu denken lernt; je mehr er sich selbst Ernst, Erkenntnis- und Handlungsfähigkeit zuspricht; je mehr er sich selber als Subjekt auffaßt, sich also nicht nur als ausgebeutetes Objekt der Verhältnisse und der Umstände betrachtet, desto weniger verleugnet er seine Taten. Er trennt sich nicht von seinem Schweigen, von seinem Wegsehen und von seinem Es-nicht-gewußt-haben. Es folgte nach dem Zusammenbruch der Barbarei die zweite Würdelosigkeit der Deutschen. Die erste bestand darin, Täter, Schweiger, Zuschauer und Wegschauer zu sein. Die zweite Würdelosigkeit bestand in der Behauptung, es nicht gewesen zu sein; besser noch: in der Strategie, sich selber als schuldunfähig zu erklären. Die Strategie der Selbstentmündigung und der Selbstentwürdigung zeigt sich in den endlos wiederholten Sätzen: Ich habe nichts gewußt, ich konnte nichts ändern, ich war nicht verantwortlich, ich habe nur einen Befehl ausgeführt. Es sind dies Sätze, in denen Menschen sich selber die Subjektivität absprachen; Sätze, in denen sie behaupteten, nicht sie gewesen zu sein, nicht Erkennende und Handelnde, sondern Roboter und Ausführungsorgane. Es ist die Strategie der hilfreichen Ohnmacht (Lifton), die vor der Reue schützt; die Strategie der Leugnung der Verantwortlichkeit als Schutz vor dem Gefühl der Schuld.

Aber war es nicht auch ein Stück wahr, nicht man selber, nicht verantwortlich gewesen zu sein? Ja! Aber gerade darin liegt die erste Schuld, die die zweite, die Barbarei, die Mordlust und die Morde ermöglicht hat. Die erste Schuld war die lustvolle Aufgabe seiner selbst, die selbstproduzierte Entfremdung und die verherrlichte eigene Ohnmacht. Die lange vorbereitete bereitwillige Selbstopferung der Individuen an das Ganze bereitete die Schuld vor, ohnmächtig und nicht verantwortlich zu sein. Die Vergöttlichung der eigenen Horde und ihrer Führer, der Glaube an Lebensgewinn durch Kampf, das das Ideal der Aufgabe der eigenen Vernunft, das Ideal der Selbstopferung für das Ganze - am deutlichsten ausgedrückt in der Verherrlichung des Heldentodes -, das Ideal des Gehorsams als Selbstentleerung - sie haben die Enteignung der Subjekte vorangetrieben; sie haben die Schuld der Ohnmacht und der Gewissensfreiheit hergestellt. Sie haben die moralische Landschaft so verändert, daß das Bewußtsein von Recht und Unrecht verschwand, und übrig blieben Befehl und Glaube.

Dann kam der 8. Mai. Die Szene brach zusammen, in der sich Erkenntnis und Gewissen verfangen hatten. Der Wahnsinn und das Verbrechen wurden sichtbar. Was waren die Schwierigkeiten, sich zu ihnen zu verhalten? Sich selber als Subjekt zurückzugewinnen und sich die Würde zu gestatten, Einsicht zu haben und den Anteil der eigenen Schuld zuzugeben?

Das erste, was Schuld, Reue und die Einsicht des eigenen Versagens schwer machten, war, daß die Schuld die Schuld von fast allen war. In einem "normalen" Verbrechen grenzt sich der Täter aus der Welt der anerkannten Normen und des gewöhnlichen Verhaltens aus und, sofern seine Tat entdeckt wird, wird er ausgegrenzt vom Kollektiv. Er wird ins Gefängnis gesperrt; er verliert sein Gesicht. Sofern er sich von seiner Tat trennt, wird er nicht nur Schuldgefühle haben, also das Gefühl des Versagens vor seinen eigenen inneren Instanzen. Er wird auch Schamgefühle haben. Das heißt, er wird sich selber mit den Augen seines Kollektivs sehen. Schamgefühl ist etwas anderes als Schuldgefühl. Sie hängen aber zusammen, und das Schamgefühl hilft dem Schuldgefühl. Was aber, wenn alle das Gesicht verloren haben? Wenn kein Kollektiv da ist, vor dem man sich schämen muß und kann? Alle anderen, die ebenso schuldig sind, werden dann zur Entschuldigung aller. Was alle getan haben, kann nicht falsch sein, jedenfalls nicht besonders falsch. Und so legt sich die Kumpanei der sich selber Verharmlosenden nahe.

Das zweite, was die Übernahme von Schuld und Verantwortung schwer machte, war die Totalität der Barbarei. Bei der Betrachtung der eigenen Schuld gibt es eine Lähmung durch den Ausgang der Geschichte, der Auschwitz heißt. Auschwitz ist eine Tatsache, der kein Gefühl und kein

Gewissen mehr gewachsen ist. Die meisten der damals Lebenden und Denkenden waren keine Mörder. Es waren Blinde, es waren Schweiger und Wegseher, es waren Feiglinge. Es ist schrecklich zu sagen: den meisten haben ihre Handlungen während der Nazizeit eingeleuchtet, sie haben mit gutem Gewissen geschwiegen, jedenfalls mit ziemlich gutem Gewissen. Die Erinnyen haben sie nicht geplagt, die Töchter der Nacht, die aus dem Tantarus aufsteigen und die Gewissen peinigen. Plötzlich steht hinter allem, was diese Menschen in normaler Fehlbarkeit getan oder unterlassen haben, eine abnorme Totalität - Auschwitz. Man kann Auschwitz nicht bereuen. Und die Gefahr: vor dieser Totalität kann man sich immer entschuldigen. Damit habe ich nichts zu tun, das waren nicht die Deutschen, sondern einige wahnsinnige Verbrecher. Aber mit nichts weniger sind wir identifiziert.

Die dritte Schwierigkeit, die zur eigenen Schuld zu stehen, ist nicht so situationsspezifisch wie die beiden anderen. Es ist die Vernichtungsangst, die entsteht, wenn man einen Teil der eigenen Vergangenheit für falsch gelebtes Leben erklären muß; wenn man erkennen muß, daß die Lebensopfer, die man dargebracht hat, Götzen gespendet waren. Dazu gehört die Chaosangst, die entsteht, wenn man über den Tod der Toten nichts Sinnvolles sagen kann. In allen Völkern gab es den Brauch, die in der Ferne gestorbenen Toten nachhause zu bringen und in der eigenen Erde zu bestatten; sie zu sich zu holen und nicht ohne sie auskommen zu wollen. Das ist nicht nur ein materieller Vorgang. Man erklärte mit den Toten das eigene Leben, darum will man sie bei sich haben; und das heißt, sie zu sich zu nehmen. Es ist das Bedürfnis aller Kulturen, etwas über die Toten sagen zu können: daß ihr Leben sich gelohnt hat; daß es eine Summe und Frucht ihres Lebens gibt. Man will sagen, daß ihr Tod nicht umsonst war und daß sie für etwas gestorben sind. Über die Toten nichts Wichtiges sagen zu können, heißt, im eigenen Leben entwichtigt zu sein. Was aber konnte man sagen über die 6 Millionen, über die 20 Millionen, über die 8 Millionen aus dem eigenen Land? Welche Bedrohung der eigenen Lebensgewißheit ist es, sich sagen zu müssen, daß die eigenen Väter und Brüder und Männer nicht auf dem Feld der Ehre, sondern auf dem Feld der Schmach gestorben sind; daß sie nicht für das Leben, sondern gegen es gestorben sind! Ich selber wage es kaum auszusprechen: daß sie umsonst gestorben sind. "Sie opferten ihre Söhne und Töchter den Dämonen", heißt es im 106. Psalm, den ich gleich noch zitieren werde. Die Denkmalsstreite, die wir seit 1945 haben; die Kämpfe um die Sätze, die man über diese Toten sagt, und um die Bilder, die man von ihnen zeichnet, zeigen, welche Wut und welche Vernichtungsängste der unlesbare Tod hervorruft.

Meine Frau hat sich einmal im Südwestfunk mit einem Thema der Nazi-Zeit auseinandergesetzt und bekam darauf folgende Hörerpost:

"Es ist mir unverständlich, wie man uns eine vor Nestbeschmutzung zum Himmel stinkende Person mit dem dummen Quatsch und dem blöden Gerede zumutet. Das Wort Auschwitz mußte natürlich auch darin mehrmals vorkommen und all das mit Worten nicht zu beschreibende dumme Gefasel, das ja dazugehört. Was glauben Sie eigentlich, wie dumm wir sind? Da können Sie im Dreck herumwühlen, soviel Sie wollen. Wir haben uns noch nie schuldig gefühlt und werden das auch nie tun. Wir sind nämlich dabei, unsere nationale Identität wieder offen zuzugeben. Wir haben ein Herz für Deutschland und sind Patrioten. Wir machen keine Kniefälle und keine Liebedienerei. Wir wollen wieder Recht und Ordnung, und solche Leute wie Sie können uns gestohlen bleiben. Sie sollten auswandern und nie wiederkommen."

Auf diese Sendung gab es noch eine andere Reaktion: Ein Mann schickte meiner Frau eine gültige Fahrkarte nach Ost-Berlin, ohne Rückfahrt. Offensichtlich fand er, daß die kritische Lesart der eigenen Geschichte in die DDR gehörte. Das ehrte dieses Land.
Ich komme zurück auf den Brief. Ich kann die Wünsche der Schreiberin verstehen, und ich lese sie als Identitätssehnsucht: Jemand sein wollen; eine Geschichte und eine Herkunft haben wollen; Lebende und Tote haben wollen, zu denen man sich zählt; ein Herz für etwas haben und etwas lieben dürfen; sich nicht in der kritischen Distanz zur Geschichte und Gegenwart immer selbst vereinsamen zu müssen; die eigene Identität offen zeigen dürfen, auch die nationale; also öffentlich zeigen, wer man ist und was man liebt. Ich verstehe diese Wünsche und ich teile sie. Ich halte die Voraussetzung der Schreiberin im folgenden Punkt für falsch: Sie glaubt, sie könne nur dort zuhause sein und dazugehören, ein Gesicht und eine Identität haben, wo das Leben gelungen ist; im positiven, im reinem und nicht im beschmutzten und zerstörten Leben. Heimat - das ist die Voraussetzung der Schreiberin - gibt es nur als saubere Heimat; Erinnerung darf nur glückliche Erinnerung sein, Erinnerung an das Paradies. Es gehört viel Souveränität und Erwachsenheit dazu, sich die Erinnerung an ein gebrochenes, zwiespältiges und schuldiges Leben zu erlauben.

Für dieses andere Erinnerungsvermögen ziehe ich die jüdische Tradition zu Rate und zitiere aus dem 106. Psalm, dem großen Schuldbekenntnis aus der hebräischen Bibel:

"Wir haben gesündigt mit unseren Vätern,
wir haben Unrecht getan und gefrevelt.
Unsere Väter in Ägypten achteten nicht deiner Wunder.
Sie dachten nicht deiner großen Güte
und trotzten dem Höchsten am Schilfmeer...
Bald schon vergaßen sie seine Taten.
Sie warteten nicht auf einen Rat.
Sie empörten sich gegen Mose im Lager,
gegen Aaron, den Heiligen Gottes.
Da tat sich die Erde auf und verschlang Dathan
und bedeckte die Rotte Abirams...
sie hängten sich an den Baal Peor
und aßen von den Totenopfern.
Sie vermischten sich mit den Heiden
und lernten ihre Werke.
Sie dienten ihren Götzen,
die wurden ihnen zum Fallstrick.
Sie opferten ihre Söhne und Töchter den Dämonen.
Sie vergossen unschuldiges Blut,
und das Land wurde mit Blut besudelt."

Der Psalm 106 gehört zum Kanon der hebräischen Bibel. Das heißt, das jüdische Volk erklärt darin eine offizielle Lesart seiner Geschichte und sagt, indem es den Psalm in seinen offiziellen Erzählschatz übernimmt: Man muß die eigene Geschichte auch lesen können als Abfallsgeschichte, als Geschichte der Zerstörung, der Selbsterniedrigung und des Verrats. Die Beter des 106. Psalms werden fassungslos vor der eigenen Geschichte. Fassungslos stehen sie vor der Erinnerung an das goldene Kalb, als sie sich so weit erniedrigten, daß sie den Gott der Befreiung abmalten in dem Bild eines Ochsen, der Gras frißt. Vergessen und in der Gegenwart ersticken; vergessen und die großen Träume zerstückeln - da kommen wir her, das ist unsere Vergangenheit, sagt der Psalmist. Er sagt nicht, daß der Mensch im allgemeinen schuldig, sündig und freiheitsunfähig sei. Er spricht nicht von tragischen Verstrickungen. Kein allgemeines Schuldbewußtsein, das das konkrete ersetzt. Kein anthropologischer Pessimismus, der die Entschuldigung für jede Tat immer schon in sich trägt. Der Psalm gibt Orte, Zeiten, Gründe und Personen an. Diese Art des Schuldbewußtseins konstituiert nicht einen allgemeinen Horizont, es ist genau und konkret. Nach jeder Abfallserinnerung das Erstaunen der Beter darüber, daß man lebt, daß man atmet, daß die Erde noch nicht alle verschlungen hat. Welche Erwachsenheit und welche Stärke, darauf zu verzichten, Geschichte nur dann zu erinnern, wenn sie gelungen ist und wenn sie der eigenen Rechtfertigung und Legitimation dient!

Nicht-Identität, Unterbrechung seiner selbst und der eigenen Abfallsgeschichte ist also ein Moment jener Identität, die uns der 106. Psalm vorspielt. Es ist nicht die einzige Stelle, in der Selbstunterbrechung als zur Freiheit des Subjekts gehörend gefordert und gepriesen wird. Ich erinnere etwa an die häufig vorkommende Metapher vom Herz, das zerrissen werden soll, so etwa bei Joel (2,12-14):
Bekehrt euch zu mir von ganzen Herzen! Bekehrt euch mit Fasten, mit Weinen, mit Trauern! Zerreißt eure Herzen und nicht eure Kleider!" In Psalm 51 heißt es:
"Das Opfer, das Gott gefällt, ist ein zerbrochener Geist und ein zerschlagenes Herz". Es ist vom Herzen aus Stein geredet, das gegen ein Herz aus Fleisch ausgetauscht werden soll. Herz ist das Bild für die Gesamtheit und die Mitte der Person, eben für die Identität des Menschen. Der nur mit sich selbst identische Mensch, der sich in dieser Identität wiederholende und fortsetzende, der in seine eigene Identität eingekerkte ist der Sünder, der Verblendete, der in der Selbstgefangenschaft Hockende. Freiheit und Bruch, Freiheit und Verabschiedung von sich selber, Freiheit und Diskontinuität werden zusammengedacht.
Dies widerspricht einem Lebensentwurf, der viel häufiger anzutreffen ist; einer Identitätsauffassung, die wesentlich durch Kontinuität und Wiederholung bestimmt ist. Eine solche Haltung befiehlt, ausgesöhnt zu sein mit der eigenen Herkunft. Sie befiehlt eine Sehnsucht, die ihren Traum schon hinter sich hat, nämlich in der Vergangenheit. Und darum ist die Vergangenheit die normierende Größe der Gegenwart. Die Lebenssüße, die Lebensganzheit liegt hinter uns; in der Heimat, aus der man kommt. Und darum kann der Befehl nur lauten: Zurück! Ich zitiere aus der Rede eines Politikers zum Thema Preußen und die deutsche Nation:

"So will ich schließen mit einem 'Zurück zu Preußen'. Dorthin sollen wir uns wenden, zu den ewigen Werten, die Preußen groß gemacht haben. Alle unsere elf Kultusminister sollten alle Tugenden wieder lehren und

lernen lassen, die für das Gute, das Wahre, das einige Deutschland stehen: Pflichterfüllung, Vaterlandsliebe, Ehre, Unbestechlichkeit, Bescheidenheit...Tapferkeit, Mut, Fleiß und Arbeitslust, Sauberkeit, Pünktlich-
keit, Abkehr von der Konsumsucht, Hilfsbereitschaft, Nächstenliebe,
Gastfreundschaft, Ehrlichkeit, Loyalität und Solidarität, Furchtlosigkeit,
Disziplin, Kameradschaft, Geist, Friedensliebe, Heimatliebe, Güte, Mitleid, Patriotismus, Tatendrang..."

Gerne möchte man in dieses Land, doch es hat es noch nie gegeben. Die
Vergangenheit kann man natürlich nur zurückwünschen, wenn man die
Erinnerung fälscht; wenn man vergißt. Vergiß die Opfer, dann hast du eine saubere Vergangenheit, und dein Traum ist gerettet! Die Liebe zur
verklärten Herkunft und die Sehnsucht, sie zu wiederholen, ist reaktionär,
aber nicht konservativ. Denn sie muß die Gesichter der Toten vergessen.
Das ungebrochene Verhältnis zur eigenen Geschichte und Tradition hat
ein hohes Austilgungsinteresse. Aus dem Gedächtnis getilgt wird die
Zerstörung, die Schuld und die eigene Korruption. Die Erinnerung daran
erlaubt uns keine Kontinuität, sie fordert Bruch und Distanz.
Bruch mit der eigenen Vergangenheit heißt also nicht Bruch mit der Erinnerung. Selbstidentifizierung heißt Gedächtnis. Ich möchte einen Satz aus
dem zitierten Hörerbrief aufnehmen:"Wir sind dabei, unsere nationale
Identität wieder offen zuzugeben." Man kann in der Tat nicht Subjekt sein
ohne Zugehörigkeit, ohne Herkunft und - um ein problematisches Wort
zu nennen - ohne Heimat. Man kann nicht in abstrakten und unge-
kennzeichneten Lebenslandschaften leben. Herstellung von Erinnerung
ist Herstellung von Heimat. Wenn wir mit Heimat etwas Ernsthaftes
meinen, wenn es nicht nur die wehmütige Umschreibung des Paradieses
ist, das wir nie besessen haben, dann gehört zur Heimatkunde, mit der ich
mich selbst identifiziere und der ich mich zurechne, die Erinnerung an die
Opfer. Heimat ist da, wo man sich der Toten erinnert; wo ihre Namen
nicht vergessen werden und wo man die Zusammenhänge kennt; auch die
Zusammenhänge der Zerstörung. Die Humanität des Heimatgedankens
zeigt sich daran, daß in ihm Gedächtnis des Leidens zugelassen ist. Die
Planierung des Gedächtnisses ist Zerstörung. Die Humanität des
Heimatgedankens zeigt sich daran, daß in ihm Gedächtnis des Leidens
zugelassen ist. Die Planierung des Gedächtnisses ist Zerstörung von
Identität und Lebensmöglichkeit.

Die Erinnerung, die Erinnerung des Leidens ist und nicht unter Positivi-
täts- und Ganzheitszwängen steht, baut an unseren Wünschen für die Zu-

kunft; sie macht utopiefähig. Ich folge dem Gedanken von Bloch: Die Erinnerung daran, was Menschen angetan wurde, schärft die Grundkenntnisse einer menschlichen Welt. Das Gedächtnis der Opfer ist Klage, aber keine ohnmächtige Lamentation. Denn diese Klage ist zugleich Einklage und Einübung in die Kenntnis dessen, was noch aussteht und was man den Toten noch schuldig ist. Erinnerung und Schmerz sind die Triebkräfte der Vision vom ganzen Leben; und was kommen soll, entdecken wir wesentlich daran, was den Toten angetan und was ihnen vorenthalten wurde. Es fällt mir schwer, mir eine Humanität vorzustellen, die nicht essentiell Gedächtnis des Leidens und der Zerstörungen ist. Die alten Feinde der Erinnerung, des Eingeständnisses der Schuld und damit einer möglichen Utopie waren Verleugnung und Verdrängung. Es waren Entkommensstrategien, die nicht so einfach waren. Denn immerhin gab es noch einen von fast allen angenommenen Horizont, eine Lesart von Geschichte und Welt, einen Normenkanon, welcher Solidarität, Achtung des Lebens, Gedächtnis der Toten gebot. Menschen waren gewohnt, normativ zu denken. Es gab Normen, die sich in Erzählungen, in Symbolen und Begehungen aufführten. Es gab humanistische, christliche und sozialistische Würde-Überlieferungen, auf die man sich berufen konnte; vor der die Würdelosigkeit, das Vergessen und das Verschweigen es nicht ganz einfach hatten. Man konnte gegen diesen Kanon verstoßen. Aber immerhin gab es den Kanon. Man mußte darum die eigene Würdelosigkeit kaschieren, entschuldigen, leugnen. Man mußte immerhin sagen, daß man es nicht war. Was aber, wenn in einer posttraditionalen Gesellschaft dieser Normenhorizont mit seinen Inhalten und Dramatisierungen selber zerbricht? Wir erleben im Augenblick den Zusammenbruch oder die Entwichtigung zweier großen Lesarten der Geschichte, nämlich des Sozialismus und des Christentums. Den Anteil dieser beiden Lesarten an der Beleidigung des Lebens will ich nicht unterschlagen. Aber immerhin war es so, daß das Christentum den Christen selbst in den Weg trat; daß die Idee des Sozialismus die Realität des Sozialismus störte. Rosa Luxenburg und Franz von Assisi konnten nie ganz verscharrt werden. Man hatte sie immer noch als Leiche im Keller, und gelegentlich gab es die Auferstehung der Toten. Es gab verpflichtende Texte, auch wenn sie noch so sehr gefälscht wurden. Diese Texte befahlen, die Welt von den Opfern und den Beleidigten her zu lesen. Was aber, wenn die Texte verschwinden; wenn nichts mehr zu lesen ist? Der neue Feind der Erinnerung und der solidarischen Verantwortung könnte die ungestörte Heutigkeit der Subjekte werden; das traditionsfreie Subjekt, das sich selber Horizont und Norm ist. Das Recht ist nicht selbstverständlich und natürlich. Es ist nicht selbstverständlich, daß der Schwarze nicht Beute des Weißen werden soll. Die Geschichte des Rassismus beweist es. Es ist nicht selbstverständlich, daß es keinen Krieg geben soll. Es ist nicht selbstverständlich, daß die Güter der Erde allen gehören sollen, den jetzt Lebenden und den kommenden Generationen. Man muß es lernen. Wo aber kann man es lernen, wenn die Lehren verschwinden? Wenn die Lesarten verschwinden und die normativen Horizonte einstürzen? Wenn sie eingestürzt sind, braucht man sich nicht einmal die Mühe des Verdrängens und des Verleugnens zu machen. Man kann die Erinnerung kostenloser begraben. Es gibt auch die Würdelosigkeit, in sich selber zu ruhen und in nichts mehr verstrickt zu sein als in Liebesaffären mit sich selbst. Ganz sicher saugten der Selbst-Boom und die Identitätssüchtigkeit in so vielen Bewegungen der Gegenwart die Phantasie für fremdes Leiden und die Kraft der Erinnerung auf.

Lassen Sie mich schließen mit einem Blick auf den 3. Oktober des letzten Jahres und die Wiedervereinigungsfeiern. Wie vermutlich einige von ihnen habe ich diese Feiern eher mit Unbehagen erwartet. Die zentrale Veranstaltung war hier in Hamburg, und sie begann in Neuengamme. Aus dem Gedenken im KZ Neuengamme ergab sich für den Hauptredner das Thema der Behandlung der Ausländer in Deutschland. Der Anfang in Neuengamme hat mich in diesem Land und in dieser Stadt beheimatet. Er verhinderte, daß der 3. Oktober zu einer reinen Selbstfeier wurde. Warum aber erwähne ich dies am Ende meiner Vorlesung? Weil ich mich widersprüchlich machen will. Ich will mich wehren gegen die Monotonie der Behauptung, in diesem Land gebe es nur Verdrängung, Verschweigen und die gedächtnislose Tagesordnung. Es gibt die Aktion Sühnezeichen; es gibt Gruppen, die ihre lokale Geschichte aufarbeiten; es gibt die Aufarbeitung von Universitäts- und Kirchengeschichten. Zu spät und zu wenig, sagen wir zu recht. Aber es gibt sie; und viele arbeiten schon lange daran. Indem ich sie wahrnehme und indem ich Verbündete in der Arbeit am Gedächtnis erkenne, entkomme ich der Lähmung durch das Gefühl, das Schweigen habe völlig triumphiert. Verschweigen und Gedächtnis kämpfen gegeneinander. An der Konfliktträchtigkeit von Situationen und Tatbeständen kann man arbeiten. Und diese Arbeit ist mehr als die reine Beklagung der vermauerten Zustände.

Binjamin Heyl
Zwischen Kreuz und Hakenkreuz

Wenn Sie mich fragen, was das für mich bedeutet: nach Auschwitz zu leben, und wenn Sie mich fragen, was ich von einem Deutschen nach Auschwitz erwarte, fällt mir manches ein, was ich mit Ihnen diskutieren möchte.

Wenn wir über Auschwitz sprechen, werden wir auf die Zeit vor Auschwitz zurückgehen müssen. Auschwitz beruht auf zwei Pfeilern: dem Verlangen nach einer "reinen arischen Rasse" und dem Antisemitismus. Beides ist keine ausschließlich deutsche Angelegenheit. Die Art, in der eine "reine arische Rasse" von den Nationalsozialisten angestrebt wurde, ist weniger deutsch, als es die Nachbarn der Deutschen ihnen oft zugestehen. Die Haltung der politischen und kirchlichen Spitzen außerhalb Deutschlands läßt es gerechtfertigt erscheinen zu konstatieren, daß Deutschland nach dem Krieg als alleiniger Sündenbock betrachtet wurde und wird, um die eigene Position bagatellisieren oder sogar leugnen zu können. Wenn ich in den Niederlanden Stimmen über *die Deutschen* höre, sei es von jüdischer oder nichtjüdischer Seite, frage ich mich immer: Sind die Nicht-Deutschen bessere Menschen als die Deutschen, und wenn ja, warum? Wenn wir von unserer Existenz nach Auschwitz sprechen, ist das also nicht allein ein Problem der Deutschen, sondern ein menschliches Problem. Aus meiner weiteren Darstellung mögen Sie entnehmen, warum ich diese Position einnehme.

Zu dem Versuch der Nationalsozialisten, eine "reine arische Rasse" zu schaffen

Im Jahre 1887 führte Francis Galton in England den Begriff der "eugenetica" ein. Dieses Wort verweist auf den Terminus "eugenese", der *von guter Geburt* bedeutet. Man begann damit, die Fortpflanzung gesunder und "geeigneter" Individuen zu begünstigen, während man die Fortpflanzung von ungesunden Individuen zu verhindern suchte. Diese Haltung faßte auch in den USA Fuß, in 24 Bundesstaaten wurden Sterilisierungsgesetze für verschiedene Gruppen "gesellschaftlich Unangepaßter" eingeführt. Im Jahre 1924 wurde der *Johnson Act* angenommen, ein Gesetz, das eine absolute Begrenzung der Zuwanderung aus Osteuropa und den Mittelmeerländern nach den USA auf der Grundlage eines angelsächsischen Superioritätsgefühles festschrieb. Zur selben Zeit wurden auch in Deutschland eugenische Ideen unter dem Schlagwort "Rassehygiene" propagiert.

Ein deutscher Jurist schrieb, es sei das eindeutige Recht der Gesellschaft, Kranke und Behinderte aus dem Weg zu räumen - eine Vision, die auch außerhalb Deutschlands Anhänger fand. In Deutschland waren es Karl Binding und Alfred Hoche, die vorschlugen, Schwachsinnige und geistig Behinderte zu töten: *"Sie besitzen weder den Willen zu leben, noch den Willen zu sterben"*. Ihre Ideen fielen hier wie dort auf fruchtbaren Boden, jedoch nicht in bedeutendem Maße.

Unmittelbar nach der Machtübernahme der Nazis erschienen einige Artikel, die sich vor allem gegen die Euthanasie an unheilbar Kranken richteten. Die Mehrheit der Nazis war gegen die Euthanasie "lebensunwerten Lebens", während eine Minderheit, darunter Hitler, dafür war.

Allmählich wurde das Volk mit Hilfe von Propaganda und Unterdrückung auf die Einführung von Gesetzen vorbereitet, die *Rassenreinheit* des deutschen Volkes garantieren sollten, und die auf Hitlers Zustimmung zum Euthanasieprogramm basierten. Der mangelnde Widerstand machte das möglich. Manche kirchlichen Autoritäten, manch anderer widersetzte sich, aber die Mehrheit wich von den christlichen Grundsätzen ab; selbst in den kirchlichen Einrichtungen entschied man sich für den Weg der *Rassenpflege*. Die Mehrheit der Deutschen schwieg, wie auch das Ausland schwieg. Die ausländischen kirchlichen Autoritäten und Politiker wußten, was zu tun sei: schweigen und Augen schließen, um nach dem Kriege die Entrüstung umso lauter hinauszuschreien.

Heute steht die westliche Welt vor der Frage: Wird Hitler recht bekommen? Ich bin überzeugt, daß das "lebensunwerte Leben" nicht ausgerottet werden darf; wir sind kultivierte Menschen und haben geschworen, daß es nie wieder geschehen dürfe. Und doch geschieht es immer häufiger, daß Eltern empfohlen wird, behinderte Kinder abtreiben zu lassen, wobei man sich hinter Worten verschanzt wie: "Solch ein Kind wird niemals glücklich werden."

Dies ist, wie ich finde, ein gesellschaftliches Problem, es ist Sache der Gesellschaft, es jedem Menschen zu ermöglichen, auf seine eigene, einzigartige Weise ein menschenwürdiges Leben zu führen. Wir stehen heute vor der Wahl, ob wir eine "reine Rasse" oder eine menschenwürdige Existenz wollen. Wir sind in der Lage, zielgerichtete genetische Mutationen in der Erbmasse, die unsere körperlichen Dispositionen und unsere psychischen Ausdrucksmöglichkeiten bestimmt, zu schaffen. Dadurch werden wir in Zukunft die Entstehung bestimmter Krankheiten und

Behinderungen verhindern können, darüberhinaus aber vielleicht auch den "optimalen Menschentypus" schaffen. Die Erschaffung eines "Menschen nach Maß" droht immer schneller und konkreter in greifbare Nähe zu rücken. Durch den unglaublichen Fortschritt auf dem Gebiet der DNS-Technologie, der sich seit einigen Jahren vollzieht, befinden wir uns am Vorabend eines neuen Schöpfungstages.

Die Drohung lautet: *Und siehe, der Mensch wird den Menschen in seinem Gleichnis erschaffen, und der Mensch wird sich einen Gott schaffen in seinem Bilde und Gleichnis; und der Mensch sieht, daß alles gut ist, daß die alte Welt einer herrlichen neuen Welt gewichen ist; eine Welt, in der kein Platz für Kritik bleibt, sondern für Anpassung und Gleichförmigkeit; eine Welt, in der kein Platz mehr ist für Behinderte, sondern allein für Schönheit und Stärke. Der Tag wird kommen, an dem Hitler gedankt wird für das Vorbild, das er uns gab.*

Pädagogik nach Auschwitz richtet sich, wie ich zu verdeutlichen suche, auf gegenwärtige und künftige Entwicklungen; sie kann sich nicht allein auf Deutschland beschränken, sie muß sich an die Welt wenden. Sie sollte von einem Bild des Menschen ausgehen, der sich gegen die Verunmenschlichung - in welcher Form auch immer - zur Wehr setzt. Ihr Ziel sollte eine kritische Persönlichkeit sein, die Verantwortung für alles, was lebt, übernimmt und trägt.

Jemandem ein Leben in Würde vorenthalten zu wollen, führt in Vernichtung und Verbannung. Die Schöpfung von Menschen nach menschlichen Gesetzen und Normen steht im Widerspruch zum Schöpfer. Auch Nichtgläubige sollten aufgrund der Geschichte wissen, wohin es führt, wenn der Mensch das Heft in seine Hand nimmt, ohne die Verantwortung gegenüber dem ihm Anvertrauten (und dem Schöpfer) wahrzunehmen. Die Geschichte ist hier eindeutig.

Es macht den Menschen aus, daß er Verantwortung übernimmt. Er kann die Verantwortung nicht in blindem Gehorsam an die Mehrheit abgeben. Der Mensch, der die Verantwortung für die Geringsten, die seines Schutzes bedürfen, ablehnt, führt die Menschheit in Verbannung und Vernichtung. Das geschieht seit Jahrhunderten.

Heutzutage steht die gesamte Menschheit angesichts des menschlichen Fortschritts vor der Wahl: Menschlichkeit oder Unmenschlichkeit, für oder gegen Hitler, für Befreiung oder Verbannung, für das Leben oder für die Vernichtung. Wir stehen an dem Kreuzweg, welchen Weg schlagen wir ein? Sind wir als Menschheit selber *lebenswert* oder *lebensunwert*? Pädagogik sollte bei der Beantwortung dieser Frage helfen. Es gibt nur eine Wahl: Menschen im Sinne der Menschlichkeit zu erziehen. Darin sehe ich den Auftrag der Erziehung in unserer Zeit.

Ist der Antisemitismus der Nazis wiederholbar?

Der Antisemitismus der Nazis war in seiner Gewalt einmalig. Er basierte jedoch auf christlicher Theologie und aus ihr hervorgegangenen Gesetzen; darin war er eingebettet. Die Nazis waren in ihren Ideen weder originell noch einmalig. Wir können die Traditionslinien bis in das kanonische Recht zurückverfolgen. Die Nazis konnten den sporadischen christlichen Widerstand leichthin durch den Verweis auf den christlichen Kanon selbst entkräften. Sie wußten sich eins mit jahrhundertelanger christlicher Theologie.

Nach dem Reichskonkordat zwischen dem Deutschen Reich und dem Vatikan konnten kirchliche Führer erklären: *"Wonach wir alle verlangt haben, ist Wahrheit geworden: Wir haben ein Reich, einen Führer, und diesem Führer folgen wir treu."* Oder: *"Wir wissen, daß der, der an unserer Spitze steht, uns von Gott als Führer gesandt wurde."*

Auch in den protestantischen Kreisen wurden die Gläubigen dazu aufgerufen, dem "Führer" treu zu folgen. Dr. Leutheuser erfuhr einigen Rückhalt, als er sagte: *"Christus ist durch Adolf Hitler zu uns gekommen. (...) Wir wissen, daß der Erlöser heute gekommen ist. (...) Wir haben nur noch eine Aufgabe: nicht länger Christen, sondern Deutsche zu sein."*

Mit Unterstützung von Kirchenführern hieß das Motto der "Deutschen Christen": *"Mit dem Hakenkreuz auf der Brust, das Kreuz in unserem Herzen"*. Die Bibel und "Mein Kampf" konnten Seite an Seite im Bücherschrank stehen. Die katholische Kirche weigerte sich, "Mein Kampf" auf den Index zu setzen, wie sie sich weigerte, Hitler zu exkommunizieren.

Durch ihre Haltung haben die Kirchen ihre Berufung sowohl innerhalb als auch außerhalb Deutschlands verleugnet. Sie haben die Lehre des Juden Jesus von Nazareth vernichtet, indem sie zusahen, wie ihre jüdische Essenz mit den lebenden Juden vernichtet wurde. In Auschwitz wurde Jesus von Nazareth millionenfach ermordet, und den Christen war es nicht genug. Solange das Christentum sich weigert anzuerkennen, daß das klassische Christentum kein Existenzrecht mehr besitzt, wird es eine tote Religion vor Gott sein, eine todgeweihte Religion für die Menschen werden. Auschwitz zwingt die Kirchen zu einer Infragestellung jener jüdischen Lehre und all ihrer Konsequenzen, die Jesus verkündet hat. Solange die Kirchen nicht um Vergebung ihrer Sünden bei Juden, geistig Behinderten, Roma und Sinti, Zeugen Jehovas, Homosexuellen, psychisch Kranken und Alten gebeten haben, hat ihre Religion jedes Recht verloren, Menschen den Weg zum rechten Leben weisen zu wollen.

Solange die Christen sich weigern, ihre Rolle im Ganzen anzuerkennen, frage ich mich, wo sie das moralische Recht hernehmen, um wen auch immer belehren zu wollen. Das an Auschwitz gescheiterte Christentum hat, wie bereits gesagt, vor Gott kein Recht mehr zu bestehen, und ein neues Christentum hätte das alte zu bestreiten und zu überwinden, damit das Christentum seinem eigentlichen Sinn nachkäme: die Lehren des Juden Jeschu ha Nozri zu verbreiten.

Die Rolle, die die Menschheit - ob Nazis oder nicht - bei der Ausrottung der Juden spielte, sollten wir uns in Erinnerung rufen: wie hätten die Juden umgebracht werden können, wenn die Ukrainer nicht stillschweigend geholfen hätten? Wie, wenn die Slowaken, anstatt für jeden deportierten Juden die Nazis zu bezahlen, Widerstand geleistet hätten? Wie, wenn die Ungarn sich widersetzt hätten, anstatt Eichmann zu drängen, die Deportationen zu beschleunigen? Oder der Widerstand der Niederländer - von welcher Art war er? Schlossen sie nicht ihre Grenzen vor den fliehenden Juden? Mußten die Juden das Lager Westerbork nicht schon vor der Besetzung selber unterhalten, damit die Flüchtlinge die armen Niederlande nicht belasteten?[1]

Waren es nicht die Ukrainer und Letten, die die Deutschen in ihrer Grausamkeit noch weit übertrafen? Ist es ein Zufall, daß die Lager mit den meisten zu beklagenden Opfern von den Deutschen in Polen errichtet wurden?

Es ist eine weithin bekannte Tatsache, daß dort, wo sich das örtliche Bevölkerung gegen die Deportation ihrer jüdischen Nachbarn wandte, der "Erfolg", die Zahl der Deportierten, verhältnismäßig geringer war. Wurden nicht in Dänemark fast alle Juden verschont? Und war es für die deutschen Besatzer nicht dort viel schwerer, wo die antijüdischen Maßnahmen abgelehnt wurden, als dort, wo man sich ihnen nicht widersetzte? Die freie Welt schaute untätig zu. Roosevelt schwieg, Churchill schwieg, der *Stellvertreter Christi* enthielt sich der Stimme. Sie schwiegen angesichts der Ausrottung der "Untermenschen". Und doch ließen sie sich,

---

1 zur Geschichte des Lagers vgl. Boas, J.: Boulevard des Misères, The story of transit camp Westerbork, o.O. 1985; in niederländischer Übersetzung: Boulevard des Misères. Het verhaal van doorgangskamp Westerbork, Amsterdam 1988. Anm. d.Hrsg.

selbstredend, als Christen durch die Worte Gottes führen? Sie beschlossen zu schweigen, und sie schlossen die Augen, wo Menschenopfer dem Moloch dargebracht wurden. Die Bitte, die Gleise, die die Züge nach Auschwitz führten, zu bombardieren, wurde zurückgewiesen. 1942 war die freie Welt informiert von dem, was dort geschah. Hitler und Goebbels erwarteten eine Welle der Entrüstung und der Drohungen. Darin waren sie empfindlich, sie versuchten, so viel wie möglich geheimzuhalten. Doch stießen sie statt auf massenhafte Proteste auf Zustimmung. Als nach dem Krieg keine Juden mehr zu retten waren, konnten die politischen und kirchlichen Spitzen lautstark ihr Urteil über den Sündenbock fällen: Deutschland.

Nach dem Kriege verbreiteten sich die Legenden davon, was alles zur Rettung der Juden unternommen worden sei. Glaube ich den Niederländern, so haben sie sich außerordentlich mutig und tapfer verhalten - so tapfer immerhin, daß ungefähr 100.000 Juden deportiert werden konnten. Jeder Niederländer, so scheint es heute manchesmal, hatte sich für die Juden eingesetzt, es waren nur zu wenige Juden, als daß jeder Niederländer einem Juden hätte helfen können. Es bleibt jedoch dabei: 100.000 Juden wurden unter den tapferen Niederländern aufgegriffen.
Ich will Sie mit meinen Äußerungen davon überzeugen, daß Sie sich nicht von dem deutschen Problem blenden lassen sollten, das ein viel umfassenderes ist. Ziehen Sie sich kein Schuldgefühl an, das der ganzen Welt gebührte.

Der Antisemitismus hat in Auschwitz kein Ende gefunden. Das Christentum befindet sich in einer schweren Krise: soll es ein neues Christentum werden, oder kann es fortfahren, die Ideen *von vor Auschwitz* zu vertreten? Wir Juden sind mit einem schizophrenen Christentum konfrontiert: einerseits treffen wir auf Christen, die uns weiterhin bekehren wollen, andererseits gibt es jene, die mit uns in einen Dialog gleichwertiger Partner treten wollen. Die bekehrungswilligen Christen sind durch und durch antisemitisch; sie wollen, daß wir unsere Identität aufgeben, unser Denken und Fühlen, unsere Kultur, Geschichte und unser Land. Folgten wir ihnen, müßten wir unsere Identität aufgeben, denn es gibt für sie nur einen Weg zum Heil: den ihren. Diese Christen verfolgen uns mit ihrer Fürsorge und fragen sich, wie es möglich ist, daß das jüdische Volk trotz der liebevollen Strafe in Auschwitz als jüdisches Volk stolz fortbesteht. Sie beten noch immer täglich, daß wir uns zu einer Religion bekehren mögen, an deren Händen Blut klebt, deren Gedankengebäude voller Verkennung der Lehren des Juden Jesus steckt. Solange es Christen gibt, die uns geistlich und geistig zu vernichten trachten, wird der Antisemitismus weiter wuchern.

In der religiösen Erziehung sollte man dazu übergehen, jedem Menschen das unteilbare Recht zuzugestehen zu glauben, was er will, ohne je jemanden um seines Glaubens willen zu verachten. Verachten heißt auch: bekehren zu wollen, sich selbst überlegen zu wähnen. Religiöse Unterweisung sollte das Bekenntnis zu einem Gott einschließen, der so groß ist, daß es viele Wege geben mag, auf dem sich jeder ihm auf seine eigene, einzigartige Weise nähern möge. Damit erkennt man zugleich an, daß jeder Mensch einzigartig, d.h. *lebenswert* ist.

Konformismus und Fanatismus führen ins Verderben und Chaos. Fanatismus und Konformismus führen dazu, daß Götzenaltäre errichtet werden, damals wie heute. Die Pädagogik der Hoffnung und des Glaubens schlösse die Vision ein, daß schon morgen alle Menschen ihres Bruders Hüter seien, daß alle Götzenaltäre einstürzten.

Konturen einer Pädagogik nach Auschwitz

Judith Kestenberg
"Als eure Großeltern klein waren." - Mit Kindern über den Holocaust sprechen

"Im allgemeinen werden einzelne Dinge, nach meinem Gefühl, zu sehr umschleiert. Man tut recht, die Phantasie der Kinder reinzuhalten, aber diese Reinheit wird nicht bewahrt durch Unwissenheit. Ich glaube eher, daß das Verdecken von etwas den Knaben und das Mädchen um so mehr die Wahrheit argwöhnen läßt."[1]

"Es ist gewiß nichts anderes als die gewohnte Prüderie und das eigene schlechte Gewissen, in Sachen der *Geschichte,* was die Erwachsenen zur 'Geheimtuerei' vor den Kindern veranlaßt; aber möglicherweise wirkt da auch ein Stück theoretischer Unwissenheit mit, dem man durch Aufklärung der Erwachsenen entgegentreten kann."[2]

Ich habe in Freuds obigem Zitat nur ein Wort verändert. Im neunzehnten und Anfang des zwanzigsten Jahrhunderts verdeckte man die Sexualität, heute die Geschichte der Morde.
In diesem Beitrag beschäftige ich mich mit zwei Fragen: Warum und wie sollen wir Kleinkindern von der Nazizeit in Deutschland erzählen? Bevor es möglich ist, diese Fragen zu beantworten, müssen wir, wie es Freud im Hinblick auf die Sexualität getan hat, die Widerstände untersuchen, die der historischen Aufklärung von Kindern im Wege stehen.

Warum Erwachsene sich scheuen, den Kindern die historische Wahrheit mitzuteilen
Obwohl der Widerstand, Kindern die schreckliche Wahrheit über das Dritte Reich zu erzählen, universell ist, ist er noch viel stärker, wo es sich um kleine Kinder handelt. Die Gründe, warum man es nicht tun will, scheinen sehr rational zu sein. Das kleine Kind, kann man sagen, darf nicht überfordert werden. Es neigt zur Angst, wenn man ihm furchterregende Geschichten erzählt. Dann kann es nachts nicht schlafen und hat böse Träume. Außerdem ist es unmöglich, ihm so etwas Kompliziertes beizubringen. Es hat genug Zeit, sich später den Kopf darüber zu zerbre-

---

[1] zit. nach Freud, S.: Die sexuelle Aufklärung der Kinder (1907), in: Gesammelte Werke, Bd. VII, London 1941, S.20
[2] ebenda, S.21. Ich habe hier Freuds Wort "Sexualität" durch "Geschichte" ersetzt.

chen, was auch für Erwachsene nicht leicht ist. Wenn es danach fragt, weil ein anderes Kind oder ein Erwachsener darüber gesprochen hat, oder es etwas darüber im Fernsehen gesehen hat, kann man ihm ruhig erklären: "Das werden wir Dir erklären, wenn Du älter bist".

Diese Art, mit Kindern umzugehen, erinnert uns an das Tabu der Sexualität, das man in viktorianischen Zeiten Kindern auferlegt hat. Freud nahm an, der Grund für die Erwachsenen, ihren Kindern die Sexualität zu verschweigen, sei der, daß sie sich selber schuldig fühlten und sich auch deswegen schämten[3]. Dasselbe läßt sich heute auch über das Tabu historischer Wahrheit zu sagen.

In den letzten Jahren hat die Tabuisierung der Sexualität an Gewicht verloren, doch sind andere Tabus an ihre Stelle getreten. Zum Beispiel wollen heutige Eltern ihren Kindern oft nicht sagen, wieviel Geld sie haben. Dahinter steht wohl der Glaube, die Kinder würden ihre Geheimnisse verraten. Das bewirkt in den Kindern Phantasien, daß das Geld gestohlen sei. Viele Eltern fühlen sich tatsächlich schuldig, wenn sie reich sind, weil sie gelernt haben, daß Gott die Armen mehr liebt als die Reichen. Es kann der Eindruck entstehen, sie seien selber der Meinung, sie hätten ihr Geld den anderen weggenommen.

Ein ähnliches Tabu gilt für das Thema "Tod". Auch hier benehmen sich die Eltern, als brächten sie jeden Tod mit ihren eigenen Sünden in Verbindung. Sie scheinen sich vor ihren eigenen Kindern zu fürchten und benehmen sich, als wären die Kinder ihre Eltern, die sie bestrafen können für ihre Sünden. Außerdem fürchten sie sich allzu oft, daß sie von den Kindern als schlecht angesehen werden. Deswegen verbergen sie vor ihren Kindern, wenn sie sich schämen oder schuldig fühlen. Sie wollen für ihre Kinder ein Vorbild sein. Damit haben sie auch recht.

Kinder idealisieren ihre Eltern und fühlen sich auf diese Weise beschützt. Die allmächtigen Eltern bestrafen die Kinder, aber sie nehmen sich der Kinder an, wenn jemand anderes sie bedroht. Diese Haltung, daß man Kindern Vertrauen in die Eltern vorhalten soll, hat jedoch ihre Grenzen. Wir müssen unseren Kindern auch die Wahrheit sagen; sie dürfen nicht für ewig glauben, daß die Eltern und Lehrer immer recht haben und sich nie irren. Sie sollen wissen, daß Eltern sich auch irren können, aber ein gutes Gewissen haben, das ihnen befiehlt, ihren Irrwegen nicht zu folgen und ihre Fehler nicht zu wiederholen. Reue zu fühlen und Untaten zugeben zu können, gehört auch zum Formungsprozeß von Verhaltensmodellen für die Kinder. Die Väter müssen zugeben, daß sie Militärdienst geleistet haben, obwohl sie niemanden umbringen wollten.

---

[3] ebenda

Da wir alle als Kinder Mord im Herzen hatten, unsere Eltern umbringen wollten und diesen Wunsch häufig auf Fremde verschoben, haben wir auch als Erwachsene Angst, daß unsere Kinder diese Schuld erkennen werden.

Wir sind jedoch auch gegenüber unseren Kindern nicht unschuldig, und wir schämen uns, wenn wir entdecken, daß wir hier und da unsere eigenen Kinder umbringen wollen. "Ich bin so böse auf dich", sagt eine Mutter, "ich könnte dich umbringen". Das Kind erschrickt, und die Mutter fügt hinzu: "Das hab´ ich nicht so gemeint, ich hab´ es nur so gesagt".

In unserem Zentrum für Eltern und Kinder, das ich später beschreiben werde[4], saß eine Dreijährige ganz verschüchtert auf den Stiegen, so deprimiert, daß sie nicht spielen konnte. Sie sagte mir im Flüsterton, daß ihre Mutter sie töten wird, weil sie etwas Kostbares zuhause zerbrochen hat. Ihre Mutter lachte, weil es ihr komisch vorkam, daß jemand so etwas glauben könne, aber dem Kind war nicht zum Lachen. Ich versuchte, dem Kind zu erklären, daß jeder solche Gefühle hat, aber das Mutti sie so sehr lieb hat, daß sie das nie tun, sondern nur sagen würde. Außerdem würde Mutti niemanden umbringen, weil das nicht recht ist. Ich versuchte, die Mutter zu überreden, sich bei dem Kind zu entschuldigen, aber das fiel ihr sehr schwer. Das Kind war schuldig, weil es etwas Kostbares zerbrochen hat, die Mutter hat es aber nicht so gemeint.

Nicht nur Eltern, sondern jede Gemeinschaft versucht, ihre Ahnen reinzuwaschen. Als ich 1937 nach Amerika kam, gab es viele Filme, die die Indianer als schlecht und die weißen Eroberer als Helden darstellten. Meine kleine Tochter kam von selbst darauf, daß die Indianer schlecht behandelt wurden. Seit längerem sind wir weiter fortgeschritten und zeigen unseren Kindern nicht mehr solche geschichtsverfälschenden Filme. Aber auch in unserem Lande gibt es Menschen, die die Verfolgung während der Nazizeit leugnen und die deutsche Geschichte umschreiben wollen.

Es ist wohl interessant, daß die meisten Eltern sich nicht scheuen, ihren Kindern die Sünden der Erwachsenen in Märchenform zu erzählen. Erstens ist das Märchen eine Erfindung, zweitens begehen darin keine Menschen Greueltaten, sondern Tiere, etwa Wölfe, oder mythische Figuren, wie Hexen und Riesen. Wir täuschen uns aber, wenn wir glauben, daß wir das Böse, das in uns ist und das von unseren Vorfahren begangen wurde, vor unseren Kindern verbergen könnten. Wir lernen in der Kinderanalyse, daß die Kinder die Märchen unbewußt so aufnehmen, daß sie ahnen, der böse Wolf sei der Vater und die Hexe die Mutter oder Groß-

---

[4] siehe S.149

mutter. Wir vereinbaren mit den Kindern, ohne es direkt auszusprechen, daß es verboten ist, die Eltern zu beschuldigen, aber erlaubt ist, die Schuld Ersatzpersonen oder Tieren zuzuschieben. Und wir schrecken die Kinder noch auf eine andere Weise davon ab, die Eltern anzuklagen. Unser religiöses Gebot mahnt uns, die Eltern zu respektieren, damit unser Leben auf dieser Erde verlängert wird. Damit schrecken wir Kinder, so daß sie glauben, böse Taten, die nicht den Gefallen der Eltern finden, werden mit dem Tode bestraft. Es ist uns zuwider, unsere eigenen Sünden und die Sünden unserer Vorfahren unseren Kindern zu gestehen, denn sonst könnten die Kinder auf die Idee kommen, ähnliche Untaten gegen uns zu richten.

Warum sollen wir unseren kleinen Kindern von der Nazizeit in Deutschland erzählen?

Wenn wir auch zugeben, daß wir ungern den Kindern Schlechtes und Sündhaftes von uns, unseren Eltern und Großeltern erzählen, wenn wir auch imstande sind, das Tabu der Ahnenschuld aufzuheben, müssen wir uns dennoch fragen, wie es dem Kind helfen soll, ihm die schrecklichen Untaten unserer Großeltern zu gestehen. Wir müssen uns überlegen, ob wir damit den Kindern nützen oder ihnen vielleicht Schaden zufügen. Weiter müssen wir fragen, warum wir nicht warten können, bis die Kinder älter sind, bevor wir ihnen solche schrecklichen Taten vor Augen führen.

Zuerst müssen wir uns bewußt werden, daß Kinderohren größer sind als die unseren. Sie hören viel mehr als wir, da sie imstande sind, mehrere Reize gleichzeitig aufzunehmen. Ein Kind kann in der Ecke spielen und zu seinen Puppen oder Flugzeugen sprechen und doch gleichzeitig hören, was im anderen Raum gesagt wird.

Wir können Kinder nicht von Rundfunk- und Fernsehnachrichten isolieren. Die meisten Kinder sehen und hören Bruchstücke von Nachrichten. Wir können es nicht verhindern, daß kleine oder große Kinder ins Zimmer kommen, wenn wir vor dem Fernseher sitzen, oder an der Tür lauschen, wenn Erwachsene miteinander diskutieren. Was nun geschieht, ist, daß Kinder sich eigene Gedanken über das Gehörte machen, aber oft nicht formulieren können, was sie fragen wollen. Weil Eltern und Lehrer nicht einmal wissen, was die Kinder gehört haben, sprechen sie nicht darüber oder reagieren nicht, wenn Kinder auf ihre eigene Weise das Thema aufbringen.

Ein dreijähriger Junge kam eines Tages ganz betrübt ins Zentrum und fragte mich: "Weißt Du, daß mein Vater ein wildes Tier ist?" Die Mutter sah mich ganz verschämt an und gestand, daß sie im Streit ihrem Mann vorgeworfen hatte, er sei ein wildes Tier und kein Mensch. Das Kind wußte, daß ich es verstehen und ihm antworten würde. Es hat nicht seine Mutter, sondern mich auf seine Weise gefragt, was es bedeutet, daß der Vater ein wildes Tier sei.

Gewöhnlich erwerben die Kinder ihr "Wissen" auf eine heimliche Weise und reden nicht darüber. Sie ahnen, daß Erwachsene nicht gerne über ihre eigenen Fehler sprechen wollen. Sie verstehen, daß sie über Märchen oder religiöse Geschichten sprechen dürfen, aber nicht direkt über Eltern und Großeltern.

Wir bringen ihnen bei, daß Juden in Ägypten versklavt und umgebracht wurden, oder daß Jesus von Juden oder Römern gekreuzigt wurden, und die Kinder verstehen, daß wir ihnen gestatten, die Fremden, die Ägypter, die Juden oder Römer, anzuklagen. Sie dürfen aber nicht fragen, was unsere und ihre Vorfahren getan haben. Weil wir uns auf diese Weise verteidigen, phantasieren die Kinder, daß wir etwas Schlechtes getan hätten und fühlen, sie müßten andere beschuldigen, um die Schuld von den Eltern und Lehrern abzulenken.

Als die deutschen (und später die polnischen) Kinder sahen, wie die Erwachsenen die Juden behandelten, versuchten sie, die Schuld von ihren Familien zu nehmen, indem sie den verfolgten jüdischen Kindern den Vorwurf machten, sie hätten den Herrn Jesus umgebracht oder nichtjüdische Kinder getötet, um Mazzot[5] zu backen. Die jüdischen Kinder waren oft überzeugt, daß sie schuldig seien, obwohl sie nicht wußten, was sie Schlechtes getan hatten.

Wenn wir den Kindern Gelegenheit geben, unsere eigene Geschichte kennenzulernen, eine Geschichte, die wir auch kritisieren dürfen, dann bedürfen wir keines Sündenbockes. Wir vermitteln den Kindern dann den Glauben, daß wir uns nicht scheuen, die Wahrheit zu sagen, daß wir nicht aufs neue Fremde anklagen müssen, um unsere Eltern zu verteidigen. Die Kinder lernen, daß man etwas Böses eingestehen kann, um zu vermeiden, in der Zukunft das gleiche zu tun. Das Wissen und Besprechen gibt den Kindern die Gelegenheit, bewußt zu verarbeiten, was sie einmal irgendwo gehört haben. Es ist auch gut zu wissen, daß andere nicht immer gut sind und nicht nur Kinder Böses tun und beschuldigt werden.

---

5 Mazzot (hebr.), Mehrzahl von Mazza, auch Mazze: ungesäuertes Brot, das religiöse Juden zu Pessach in Erinnerung an den Auszug aus Ägypten essen (vgl. 5.Mose, 16,3) - Anm. der Herausgeber.

Damit kommt die nächste Frage auf: Wann sollen wir den Kindern das Recht zugestehen, die Erwachsenen zu kritisieren? Es kann den Eltern und Lehrern nicht schaden, einzugestehen, wenn sie sich nicht richtig verhalten haben. Eine Mutter kann ruhig ihrem zweijährigen Kind sagen: "Es tut mir leid, daß ich dich angeschrien habe. Ich will versuchen, es nicht wieder zu tun." Das Kind lernt so, daß Sünden nicht derart schrecklich sind, wenn man über sie spricht und alles tut, um sie nicht zu wiederholen. Es gibt den Kindern ein Modell der **Verantwortung** statt der **Schuld**. Wenn man sich nicht fürchten muß, weil man etwas Schlechtes getan oder auch nur gedacht hat, dann muß man auch nicht mehr sagen: "Das habe ich nicht getan, sondern Fritz", oder: "Susi hat angefangen, mich zu schlagen, ich hab´ nur zurückgehauen". Das gilt gleichermaßen für ein Kind, für die Eltern und Lehrer, und schließlich auch für das Land, in dem man aufwächst.

Wenn wir wirklich Kriege verhindern wollen, wenn wir es vermeiden wollen, fremdartige Menschen zu verachten oder anzugreifen, dann müssen wir den Kindern die Wahrheit sagen, so bald wie möglich. Was wir in der frühen Kindheit lernen, erlischt nicht aus unserem Gewissen, auch wenn wir es nicht im Sinn behalten. Die beste Zeit, die Geschichte unseres Landes zu erzählen, ist, wenn die Kinder beginnen, Fragen zu stellen, und wenn sie über genügend Worte verfügen, um zu erklären, was sie denken. Das ist für viele Kinder im Alter von zweieinhalb Jahren gegeben, und bei Dreijährigen ist es gewöhnlich noch weiter ausgereift, obwohl sie sehr oft nur fragen: "Warum?"

In dem Alter stellen Kinder Fragen, die Erwachsene oft nicht beantworten können, etwa: "Warum die Sonne?" oder: "Wo geht die Zigarette hin, wenn sie verschwindet?" Viele dieser unklaren Fragen richten sich auf die Neugierde, wie Kinder zur Welt kommen und wo sie sind, wenn sie noch nicht zu sehen sind. Die Sonne kommt und sie verschwindet. "Wohin geht sie? Wird sie zurückkommen? Wieso verwandeln sich Menschen und sehen anders aus? Die meisten Leute sind weiß, warum wird man so dunkel? Kann man dann wieder weiß werden? Was ist Tod? Wenn jemand weggeht, ist er dann tot? Und kommt er wieder zum Leben, wenn er zurückkehrt?" Die kleinen Kinder, die die Verfolgung unter den Nazis überlebt haben und in Lagern Tote gesehen haben, meinten, daß jedes Weggehen Tod bedeutete, und man nur tot sein werde, nachdem einer einen tötete. All das und anderes kann man anhand eines Buches diskutieren. Das Buch ermöglicht es den Kindern, ihre Gedanken zu ordnen und den Erwachsenen zu erklären.

Wie sollen wir den deutschen Kleinkindern beibringen, was die Deutschen während der Nazi-Zeit gemacht haben?
Vielleicht ist es notwendig, den Lesern zu erklären, wie wir die Technik der Kleinkinderbücher, die im folgenden Ausgangspunkt der weiteren Überlegungen sein wird, erlernt haben. Wir haben achtzehn Jahre lang ein Zentrum für Eltern und Kleinkinder geleitet, in dem wir zwei bis drei Mal in der Woche Kinder von unmittelbar nach der Geburt bis zum Altern von vier Jahren mit ihren Müttern und Vätern für einige Stunden gesehen haben[6]. Wir haben dort viele Erfahrungen mit Kinderbüchern, die wir - nach Bedarf - selber schrieben und illustrierten, gewonnen. Den Müttern zeigten wir, wie sie Bücher eigens für ihre Kinder herstellen könnten, in denen sie für die Kinder deren eigene Traumata darstellten, um ihnen so Gelegenheit zu geben, die vielleicht vergessene Vergangenheit zu bewältigen. Wir haben ihnen auch gezeigt, wie man ein Kind auf eine Operation oder die Krankheit der Großmutter durch ein gut illustriertes Buch vorbereiten kann. Außerdem erklärten wir den Kindern auf gleiche Weise die Geschichten der Feiertage, die sie zuhause feiern. So haben wir ihnen Weihnachten und Ostern erklärt, aber auch Chanukka und Pessach.

Wir sind sehr bald darauf gekommen, daß die Kleinkinder viel besser verstehen, wenn sie das Wort hören und das Bild, das dazugehört, sehen. Jedes Mal, wenn so ein Buch vorgelesen wurde, kamen Fragen auf oder Kommentare wie: "Habe ich auch Windeln gehabt?" oder: "Ich war nie in Mamas Bauch." Häufig erfuhren wir, wovor sich ein Kind fürchtete. Harold, der "nie in seiner Mutter Bauch gewesen war", lief davon, um diesen Teil der Geschichte nicht zu hören. Er dachte, er müsse wieder in den Bauch zurückkehren, und das wollte er nicht. Er hat die Vergangenheit mit der Zukunft verwechselt.

Als wir ein Buch über Tod vorlasen und am Ende zeigten, wie sich das Kind an die verstorbene Großmutter erinnerte, sagte eines der Kinder: "Ja, wenn einer stirbt, ist er so weit weg, daß man ihn nie mehr sehen kann." Wenn keine Fragen oder Kommentare aufkamen, pflegte die Vorleserin selber Fragen zu stellen, wie z.B.: "Hast du deine Mutter vermißt, als sie ins Krankenhaus ging, um das Baby zu bekommen?" Gelegentlich traten Tätigkeiten an die Stelle von Fragen. Als wir ein Buch vorlasen über das "Allein-aufs-Klo-Gehen", liefen manche Kinder schnell auf die Toilette, um dort ein Geschäft zu verrichten, wie es das Kind im Buch getan hatte.

---

6 vgl. Kestenberg, J. u. J.Kestenberg-Amighi: Kinder zeigen, was sie brauchen, Salzburg 1991

Als wir ein Buch über ein Mädchen vorlasen, das sein Spielzeug nicht hergeben wollte, so daß niemand mit ihm spielen wollte, waren auf einmal die meisten der Kinder bereit, ihr Spielzeug den anderen zu geben. Nach kurzer Zeit entdeckten wir, daß diese Bücher, die die Kleinen liebten, auch für Ältere, für Fünf- bis Achtjährige, interessant waren. Diese kamen während der Schulferien, wenn das Zentrum geöffnet war, zu Besuch.

Wir lernten, die Bilder sehr einfach zu halten und Worte zu gebrauchen, die zum Vokabular der Kinder gehörten. Alles, was im Text vorkam, mußte auch abgebildet sein, sonst fragten die Kinder, wo das sei, was im Text zwar erwähnt war, aber im Bild fehlte. Als wir in einem Bild nur den Oberleib der Mutter gezeichnet hatten, fragte bald ein Kind: "Wo sind die Beine?" Wenn wir von einem Baby sprachen, es in der Illustration jedoch nicht dargestellt war, fragten die Kinder: "Wo ist das Baby?" Sie waren besorgt.

Als ich eingeladen wurde, für dieses Buch über die Methode zu schreiben, wie man Kinder über den Holocaust unterrichten sollte, dachte ich sofort, wie wichtig es wäre, schon kleinen Kindern beizubringen, was im Dritten Reich in Deutschland geschehen ist. Diese Kinder brauchen die Aufklärung viel dringender als die größeren, da sie gerade damit beschäftigt sind, ein Gewissen zu entwickeln und ihre sadistischen und egozentrischen Gelüste zugunsten von Freundschaft und Liebe aufzugeben.

Ich hatte schon vorher ein ähnliches Buch für amerikanische Kleinkinder geschrieben[7]. Es erschiene mir noch dringlicher, den deutschen Kindern Gelegenheit zu geben, die Frage der Menschlichkeit und der Unmenschlichkeit zu besprechen. Da ich schon länger die Folgen des Nationalsozialismus auf Kinder in Interviews untersucht habe, war ich mir bewußt, daß das, was man einem Kleinkind beibringt, eine gute Basis für seine weitere moralische Entwicklung sei. So sah ich mich vor die Aufgabe gestellt, die Geschichte des Nationalsozialismus auf eine Weise zu beschreiben, daß Kinder sie auf sich beziehen und sie sofort in ihren Beziehungen zu Kindern benutzen können, die anders sind und die heute in Deutschland leben und von manchen Teilen der deutschen Gesellschaft verpönt sind.

Wir begannen damit, Deutschland, das der Kinder Heimat ist, als sehr schön zu beschreiben und zu versichern, daß die Deutschen vor der Hitlerzeit gute Menschen waren. Um den Beginn des Bösen als Zeitpunkt leicht verständlich darzustellen, schrieb ich, daß das Böse begann, als ihre

---

7 Kestenberg, J. u. D.Title: Listen! A story of the Holocaust for young children, noch unveröffentlicht, 1991

Großeltern jung waren[8], und ein Mann namens Hitler ihr Führer wurde. Wir zeigen ihnen diesen bösen Mann als einen gierigen Menschen, der alles für sich haben wollte, die Kinder auf den Krieg vorbereitete und sie lehrte, kranke und andersartige Menschen zu verachten. Da Kinder oft das Marschieren und Kriegspielen idealisieren, versuchte ich, den Kindern beizubringen, daß viele Deutsche sich vor Hitler fürchteten, aber auch viele ihn liebten und ihm gehorchten. Das können die Vorlesenden zum Anlaß nehmen, den Kindern zu zeigen, daß man einem schlechten Führer nicht folgen soll. Auch, wenn man einen älteren Freund hat, der schlimm ist, soll man ihm nicht folgen und selber schlimm werden.

Ich bemühe mich, den Kindern beizubringen, daß jüdische Kinder und ihre Eltern sehr schlecht behandelt wurden und ihnen alles, was Freude macht, verboten wurde. Diese armen Kinder wurden aus der Schule gewiesen, konnten nicht in einen Park, ein Schwimmbad oder ein Kino gehen. Es war meine Absicht, in den Kindern Mitleid für andere zu erwecken. Das ist nicht immer möglich. Es ist nicht ungewöhnlich, daß ein Kind oder mehrere sagen: "Das war schon recht, diese Kinder durften nicht mittun". Aber es gibt auch solche, eher sind es Mädchen als Knaben, die sich für Verfolgte einsetzen und sagen: "Wir werden mit diesen Kindern spielen." Die Erwachsenen, die das Buch vorlesen, haben dann die Gelegenheit, mit den Kindern zu diskutieren, ob es recht sei, andere Kinder zu kränken, oder, besser, sie zu beschützen. Es ist wichtig, den Kindern zu erklären, daß nicht nur Juden verfolgt wurden, sondern alle, die Hitler nicht gehorchen wollten. Es ist ebenso wichtig, daß die Kinder wissen, daß es gute Menschen gab, die die Juden versteckten, aber nicht genug, um sie alle zu retten[9]. Die meisten Juden wurden in Gettos und in Lager geschickt, aber in den Lagern waren auch Nichtjuden. Es bleibt zu hoffen, daß sich die Kinder mit denen, die Hitler nicht gehorcht haben, identifizieren. Um das noch mehr zum Ausdruck zu bringen, mußte ich darstellen, wie Hitler seine deutschen Kinder und die älteren Menschen in den Tod geschickt hat, und wie böse er wurde, als sie ihm zum Schluß nicht folgten.

Wir freuen uns mit den Kindern, weil der Krieg nun vorbei ist, dank der Hilfe der Soldaten, die Hitler besiegt haben und nun allen helfen wollen. Alle konnten jetzt in die Schule, in Parks, Schwimmbäder und Kinos gehen. Trotzdem waren die befreiten Kinder sehr traurig, weil sie ihre Familien verloren hatten[10]. Wir schließen mit der Rückkehr der Toleranz

---

[8] siehe Abbildung 1
[9] siehe Abbildung 2
[10] siehe Abbildung 3

für alle. Jeder kann leben, wo er will, in Israel oder Deutschland. Aber es gibt auch noch immer böse Menschen, die wieder "raus, raus!" schreien und die Fremden, z.B. die Türken, vertreiben wollen. Auf einer Seite im Buch schreiben wir mit großen Buchstaben, daß das nicht recht sei. Das kann dann diskutiert werden. Die Vorlesenden können auch fragen, welches der Kinder ein türkisches oder jüdisches Kind kennt. Die letzte Seite[11] stellt dar, wie alle Kinder miteinander spielen und die Hände hochhalten, um ihre Solidarität miteinander zu zeigen. Man muß betonen, daß das Beachten der Bilder unbedingt notwendig ist, um den Kindern etwas Konkretes und Nützliches beizubringen. All die Bilder, von Vivienne Koorland gezeichnet, haben als Quelle Zeichnungen, die Kinder selbst gemalt haben, insbesondere einige von überlebenden Kindern aus dem Getto Theresienstadt. Das Buch ist das Resultat einer Zusammenarbeit, wobei Vivienne Koorland ihre Vorschläge für den Text und ich meine für die Zeichnungen eingebracht haben.

Schließlich möchte ich darauf aufmerksam machen, daß jedes Bild und jeder Text diskutierbar sein sollen. Selbstverständlich kommen umso mehr Diskussionen zustande, je älter die Kinder sind. Allerdings soll das Buch mehrere Male vorgelesen werden, da die Kinder auch Zeit haben sollen, über das Mitgeteilte nachzudenken, mit den Eltern und Geschwistern zu sprechen und weitere Fragen zu stellen. Es kann geschehen, daß die Eltern sich über das Buch ärgern werden, weil sie nicht darauf vorbereitet sind, mit ihren Kindern über die Nazi-Vergangenheit zu sprechen. Es wäre daher ratsam, einen Elternabend abzuhalten und das Buch mit den Eltern im vorhinein zu besprechen. Darunter können auch Eltern sein, deren Eltern oder Großeltern in der Partei aktiv waren oder in der SS dienten. Manche haben wohl ihre Eltern und Großeltern gefragt, was diese im Krieg gemacht haben. Man hat ihnen vielleicht, als sie Kinder waren, oder auch später, keine Antwort gegeben. Sie neigten dann dazu, ihren Kindern nichts mitzuteilen, oder, umgekehrt, würden sie die Gelegenheit nutzen, mit ihren eigenen Kindern anders zu verfahren. Eltern müssen jedenfalls darauf vorbereitet sein, daß die Kinder auch ihnen Fragen stellen werden. Es wäre natürlich am besten, wenn die Eltern und Großeltern den Kindern selber vorläsen und auch ergänzten, was nicht im Buch steht.

Es ist an den Eltern und Großeltern, ob sie dieses Buch den Kindern selbst vorlesen wollen. Viele werden stolz sein, den Kindern mitteilen zu können, daß ihre Großeltern im Widerstand oder gar in Lagern waren. Andere möchten ihren Kindern vielleicht erzählen, wie traurig sie sind,

---

[11] siehe Abbildung 4

daß in ihrem Land so etwas Schreckliches geschehen konnte. Möglicherweise werden die Eltern mit anderen Eltern und Lehrern oder Psychologen zusammenkommen wollen, mit denen sie ihre eigenen Ängste, ihre Scham und ihre Loyalität zu ihren Familien besprechen möchten. Wir haben die Erfahrung gemacht, daß Eltern, die anwesend sind, während wir Kleinkindern Bücher vorlesen, sehr viel davon profitieren. Sie sind erstaunt, was ihre Kinder alles wissen, das sie vorher nie ausgedrückt haben. Es zeigt sich oft auch, daß die Eltern, die Lehrer und vor allem die Kinder das Buch benutzen werden, um einen Teil der deutschen Geschichte, der ihnen Sorge bereitet, durchzuarbeiten. Wir würden uns sehr freuen, von den Lesern zu hören, welche Erfahrungen sie beim Lesen des Buches gemacht haben, was die Eltern und Lehrer fühlen und sagen, und wie die Kinder darauf reagieren.

als Eure Großeltern
noch jung waren...

viel mehr Juden

wurden in kleinen

Stadtteilen eingesperrt

die GHETTOS hießen.

Einige Deutsche halfen Juden,
sich bei ihnen zu verstecken, aber...

Aber viele waren sehr
traurig, weil sie ihre
Mütter, Väter,
Brüder, Schwestern,
Onkels, Tanten
und Großeltern
nicht finden konnten,
weil die Nazis
sie getötet hatten.

Wir wollen keinen Krieg!
Wir wollen keine Toten!
Wir sagen: Nie wieder Krieg!
Nie wieder Hitler!
Wir sind alle Freunde!

Martin Wangh
"How to teach the Holocaust"[1]

Psychoanalyse ist für mich eine Wissenschaft, in der Praxis eine Kunst, die den bewußten und unbewußten Motivationen menschlichen Denkens, Fühlens und Handelns endlos nachspürt. Ihr Forschen bleibt ohne Ende, da alles, was zum Vorschein kommt, in seiner Verkehrung auch und gerade zur Abwehr der Entdeckung eines umfassenderen Motiv-Ensembles dienen könnte.

Die Quelle dieser beharrlichen Suche ist die angeborene Neugier. Der menschliche Säugling und das Neugeborene jeder anderen Säugetiergattung sind von dieser Neugier aus Gründen der Selbsterhaltung angetrieben. Renée Spitz folgend ließe sich sagen, die Suche nach der Mutterbrust sei deren erste Manifestation. Wenn die Neugier nicht durch von Eltern oder anderen Erziehern signalisierte Ablehnung unterdrückt wird, können die Fragen des dreijährigen Kindes nach dem "Warum" ein Leben lang fortbestehen. Freud ging bereits früh davon aus, daß die Neugier des Kindes dessen Wunsch repräsentiere zu wissen, wie Babys entstehen, woher es selbst kommt, woher seine Eltern und seine Nation etc. stammen. Deshalb ist Neugier ein Teil des lebenserhaltenden sexuellen Reifungsprozesses.

Wir müssen jedoch konzedieren, daß der Wunsch, nicht zu wissen, zu ignorieren, zu unterdrücken und zu verdrängen, eine gleichwertige lebenserhaltende Bedeutung besitzt. Diese Widerstände versagen - wie es Widerstände oft tun - in der Verfolgung ihres Ziels. Sie gleichen der Maginot-Linie, die es nicht vermochte, Frankreich vor dem deutschen Überfall zu bewahren.

Nach dieser notwendigen Vorrede will ich mich nun Ihrer Frage nähern, um dann eine zweite einzuführen, die aus der ersten, wie es mir scheint, zwangsläufig folgt. Sie fragen sich selbst, wie Lehrer das Interesse der deutschen Jugend an den fürchterlichen Geschehnissen der Schoah, das Herz, Verstand und Seele einschlösse, erhalten können. Der beschriebene "Wunsch, wissen zu wollen", sollte den Lehrer dazu bringen, die Frage andersherum zu stellen: Worin liegt die Unterdrückung der Neugier ge-

---

1 Übersetzung aus dem Englischen von Matthias Heyl

genüber einem so bedeutenden Geschehen in der Geschichte des deutschen Volkes begründet? Worin besteht der Vorzug einer Ignoranz demgegenüber? Dieser Konflikt zwischen der Neugier und dem Wunsch, unwissend zu bleiben, sollte entdeckt werden. Der Lehrer müßte dafür zu allererst die Hindernisse in sich selbst aufspüren, wenn er beginnt, diesen Teil deutscher Geschichte zu erforschen. Ist es Stolz, Scham, Schuld, sadistische oder masochistische Erregung - etwas davon oder von jedem etwas -, das ihn an der Untersuchung dessen, was sein Vater oder Großvater, sein älterer Bruder oder seine ältere Schwester, Mutter oder Großmutter während des "Krieges gegen die Juden" tat oder nicht tat, hindert - im Krieg gegen jene Juden, die ihre Nachbarn waren, ihren bedeutenden Beitrag zur Kultur lieferten, in jenem Krieg gegen die Juden im Osten, die mit ihrer jiddischen Sprache die wichtigsten Träger der Verbreitung deutscher Kultur in ihren jeweiligen Ländern waren?

Während einer Psychoanalyse stößt man häufig genug darauf, daß hinter einem persistenten, offenkundigen Schuld- oder Schamgefühl, einem Minderwertigkeitsempfinden oder einem obsessiven Symptom oft ein "geborgtes" Schuldgefühl etc. steht, das sich auf Taten des Vaters oder eines anderen nahen Verwandten bezieht. Solche Entlehnungen an die Oberfläche zu bringen, mag dem Patienten oft eine gewisse Erleichterung verschaffen. Dort kann eine Analyse jedoch nicht aufhören. Sie muß herauszufinden versuchen, welche äußeren Signale diese Emotionen unbewußt weitergegeben haben, oder, welche inneren Motive dazu führten, sie auf sich selbst zu beziehen. Die Tiefen, die dabei erreicht werden, mögen verschieden sein; gelegentlich mag das Ausloten bis ins Unendliche weisen.

Meistens geht das stärkste Signal, das zur Unterdrückung der Neugier führt, auf engste Angehörige zurück. Das Schweigen des Eltern- oder Großelternteils, das mit der Frage konfrontiert wird "Wo warst du während des Krieges, oder vor dem Krieg, und was tatest du, was hast du mitangesehen?", signalisiert selbst eine heftige Abwehr gegenüber diesen Nachforschungen. Ein Schuldgefühl wird in dem Fragenden geweckt, da er ein für den Älteren schmerzliches, tabuisiertes Thema angeschnitten hat, der doch geliebt und in Ehre gehalten werden sollte. Dieses erfahrene Schweigen mag zu einer inneren Quelle von Schuldgefühlen werden: Die Natur verabscheut das Vakuum, die Imagination wird die Lücken füllen.

Ich möchte ein kurzes Beispiel für einen solchen Prozeß geben: Einer meiner Kollegen schickte einen jungen Mann zu mir in Behandlung. Der Kollege war ein enger Freund der Familie jenes Klienten. Der junge Mann kam also unter einem gewissen Zwang zu mir. Er protestierte: "Ich bin in Ordnung!" Mein Kollege hoffte, meine Konsultation könne den jungen Mann eventuell dazu bewegen, eine Behandlung zu beginnen. Während des Gespräches kamen wir auf das Schweigen des Vaters in Hinblick auf dessen Erfahrungen in einem deutschen KZ zu sprechen (der Vater hatte am Oberarm noch immer die tätowierte Nummer). Der junge Mann behauptete standhaft, er sei wie jeder amerikanische Durchschnittsjunge aufgewachsen, und daß die Geschichte seines Vaters ihn nicht im geringsten betreffe. Nach einigem Bohren gestand er ein, daß er nicht verstand, wie es kam, daß sein Vater überlebt hatte. Vielleicht habe der etwas Unehrenhaftes getan, um am Leben zu bleiben, während die anderen um ihn herum untergingen. Beim Verlassen meines Büros musterte der junge Mann meine Bücherregale und bemerkte: "Nebenbei: Ich habe eine ganze Bibliothek über den Holocaust." Vorwürfe gegen den Vater wie die genannten, können schwere, unbewußte Schuldgefühle hervorrufen, die, wenn sie verneint werden, zu selbstzerstörerischen Handlungen führen können. Sie sind oft mit "geborgten" Schuldgefühlen überfrachtet, die vom Überlebenden entlehnt sind, dessen ganze Familie umkam. Mein Kollege hatte mit seiner Haltung recht, den Protest des jungen Mannes, er habe schließlich die Erziehung eines durchschnittlichen amerikanischen Jungen genossen, nicht zu akzeptieren.

Eine ähnliche Geschichte ist die einer jungen Frau, ebenfalls Tochter von Überlebenden. In ihrem Fall trieb der kleinste Funken eines Schuldempfindens sie in die ständige Defensive. Ihr Großvater, ein Rabbiner, hatte sich geweigert, die Möglichkeit zur Flucht aus seinem Dorf beim Einmarsch der Nazis zu nutzen; "Ich bleibe bei meiner Gemeinde", wird er zitiert. Er wurde gemeinsam mit seiner Frau und seinen Töchtern in Auschwitz umgebracht, mit Ausnahme einer Tochter. Deren ältere Schwester hat sie in der letzten Minute noch aus dem Haus gedrängt und ihr gesagt: "Du siehst aus wie eine polnische Schickse[2], rette Dich !" Das tat sie auch. Sie mußte als Polin Zwangsarbeit in einer Munitionsfabrik leisten und überlebte den Krieg. Sie war voll von Schuldgefühlen, weil sie die anderen verlassen und sich selbst gerettet hatte. Sie war auf ewig unglücklich und gab ihre Schuldgefühle an die Töchter weiter. Letztere emigrierten, sobald sie erwachsen waren, nach Israel, wo sie als heroische

---

2 Schickse, jidd., abwertendes Wort für Nichtjüdin - Anm. d. Übers.

Siedler im Bereich der Westbank sich ansiedelten. Sie alle hatten etliche Kinder, vielleicht ein unbewußter Versuch, den Verlust so vieler umgekommener Angehöriger zu ersetzen. Es ist schwer, vorauszusagen, was diesen Kindern geschehen wird, die in sehr orthodox-jüdischer Weise erzogen werden. Deutlich ist jedoch auch in diesem Fall, daß das Ausleben der nicht erzählten Geschichte der Vernichtung ihrer Familie die verbale Auseinandersetzung ersetzte.

Ich bin sicher, daß Sie zahllose Beispiele solcher Generationenspätfolgen in Ihrer eigenen Geschichte und in der Ihrer Studenten und Schüler finden werden, sei es, daß sie Familien von Verfolgten, Verfolgern oder "bloßen" Mitläufern der Nazi-Verbrechen entstammen. Bis jetzt gibt es in der deutschen psychoanalytischen und psychologischen Literatur etliche Einzelfallbeschreibungen von Personen, die aufgrund von Konflikten, die aus einer solchen Vergangenheit herrühren, Hilfe suchten.
Ich werde etwas später auf die generative Weitergabe von Erinnerungen, Charakterdeformationen, Schuld oder das Verlangen nach Buße zurückkommen. In meiner eigenen Erfahrung begegnete mir das Schweigen angesichts einer schmerzhaften Vergangenheit im Gymnasium, das ich bis 1931 in Leipzig besuchte. Der Unterricht in deutscher Geschichte endete 1914 mit dem Sieg über die Russen bei Tannenberg. Dem folgten einige Stunden über die Ungerechtigkeit der Versailler Verträge; zum Abitur erhielten wir ohne großen Kommentar die Verfassung der Weimarer Republik.

Sie sagen in Ihrem Brief, mit dem Sie sich, den Kontakt herstellend, an die Autoren dieses Buches wandten, Sie wollten versuchen, das "Nie wieder!" lebendig zu halten, ohne daß es zur reinen akademischen Floskel wird. Das jüdische Volk ist m.E. mit historischen Gedenktagen überladen. Einer ist Pessach, das Fest des Auszugs aus Ägypten. Am Seder-Abend wird dem Teilnehmer gesagt: "Sage nicht: "SIE waren Sklaven in Ägypten", sondern denke stattdessen, daß Du selbst Sklaverei erfahren hast." Diese Art der Personalisierung erscheint mir notwendig, - gleichgültig, ob man Nachkomme von Opfern oder deren Peinigern ist - um den Weg zur Befreiung von delegierter Schuld und Scham, von Buße oder Rache, freizuhalten. Vor einigen Jahren schlug ich vor, gemeinsame Seminare für während des Krieges und danach geborene deutsche und israelische Psychoanalytiker durchzuführen. Ich glaubte, sie seien eher als andere Bürger ihrer Länder offen für eine Selbsterforschung, die dazu diente, einige jener Gefühle zu bearbeiten (work through), die aus der familiären Vergangenheit entstanden sind, welche die Schoah beinhaltet. Ach, keine Unterstützung ist dieser Arbeit aus den deutsch-israelischen Forschungsstiftungen erwachsen.

Vor sechs oder sieben Jahr nahm mich mein leider verstorbener Kollege Hillel Klein, selber ein KZ-Überlebender, mit zu einem Seminar des Van-Leer-Instituts in Jerusalem. Der Titel des Seminars lautete: "How to teach the Holocaust?". Das Thema war also sehr dicht an der Fragestellung, die Sie aufgeworfen haben. Die Teilnehmerschaft bestand zum Großteil aus Grundschul- und Gymnasiallehrern. Einer der Referenten war der leider ebenfalls verstorbene Professor für Jüdische Geschichte, Herr Prof. Tal. Die anderen waren KZ-Überlebende, andere Akademiker und Psychologen. Ein Teil des Theaterstücks "Adam Ben Kelef" (Mensch, Sohn eines Hundes) von Yoram Kaniuk, einem israelischen Dramatiker und Schriftsteller, wurde aufgeführt. Darin wurden KZ-Überlebende gezeigt, die in einer psychiatrischen Anstalt ihre Erfahrungen neu inszenierten als erniedrigte Tiere. Die ganze Fragestellung des "How to teach the Holocaust?" war für mich sehr überraschend. Das hätte nicht sein dürfen, schließlich bin ich ein an Geschichte interessierter Psychoanalytiker und habe viele Überlebende in meiner Rolle als medizinischer Gegengutachter[3] gesehen. Mein einziger Beitrag zu dieser Diskussion war auf die Frage gerichtet: *Wann* im Leben eines Kindes *kann* überhaupt die Geschichte des Holocaust gelehrt werden. Ich sagte damals (und heute bin ich mir dessen nicht mehr so sicher), daß die Vermittlung dessen nicht in der vor- oder frühpubertären Phase geschehen solle. Ich dachte, daß die detaillierten Schilderungen der Geschehnisse des Holocaust zu viel realistisches Material für die in jenem Alter üblichen sado-masochistischen Masturbationsphantasien abgeben könnten. Ein paralleles Problem wird es in der deutschen Pädagogik auch geben.

Wie Sie selbst betonen, muß die Auseinandersetzung mit dem Holocaust beim Lehrer selbst beginnen. Er muß von Anbeginn überzeugt sein, daß ein vollständiges, aufrichtiges Bild der Vergangenheit sinnvoll sei, und daß Neugier sich frei entfalten können müsse, da dies essentiell für ein wirklich erfolgreiches Leben ist. Er muß davon überzeugt sein, daß eine Gesellschaft, die diesen Trieb unterdrückt, auf längere Sicht in Nachteil gegenüber offeneren Gesellschaften gerät. Lehrer, die zu einer solchen Auseinandersetzung mit sich selbst nicht bereit sind, werden gezwungen sein, ihren Schülern zu erlauben, allem, was ihnen in ihrer familiären oder

---

[3] im Zuge der sogenannten "Wiedergutmachungs"verfahren, Anm. d.Ü.

gesellschaftlichen Umgebung konfliktuös erscheint, aus dem Wege zu gehen. Die Normalität solcher Flucht-Tendenzen muß jedoch auch anerkannt werden. Jedes sinnvolle Lehren und Lernen über den Holocaust wird unmöglich, wenn den Schülern die Existenz jenes Konfliktes zwischen Wissenwollen und Nichtwissen wollen vorenthalten wird.

Alexander und Margarete Mitscherlich machten in ihrem hervorragenden Buch "Die Unfähigkeit zu trauern" deutlich, daß die Betonung zu großer Schuld versagen könne. Sie kann zu starken Aversionen und anwehrenden Reaktionen führen, die die Trauer um die aus Unrecht Umgekommenen unmöglich machen. Das Durchleben dieses Trauerprozesses ist jedoch für jeden Menschen zum Erhalt der psychischen Gesundheit notwendig, der eine ihm nahe und liebe Person verloren hat, oder aber ein Ideal, sei es ein Selbstideal oder das eines idealisierten anderen.
Um die Trauer zu einem Ende zu bringen, muß offengelegt werden, was sich hinter der bloßen Zurückweisung der Nazivergangenheit verbirgt: ihre frühere Idealisierung. Ihre Idealisierung durch die Eltern oder andere nahe, bedeutsame Personen. Dabei muß die libidinöse Bindung zu diesen Menschen beachtet werden. Nur dann kann der Versuch gewagt werden, einen kritischen Blick auf sie zu richten und folglich auf die Suche nach möglichen Gründen dafür zu gehen, warum diese Idole den Weg wählten, den sie gewählt hatten, warum sie taten, was sie getan haben. Solch ein Erforschen und Selbsterforschen könnte die Perspektive für die Qualitäten öffnen, die die Liebe zu den Idolen einmal gerechtfertigt haben. Erst danach kann die Trauer wirklich beginnen und, hoffentlich, vollendet werden. Die unbewußte Verewigung der ebenfalls unbewußten Anbindung an die Nazi-Ideologie und an deren Größenwahn findet ihre Begründung in der unbewußten Identifikation mit dem elterlichen Verhaftetsein an beides. Dieser Prozeß muß aufgelöst werden, noch bevor sich ein neues, selbst gewähltes Ideal etablieren kann. Für diejenigen, die durch diese Phasen gegangen sind, ließe sich die Last der "entliehenen Schuld" und Scham, das zwanghafte Bedürfnis nach Buße, vielleicht vermindern. Die Arbeit eines solchen Prozesses bewältigt zu haben, könnte den Weg zu kreativeren und angenehmeren Sublimierungen einer furchtbaren Vergangenheit öffnen.

Ich bin mir der Tatsache durchaus bewußt, daß die Schritte, die ich beschrieben habe, eine geradezu utopische Version des psychologischen Weges beschreiben, der von mir, von Ihnen, von Ihren Schülern, den Kindern und den Enkeln etc. der Opfer und der Täter, gegangen werden muß. Eine Utopie gibt immerhin eine Ahnung davon, welchen Weg es einzuschlagen gilt - diesem Weg zu folgen, ist besser, als im Nichtstun zu verharren.

Ich erwähnte zu Beginn dieses Beitrages, daß eine zweite Frage aus Ihrer ersten abgeleitet werden könnte, die für junge Israelis gleichermaßen zu diesem Komplex gehört wie für deutsche Jugendliche: "Wieviele Generationen lang sollen wir noch von der Pflicht zur Trauer und Scham begleitet sein, die mit dem Diktum "Nie wieder!" verbunden ist?" Als Psychoanalytiker habe ich keine Antwort auf eine solche Gewissensfrage - ich bin kein Moralist. Was mir jedoch zu dieser Frage einfiel, ist das in der Bibel viermal wiederholte Wort, daß Gott die Sünden der Väter bis in die dritte oder vierte Generation zählen und ahnden würde. Die Unbestimmtheit des "bis ins dritte und vierte Glied" irritiert mich. Meine Frau gab mir eine einfache und außerordentlich plausible Erklärung: die Generation, von der die Gefühle der Sündhaftigkeit, Schuld und Scham, und die Notwendigkeit zur Buße ausgehen, ist die der Täter. Sie mögen darüber erzählen (oder schweigen), was sie in jenen Tagen, als die Schoah begangen wurde, erlebt haben. Die Vagheit des "bis ins dritte oder vierte Glied" beruht auf der Ungewißheit, ob Urgroßeltern oder Großeltern noch am Leben sind, die Teilnehmer oder passive Zuschauer dieser Mordtaten waren. Ihre Idealisierung und die Identifikation mit ihnen wird vermutlich mit dem Aussterben dieser oder der folgenden Generation aufhören zu existieren.

Wie das Kainsmal in der Vorgeschichte des jüdischen Volkes, werden die Zeugnisse dieser Taten auf den Seiten der deutschen Geschichte bleiben.

Ingrid Lohmann
"Es gibt keine Synthese der Widersprüche" - Jüdische Dialogkultur und das Problem der Interkulturalität[1]

Vorbemerkung

Lernen und lebenslanges Studium des Talmud und der Tora spielen in der traditionellen jüdischen Kultur eine herausragende Rolle. Ihre Bedeutsamkeit ist so hoch, daß Gelehrsamkeit einer Person diese im sozialen Ansehen höher stehen läßt als Reichtum[2]. Die kulturellen und sozialen Mechanismen, mittels derer eine solche Haltung zum Lernen erzeugt und dauerhaft aufrechterhalten wurde, müßten - so sollte man meinen - im Mittelpunkt des Interesses von Erziehungswissenschaft stehen. Dies ist nicht der Fall.

Tausende von Jahren ist es dem Judentum gelungen, kulturelle Identität zu wahren. Zu diesem Phänomen existiert geschichtlich keine Parallele. Man sollte meinen, daß es die Aufmerksamkeit erziehungs- und bildungstheoretischer Forschung spätestens auf sich gezogen hat, seit, wie heutzutage konstatiert wird, schwere Erschütterungen kultureller Identitäten durch die in großem Ausmaß stattfindenden Migrationsbewegungen vor sich gehen, seit von Modernitätskrise, Pluralisierung der Lebensverhältnisse, Brüchen der kulturellen Orientierungen als kennzeichnenden gesellschaftlichen Problemlagen der Gegenwart die Rede ist[3].

Die Frage ist, ob sich für die Auseinandersetzung mit diesen Problemlagen etwas lernen läßt aus der Art und Weise, wie das Studium von Tora und Talmud kulturelle Identität bewirkte - einer solchen, die auch unter sich wandelnden, oftmals sogar dramatisch veränderten Bedingungen erhalten blieb.

Das Nichtbefassen heutiger Erziehungswissenschaft in der Bundesrepublik mit der kulturellen Tradition des Judentums, deren Analyse zur Er-

---

[1] Erweiterte Fassung eines Vortrages im Rahmen der Vorlesungsreihe "Das Echo des Holocaust" an der Hamburger Universität vom 5.Dezember 1991.

[2] Wie Maimonides aus dem Talmud zusammenfaßt: Keine Pflicht in der Befolgung der Vorschriften ist wichtiger als die Pflicht zum Studium der Thora, ja das Studium der Thora ist wichtiger als alle anderen Vorschriften zusammen.

[3] Vgl. dazu das Memorandum des Instituts für Sozialforschung in Frankfurt am Main: Zivile Konfliktbewältigung ist keine deutsche Tugend, in: Frankfurter Rundschau Nr. 287 (11. Dezember 1991), S.31

weiterung der Gegenstände von Erziehungswissenschaft und zu einer erweiterten und elaborierteren Sicht dieser Gegenstände in hohem Maße beitragen könnte, ist Ergebnis einer Blickverengung durch Fixierung auf die Vernichtung des europäischen Judentums im Nationalsozialismus. Wenn man nur die Schoah in den Blick nimmt, kann man auch nur die Schoah im Blick haben.

Nach einer solchen Einleitung dürfte man eine profunde Auseinandersetzung mit den Spezifika der jüdischen Kultur des Lernens und Dialogisierens erwarten, zugespitzt auf die Betrachtung jener Dimensionen, um die die Wissenschaft von der Erziehung mittels Kenntnisnahme dieser Kultur zu erweitern wäre. Dazu fehlen so gut wie alle notwendigen theoretischen Vorarbeiten. Mitteilen läßt sich jedoch das Interesse, das den folgenden Überlegungen zugrunde liegt.

Zu den Momenten, die die Krise der Moderne an ihrer Oberfläche kennzeichnen, gehört, daß es heute möglich geworden ist und sinnvoll erscheint, an Stelle der einen Welt und Wirklichkeit, die unterschiedlich wahrgenommen werden kann, die vielschichtig, komplex und objektiv ist, viele Welten und Wirklichkeiten wahrzunehmen, die sich beliebig ineinander schichten und gegeneinander austauschen lassen, weil sie sämtlich Fiktion sind. Es gibt keine Wahrheit mehr, die fortwährend gesucht werden müßte, denn Disneyland ist wirklich, nicht Menschheitsgeschichte; das, was ich auf dem Bildschirm sehe, ist wirklich; und unterdessen, während die Subjekte sich ihre sinnliche Existenz und ihre Subjektivität von den beliebigen Wirklichkeiten aufsaugen lassen, dehnt sich die kulturelle Logik des Spätkapitalismus über den Globus aus, ohne daß zu sehen wäre, daß eine Alternative, eine Logik anderer Art derzeit ausgebildet wäre.

In dieser Situation interessiert mich, wie es funktioniert, einen Text - zur Grundlage von Wirklichkeitsinterpretation zu haben, der nicht ausgetauscht wird. Der, weil er nicht ausgetauscht wird, eine Welt und Wirklichkeit konstituiert, die, wie immer komplex und vielschichtig, nicht austauschbar ist (und vor allem nicht selber Text). Ein Text, der nicht ausgetauscht werden muß, weil jeder Buchstabe und jedes Wort des Textes offen ist für die Beziehung zu den Buchstaben und Worten anderer Texte.[4]

---

4 Ouaknin, M.-A.: Das verbrannte Buch. Den Talmud lesen. Weinheim, Berlin 1990, S.140; vgl. auch Scholem, G.: Zur Kabbala und ihrer Symbolik. Zürich 1960, S.22f

Absicht der folgenden Überlegungen ist die Eröffnung dieser Frage, nicht ihre Beantwortung. Sie läßt sich auch so formulieren: Worin besteht die Differenz zwischen der Art der Textauslegung in der traditionellen jüdischen Kultur und dem poststrukturalistischen oder auch postmodernen Weltbild, wonach geschichtliche Produktion, der gesamte materielle gesellschaftliche Lebensprozeß, eine Chimäre ist, weil alles Text ist und es eine Wirklichkeit außerhalb des Textes nicht gibt? Oder einfach so: wie muß man die Welt sehen, damit man sie (weiterhin, jetzt erst recht) verändern kann?

Fragestellung

Es gibt in der rabbinischen Denktradition einen Satz, der lautet: "Es gibt keine Synthese der Widersprüche".[5] Dieser Satz entstammt der Praxis der Auseinandersetzung der Rabbinen mit der Tora. Er fußt auf dem Prinzip, daß, wenn zwei Rabbinen zu einer Schriftstelle bis zuletzt gegenteiliger Meinung blieben, es dann keine übergeordnete Instanz gab, die einer Auslegung den Wahrheitszuschlag geben konnte. Der Dissens, der Streit darüber, wie die Schriftstelle auszulegen sei, blieb bestehen. Die Schreibweise des Talmud selbst zeugt von dieser Auslegungspraxis; viele Fragen werden kontrovers behandelt, und die Bedeutung einer Frage erschließt sich häufig erst in der Kontroverse und durch sie.

Ich möchte einige Überlegungen zur möglichen bildungstheoretischen Bedeutung dieses Satzes anstellen.[6] Daß er bildungstheoretisch bedeutungsvoll sein könnte, ergibt sich daraus, daß man da, wo er Anwendung findet, davon ausgeht, daß es Fragen gibt, für die keine eindeutigen Antworten existieren; es kann also nicht auf den one best way verwiesen werden, mit dem die Probleme zu lösen wären.
Stattdessen geschieht etwas ganz anderes: Es wird ein Raum eröffnet, der zwar Orientierungsmarken für das Denken enthält, im Unterschied zur Denkweise des one best way aber keine Vorentscheidungen über die eine Art, wie man denken muß. "In Ansehung der Lehrmeinungen", erläutert Moses Mendelssohn, "sind wir frei. Wo die Meinungen der Rabbiner geteilt sind, kann jeder Jude, der ungelehrte sowohl als der gelehrte, diesem oder jenem beistimmen. ... <Diese sowohl wie jene sind Worte des

---

5 Dazu Ouaknin, a.a.O., S.127ff

6 Ich greife hierzu eine Überlegung auf, die ich in dem Aufsatz "Über die Anfänge bürgerlicher Gesprächskultur - Moses Mendelssohn (1729-1786) und die Berliner Aufklärung" angestellt habe (in: Pädagogische Rundschau (1992) Heft 1), und versuche, sie weiterzuentwickeln.

lebendigen Gottes> sagen die Rabbiner in solchen Fällen sehr weislich".[7] - Der Raum, der damit eröffnet wird, ist Raum für die Entfaltung von Subjektivität.

Die Hypothese, der ich nachgehe, lautet, daß jener Satz über die letztendliche Unmöglichkeit einer Synthese der Widersprüche in bildungstheoretischer Hinsicht die Möglichkeit birgt zur Begründung einer Art von Identität, deren Besonderheit (und zugleich Allgemeingültigkeit) darin liegt, in das Bild von sich selbst immer auch den Blick des Fremden einschließen zu müssen - einschließen zu können.[8] Es geht um die Frage nach der Möglichkeit von Identitätsbildung im Angesicht des Fremden.

Was ich dazu sagen möchte, ist heuristisch zu verstehen, nicht systematisch. Ich versuche zunächst, die spezifische Haltung der Rabbinen im Umgang mit der Schrift vor Augen zu führen und daran die Beziehung zwischen dem Umgang mit Texten und dem Problem kultureller Identität zu zeigen. In einem zweiten Schritt gehe ich der Überlegung nach, daß der Ursprung jenes Denkens des Selbst im Angesicht des Fremden in Elementen traditioneller jüdischer Gottesvorstellung liegt, die sich wesentlich von der christlichen Gottesvorstellung unterscheiden. In der Gegenwart wird dieses Denken als politische Philosophie von Hannah Arendt,[9] als philosophische Ethik von Emmanuel Levinas, als sozialwissenschaftliche Analyse und Reflexion etwa von Richard Sennett vertreten und weiterentwickelt.

Überlieferung
Der Überlieferung zufolge erhielt Moses auf dem Berg Sinai das Gesetz - die Lehre - schriftlich übermittelt, zusammen mit den mündlich übermittelten Regeln für die Auslegung. Diese Regeln sollten es ermöglichen, die Lehre zu verstehen und anzuwenden; sie wurden zusammen mit dem schriftlichen Gesetz (der Tora) von Generation zu Generation mündlich

---

7 Moses Mendelssohn in einem Brief an Wolf 1782, in: Badt-Strauss, B.: Moses Mendelssohn. Der Mensch und das Werk. Zeugnisse/Briefe/Gespräche, Berlin 1929, S.202

8 In Auseinandersetzung mit einer Formulierung Margaret Meads in ihrer Einleitung zu: Zborowski, M. E. Herzog: Das Schtetl. Die untergegangene Welt der osteuropäischen Juden, München 1991, S.12.

9 Über diese Dimension im Denken Hannah Arendts vgl. Sennett, R.: Civitas. Die Großstadt und die Kultur des Unterschieds (1990), Frankfurt am Main 1991, S.174ff

überliefert. Es bestand das Verbot, sie schriftlich zu fixieren. Es waren die Jahrhunderte der Propheten.

Nachdem Palästina, das zu der Zeit schon seit rund 100 Jahren römische Provinz war, im Jahr 70 von Rom vollständig kolonisiert und Jerusalem, und damit auch der Tempel, zerstört worden war, wurde die Entscheidung gefällt, das Verbot der schriftlichen Fixierung der mündlichen Offenbarung zu übertreten. Der jüdischen Verwaltung war ein Ende gemacht worden und Jerusalem, als geistiges Zentrum Israels, hatte hinfort von keinem Juden mehr betreten werden dürfen. Die Juden wurden in alle Himmelsrichtungen zerstreut, und in dieser Situation drohte die Gefahr, daß die Kette der Überlieferung abriß und das ganze Gesetz in Vergessenheit geriet.

Um dies zu verhindern, erschien es unumgänglich, einen Teil des Gesetzes zu verletzen, um das Ganze des Gesetzes zu erhalten: die mündliche Lehre (Mischna: das wiederholt Gelernte) wurde schriftlich fixiert. Dies war die Geburtsstunde des Talmud. Den Jahrhunderten der Propheten folgten die Jahrhunderte der Schriftgelehrten, Häupter von Lehrhäusern, die die Sammlung des mündlichen Gesetzes diskutierten und kommentierten. Die Protokolle dieser Diskussionen und Kommentierungen bilden die Gemara (=Lernstoff, Vervollständigung). Mischna und Gemara zusammen bilden den Talmud. Erst die Erläuterung und Eröffnung durch den Talmud führt in eine jüdische Lektüre der Bibel ein.

Die Niederschrift des Talmud erstreckte sich mindestens vom ersten bis ins siebte Jahrhundert; man findet verschiedene Angaben darüber, die von etwa siebenhundert bis hin zu tausend Jahren reichen. Zu dieser Niederschrift trugen zahlreiche Generationen und Schulen von Lehrmeistern bei.[10]

Anfangend mit der Synode zu Jamnia im Jahre 90, gefolgt von jahrzehntelangen lebhaften Debatten, wurde im zweiten Jahrhundert, parallel zur Niederschrift der Mischna, der Kanon der heiligen Schriften, neben den fünf Büchern Moses, festgelegt.[11] Daraus entstand der Thenach, die hebräische Bibel.[12] Der Thenach ist das geschriebene Gesetz; es gilt in sei-

---

10 Zum Folgenden Ouaknin, a.a.O., sowie Gamm, H.J.: Das Judentum. Eine Einführung (1979), Frankfurt am Main, New York 1990

11 Kritisch zum Problem der Fixierung des Kanons Paulsen, H.: Sola Scriptura und das Kanonproblem, in: Schmid, H.H. J. Mehlhausen (Hrsg.): Sola Scriptura. Das reformatorische Schriftprinzip in der säkularen Welt, Gütersloh 1991, S.61-78. Vgl. insbesondere die in Anm. 86 gegebenen Hinweise.

12 Bestehend aus Thora, Neviim und Ketuvim: Das sind die fünf Bücher Mosis bzw. der Pentateuch (Thora i.e.S.); Neviim: die ersten Propheten (die Bücher Josua, Richter, Samuel, Könige) sowie die drei Großen Propheten (Jesaja, Jeremia,

ner Gesamtheit als geoffenbart.[13] Denn es heißt (2. Mose 24,12): 'Und der Herr sprach zu Mose: Steig zu mir herauf auf den Berg, denn dort will ich dir geben die Steintafeln und die Tora und das Gebot, die ich geschrieben habe, um sie <die Israeliten> zu unterweisen.' Mit den Steintafeln sind die Zehn Gebote, mit der Tora die fünf Bücher Mose, mit dem Gebot die Mischna gemeint. Der Satzteil 'die ich geschrieben habe' wird auf die Propheten und die übrigen alttestamentlichen Schriften bezogen, der Satzteil 'um sie zu unterweisen' auf die Gemara.

Demnach empfing Mose auf dem Sinai nicht nur die beiden Gebotstafeln, sondern die Tora - die Lehre - im umfassenden Sinne, d.h. den Pentateuch (die fünf Bücher Mose) bis auf die letzten acht Verse über Moses Tod, die übrigen Bücher des Thenach, die Mose mündlich überlieferte, bis sie zu ihrer Zeit schriftlich niedergelegt wurden, sowie den gesamten Talmud in mündlicher Fassung.

Denn im Einleitungssatz zu den Zehn Geboten, 'Gott redete alle diese Worte' (2. Mose 20,1) ist schon die Mitteilung des Talmud an Mose enthalten, ja 'selbst das noch, was ein scharfsinniger Schüler vor seinem (Tora-)Lehrer <einst> vortragen wird', wie es im zweiten Talmud-Traktat heißt (p Pea II 4 <6>, 17a). "Eine fortschreitende Offenbarung", so erläutert Siegfried Bergler in seiner Talmud-Einführung, "wird nur insofern angenommen, als zwar alle Auslegung bis in fernste Zeiten auf der einen, nicht ergänzbaren Offenbarung vom Berg Sinai fußt, diese aber eben immer wieder zu Aktualisierung und neuer Entfaltung drängt. Diese Ausfaltung des ein für allemal abgeschlossenen Gotteswortes ist jedoch nichts anderes als Tora aus Gottes Mund von einst. Da die direkte Tora-Offenbarung ihren Niederschlag im Pentateuch gefunden hat, besitzt dieser nach jüdischem Verständnis gegenüber den anderen Büchern des Alten Testaments höhere Autorität. Denn die Propheten empfangen die Tora nicht mehr wie Mose 'von Mund zu Mund' (4. Mose 12,8), sondern besitzen lediglich den 'Geist der Prophetie', der ihnen die Tora weiter aufschließen hilft".[14] Je weiter eine Schrift von der direkten Offenbarungslinie entfernt ist, umso geringer ist ihre Autorität - womit umgekehrt die

---

Hesekiel) und die zwölf Kleinen Propheten (Hosea, Joel, Amos, Obadja, Jona, Micha, Nachum, Chabakkuk, Zfania, Chaggaj, Secharja, Malachi); Ketuvim: Psalmen, Sprüche, das Buch Hiob sowie das Hohelied, das Buch Rut, die Klagelieder Jeremias, der Prediger Salomo, die Bücher Ester, Daniel, Esra, Nehemia, erstes und zweites Buch der Chronik.

[13] Die folgende Darstellung ist paraphrasiert nach Bergler, S.: Talmud für Anfänger. Ein Werkbuch, Hannover 1991, S.16ff

[14] Bergler, a.a.O., S.17f

unbezweifelbare Autorität der auf dem Sinai erfolgten Offenbarung unterstrichen wird.

Wer betrieb die Überlieferung und ihre weitere Entfaltung?[15] Zur Vorgeschichte der Kanonisierung der heiligen Schriften sowie der Schriftlegung des mündlichen Gesetzes gehören die Soferim, Schriftgelehrte oder "Leute der Großen Versammlung", die im sechsten vorchristlichen Jahrhundert gegründet wurde. Ihre unmittelbare Wirkungsgeschichte dauerte etwa zweihundert Jahre; ihre Bedeutung wird unter anderem darin gesehen, daß "sie alle Buchstaben der Tora zählten".[16] Sie leisteten damit einen wichtigen Beitrag dazu, das Wort so zu erhalten, wie es der Überlieferung zufolge offenbart worden war. Auf die Soferim folgten die Zugot, jeweils ein Zweierpaar von Lehrmeistern, die gemeinsam regierten und gesetzgeberisch tätig waren. Ihre Periode währte bis zu Hillel und Schammai, in die Zeit von König Herodes hinein.

Mit den Schülern dieser beiden setzte die Periode der Tannaim (d.h. Wiederholer), von 10 bis 220 christlicher Zeitrechnung, ein. Seither werden die ordinierten Lehrmeister 'Rabbi' genannt. Die Tannaim sind die Lehrmeister und gewissermaßen Redakteure der Mischna; sie lehrten und fixierten das mündliche Gesetz, das von R. Jehuda ha Nassi im 2. Jahrhundert abschließend niedergelegt wurde. Ihnen folgten zwischen 200 und etwa 500 christlicher Zeitrechnung die Amoraim (d.h. Interpreten), die die Mischna erklärten und kommentierten. Die durch die Amoraim vorgenommenen Interpretationen der Mischna sind es, die unter der Bezeichnung Gemara zusammengefaßt werden. Die Schlußredaktion des Talmud wurde zwischen 500 und 640 durch die Saboraim (d.h. Denker) vorgenommen. "Sie versahen", so formuliert Ouaknin, "den Talmud mit den letzten Tupfern, vertraten ihre Ansicht zu den unbegrenzten Diskussionen".[17]

Die Namen und Beiträge aller jener Lehrmeister der verschiedenen Perioden und Schulen tauchen im Talmud auf; es sind Hunderte, Tausende von Gelehrten (man findet die Zahl 2.800 angegeben), die auf diese Weise zur Tradierung, Kommentierung und Auslegung der Tora beigetragen haben. Ohne einen Pluralismus der Interpretation wäre es kaum möglich gewesen, die Beiträge so vieler zur Tradierung der Lehre, des Gesetzes, zu vereinigen. Und eben dieser Pluralismus der Interpretation bildete auch die Voraussetzung dafür, die Lehre über die Zeit zu wahren

---

15 Kritisch dazu Strack, H.L. Stemberger, G.: Einleitung in Talmud und Midrasch, München 1982, S.71ff

16 Ouaknin, a.a.O., S.31

17 Ouaknin, a.a.O., S.76

und sich verändernden Bedingungen gegenüber elastisch zu halten. - Das Prinzip des Interpretationspluralismus existiert in der jüdischen Auslegungspraxis übrigens bereits in der Auslegung der Tora, vor der Schriftlegung des Talmud. Es gründet sich auf den Bibelvers "Eines hat Gott gesprochen, zwei Dinge sind es, die ich vernahm" (Psalm 62,12).

Vom Umgang mit der Schrift

Es gehört zu den unterscheidenden Merkmalen rabbinischer Auslegungspraxis, daß sozusagen nicht hinter den Text geblickt wird. Eine grammatische oder literarische Analyse des Textes oder eine kritische Textrevision mit den Mitteln und Fragestellungen moderner Philologie und Linguistik ist aus traditioneller Sicht bedeutungslos. Daß nicht hinter den Text geblickt wird, ist eine andere Formulierung dafür, daß der Text als geoffenbart gilt. Es gibt keine Verifikationsinstanz für Textdeutungen wie in der Hermeneutik, die auf der abendländischen philosophischen Tradition beruht und als mögliche Verifikationen z.B. eine historische und psychologische Rekonstruktion der Persönlichkeit des Textproduzenten oder eine historische Rekonstruktion der sachlichen und sozialen Umstände der Textproduktion vorsieht.[18] Auch das Nachzeichnen der wirkungsgeschichtlichen Traditionen des Textes ist in der rabbinischen Auslegungspraxis unüblich. Hieraus ergibt sich unter anderem der Sachverhalt, daß es kein Veralten von Talmudkommentaren gibt im Sinne der Haltung gegenüber Schriften oder Autoren, wie wir sie sonst kennen, derzufolge es gang und gäbe ist, Literatur für überholt zu halten, sobald es einen neuen, möglicherweise elaborierteren Forschungsstand gibt. Dieser Verzicht auf die Verifikation des Textes im Sinne der genannten Prozeduren hängt mit der im Talmud verbreiteten Praxis differierender Lehrmeinungen zusammen. Es gibt keine Instanz, die befugt wäre festzulegen, welche Auffassung die einzig korrekte ist.[19]

Der Tiefe des Blicks in den Text hinein, in seine Bedeutung, die immer wieder erneuert werden muß, ist dagegen keine Grenze gesetzt. Aber eben dies funktioniert nur genau so lange, wie die Einzigartigkeit des Textes, die Unwiederholbarkeit der Offenbarung, außer Zweifel steht. Das heißt: es ist aus der Perspektive jüdischen Glaubens zum Beispiel unerheblich, daß eine kritische Bibelwissenschaft ihrerseits begründete

---

[18] Vgl. Knobloch, C.: Text, in: Sandkühler, H.J. u.a. (Hrsg.): Europäische Enzyklopädie zu Philosophie und Wissenschaften, Bd.4., Hamburg 1990, S.575

[19] Vgl. dazu auch Leibowitz, J.: Gespräche über Gott und die Welt. Mit Michael Shashar (1987), Frankfurt am Main 1990, S.144f

Zweifel an der historischen Stichhaltigkeit bestimmter Aspekte der Überlieferung anmelden kann. Tatsächlich ist die Frage danach, ob die Tradition im geschichtswissenschaftlichen Sinn korrekt ist, aus bildungstheoretischer Perspektive ebenfalls (zumindest zunächst) zweitrangig, denn aus bildungstheoretischer Perspektive interessiert (zumindest zunächst) die formale Seite des jüdischen Lernens.

Woraus ergibt sich die Tiefe eines Textes, so daß der Sinn des Textes immer wieder erneuert werden kann? Die Annahme, die dazu erforderlich ist, ist die einer Differenz zwischen Zeichen und Bezeichnetem - Bewußtheit über die Materialität der Zeichen, die diesen ihre Eigenständigkeit und damit das Potential wahrt, neu gelesen, neu interpretiert werden zu können. Zugespitzt könnte man sagen, daß die rabbinische Interpretationspraxis geradezu ihren Ursprung hat im Aufrechterhalten der Bewußtheit darüber, daß der Text mehr enthält, als er enthält.[20]Das Bilderverbot ist in diesem Zusammenhang deshalb so zentral, weil das Bildermachen gerade eben eine bestimmte Interpretation festschreibt, indem es die Differenz zwischen Symbol und Bedeutung zusammenschnurren läßt und auf diese Weise dazu führt, daß das Symbol selbst für die Bedeutung genommen wird. Im Bilderverbot steckt mithin eine ganz grundsätzliche zeichentheoretische Position, die sich aus der Kulturgeschichte des Judentums heraus weiter erhellen ließe. Die biblische Geschichte selbst ist "ein Prozeß der ständigen Überwindung der natürlichen Neigung zum Götzendienst", die, wie Leibowitz feststellt, "im jüdischen Volk und in der gesamten Menschheit verwurzelt war - und immer noch verwurzelt ist".[21]

Wie ist es zu verstehen, daß ein Text mehr enthält, als er enthält? In der jüdischen Tradition werden vier Stufen der Lektüre unterschieden: Peschat: einfacher oder wörtlicher Sinn; Remes: anspielender Sinn; Derascha: erbetener Sinn; Sod: versteckter oder geheimer Sinn. Die Anfangsbuchstaben dieser vier Wörter bilden eine Sigle, die sich Pardes ausspricht (=Obstgarten oder Paradies).[22] Es gibt Kommentatoren, deren Spezialität in der möglichst präzisen Darlegung des einfachen Sinns von Textabschnitten liegt und solche, die sich hauptsächlich der Erforschung des verborgenen Sinns gewidmet haben; es gibt Bemühungen, den Sinn von Textabschnitten durch die Relationierung von wortwörtlichem und erbetenem Sinn zu erhellen oder von wortwörtlichem und anspielendem Sinn. Aus dieser Offenheit der Lektüre, die auf der Interpretierbarkeit der

---

[20] Ouaknin, a.a.O., S.218
[21] Vgl. Leibowitz, a.a.O., S.65
[22] Ouaknin, a.a.O., S.104; Scholem, a.a.O., S.52,76ff

Zeichen selbst basiert, resultieren Interpretationen des Textes, die vielfältige, möglicherweise gegensätzliche oder miteinander unvereinbare, Lesarten ergeben können.

Durch die vier Stufen der Lektüre werden mögliche Bedeutungsebenen des Textes erschlossen, wobei man es auf jeder einzelnen Stufe jeweils mit verschiedenen Graden der Präsenz der Bedeutung zu tun hat. - Ich beziehe mich auf Darlegungen von Henri Atlan (1982); danach ist

- die Ebene des Peschat gekennzeichnet durch die vollständige Präsenz der Bedeutung im Text; jedes Wort kann im Kontext des Satzes oder der Passage erklärt werden.

- Auf der Ebene des Remes (der Anspielung) ist die Bedeutung im Text bereits nicht mehr vollständig präsent, sondern muß, unter Absehung von den logischen Dimensionen des Raums und der Zeit, sozusagen unter Nutzung der elliptischen Form des Textes erschlossen werden. Bereits auf dieser Ebene wird die binäre Logik von Wahr und Falsch verlassen, um in die Logik des Sinns einzutreten. Man denke z.B. an den Traum, dessen Logik sich ja nicht entlang einer Unterscheidung zwischen Wahr und Falsch erschließt.

- Auf der Ebene des Derascha (des erbetenen Sinns) ist die Bedeutung des Textes dem Text selbst abwesend, und diese Abwesenheit muß ausgefüllt werden. Man ersucht den Text um etwas, und die Erklärung knüpft sich nicht an etwas, was sich im Text findet, sondern an etwas, was darin fehlt. "So präsentiert der Text, der sich auf der Ebene des Peschat vollkommen genügen und überhaupt kein Problem stellen kann, trotz alledem einen Mangel: Indem man über etwas Fragen stellt, was er nicht sagt" und damit etwa Fragen zu seinem nicht gesagten Kontext hinzufügt.

- Auf der Ebene des Sod wird dem Text in einem noch ausschließlicheren Maße Bedeutung erst durch Interpretation zugeschrieben; hier wird nicht einmal mehr darauf Bezug genommen, daß, wie beim Derascha, der Text selbst fordert, daß man ihn ersuche, indem man sich beispielsweise auf einen Mangel oder fehlenden Anspruch des Textes bezieht. "Diese Ebene des Kommentars findet man im wesentlichen in der kabbalistischen Literatur. Ihr grundsätzliches Prinzip besteht darin, daß der geschriebene Toratext wie ein verschlüsselter Text angesehen werden muß", dessen Bedeutungen überhaupt keinen Bezug mehr zum Text haben - "wenn nicht eben einen formalen..., den man zum Beispiel finden kann, indem man die Worte zerschlägt und die Buchstaben auf unterschiedliche Arten neu gruppiert". Auf diese Weise kann der Sod, die versteckte Bedeutung, einen Peschat mit, unter Umständen ganz einfacher, neuer Bedeutung rekonstituieren.[23]

Allerdings gibt es in der rabbinischen Interpretationspraxis nicht so etwas wie eine enzyklopädische Festlegung dieser Auslegungsebenen.[24] Neben dieser relativ weit verbreiteten Annahme von vier Bedeutungsstufen des Textes stehen außerdem weitere, die sich ebenfalls aus Textstellen der Tora herleiten lassen oder auf Passagen im Talmud berufen.

So besagt eine andere These, die bei Gershom Scholem referiert ist, daß jedes Wort, ja jeder Buchstabe, siebzig Aspekte (wörtlich: Gesichter) hat. Diese These ist aus einem talmudischen Motiv heraus entwickelt worden. Danach ist Siebzig die traditionelle Anzahl der Ethnien, die die Erde bewohnen. Im Talmud heißt es, daß jedes Gebot, das bei der Offenbarung am Sinai aus Gottes Mund hervorkam, sich zerteilte und in allen siebzig Sprachen vernommen werden konnte. Die siebzig Aspekte sind die Geheimnisse, die in jedem Wort entdeckt werden können.[25] Eine dritte These schließlich besagt, daß die Tora, die in ihrem sichtbaren Bestand rund 340.000 Buchstaben enthält, auf geheimnisvolle Weise doch 600.000 Zeichen umfaßt; diese These steht in Verbindung mit der Annahme, daß die Gesamtzahl der Seelen Israels, die aus Ägypten auszogen und am Sinai die Tora empfingen, 600 Tausend betrug. "In jeder Generation gibt es, nach den Gesetzen der Seelenwanderung und der Verteilung der Funken, in die die Seele zerstäubt, diese 600.000 Grundseelen in Israel", und demnach besäße jeder Einzelne einen Buchstaben, an den seine Seele gebunden ist und der es ihm erlaubt, die Tora auf seine besondere und individuelle, nur ihm vorbehaltene Weise zu verstehen.[26]

Welche dieser Annahmen nun auch immer zugrunde gelegt wird: Die verschiedenartigsten Interpretationen erreichen immer nur einen Teil der Möglichkeiten des Textes[27] - und stets wird davon ausgegangen, daß auch die Nachgeborenen, die Schüler, die, die noch gar nicht geboren sind, noch eigene, ganz unvorhergesehene Lesarten hervorbringen werden. Wäre die Interpretation abschließbar, dann hätte das Studium des Textes im selben Moment ein Ende, und es ginge nur noch darum, ihn auswendig zu lernen. In jedem Fall handelt es sich auf allen Stufen der

---

23 Atlan, H.: Niveaux de signification et l'athéisme de l'écriture, in: La Bible au présent, o.O. 1982; zit. nach Ouaknin, a.a.O., S.107ff

24 Vgl. Scholem, a.a.O., S.80ff

25 Scholem, a.a.O., S.86

26 Scholem, a.a.O., S.89f

27 Ouaknin, a.a.O., S.226

Lektüre und bei jeder Interpretationsart um eine zirkuläre Bewegung, die sich gewissermaßen zwischen dem Text und dem Interpreten abspielt, ohne daß die Tora als Ganze in die zirkuläre Bewegung einbezogen wäre.[28] Die Tora bildet in der jüdischen Interpretationspraxis stets den absoluten Ausgangspunkt der Interpretation. Denn der Text ist präsent, aber zugleich gilt er als nicht von dieser Welt; er ist sichtbar und unsichtbar zugleich.[29]

An dieser Stelle scheint auch eine bildungstheoretische Konsequenz des Satzes 'Es gibt keine Synthese der Widersprüche' auf. "Alle Interpretationen", schreibt Ouaknin, "sind definitiv in dem Sinne, ...wie jede einzelne von ihnen für den Interpreten der Text selber ist; aber gleichzeitig sind sie provisorisch, da der Interpret weiß, daß er seine eigene Interpretation unendlich vertiefen muß. In dem Maß, wie sie definitiv sind, sind diese Interpretationen parallel, soweit die eine die anderen ausschließt, ohne sie jedoch zu verneinen".[30] Der Prozeß der Interpretation ist gleichzeitig Entfaltung von Subjektivität, lebenslanger Prozeß der Entwicklung der Persönlichkeit.[31]

Diesem Textverständnis zufolge ist die Tora das Fenster zum Unendlichen. Insofern ermöglicht das Studium der Tora den Fortgang und die Erneuerung von Menschheitsgeschichte. Darin besteht der Sinn der Rede vom Erwähltsein des jüdischen Volks, das dadurch, daß es 'das Joch der Tora auf sich genommen' hat, den Fortgang der Menschheitsgeschichte ermöglicht. Die säkulare Version dieser Praxis der Wahrung der Offenheit und Unabschließbarkeit der Textinterpretation besteht im Offenhalten

---

[28] Eher wäre es wohl zutreffend, sich vorzustellen, daß der Textrezipient sich durch Lektüre und Interpretation in eine zirkuläre Bewegung begibt.

[29] Vgl. Ouaknin, a.a.O., S.226

[30] Ouaknin a.a.O., S.227

[31] Vgl. dazu insgesamt Abram, I.H.B.: Joodse traditie als permanent leren, Hilversum 1980. - "In de Talmud worden steeds de discussies en meningsverschillen vermeld, maar niet altijd de conclusies. Leren is het voortdurend stellen van vragen en het luisteren naar antwoorden. De antwoorden staan steeds ter discussie. Er zijn wel pogingen ondernomen om de resultaten van de discussies samen te vatten, maar die diende nooit ter vervanging van de talmudtekst. De samenvattingen zijn nooit als eindpunten bedoeld, maar juist als beginpunten voor verdere studie", so Schmuel Safrai im Interview mit Abram, a.a.O., S.7 <"Im Talmud werden immer Diskussionen und Meinungsunterschiede dargestellt, jedoch nicht immer ihre Folgerungen. Lernen heißt, permanent zu fragen und auf Antworten zu hören. Die Antworten stehen wiederum zur Diskussion. Es gab einige Versuche, die Diskussionsergebnisse zusammenzufassen, aber das führte nie zur Ersetzung des Talmudtextes. Diese Zusammenfassungen waren niemals als Endpunkt gedacht, sondern als Beginn neuen Studiums." - Übers. M.H.>

von Zukunft und der Möglichkeit von Utopie. - Die Rede vom Ende der Geschichte, nun, da sich der Kapitalismus als die beste aller möglichen Welten erwiesen habe, wäre im Lichte dieser Interpretationshaltung nichts als ein Götzenbild.

Völlig vereinbar mit dem Rahmen jüdischer Interpretationspraxis ist dagegen eine Vorstellung, die durchaus im Gegensatz zu jener von der Tora als Offenbarung Gottes steht. So gibt es innerhalb des Judentums eine Auffassung (Leibowitz etwa vertritt sie), derzufolge die mündliche Tora entscheidet, daß die Tora die heilige Schrift ist; derzufolge die mündliche Tora ohne Zweifel ein menschliches Produkt ist und auch die göttliche Tora von Menschenhand geschrieben wurde.[32] Die, sozusagen, idealistische und die, sozusagen, materialistische Auffassung vom Status der Tora laufen in dem Punkt überein, wonach Judentum bedeutet, das Joch der Tora und der Mizwoth auf sich zu nehmen, sprich Tora zu studieren und die rituellen Vorschriften zu befolgen. Es bedeutet (wie gesagt) nicht, daß man sich darüber einig sein muß, wie die zugrunde zu legenden Glaubenssätze lauten.

Griechische und hebräische Rede

Es gibt in der hebräischen Tradition eine Vorstellung, die besagt, daß Gott als Unendliches die Existenz der Welt als einer endlichen ermöglicht hat durch seinen Rückzug aus der Welt. Durch den Rückzug (d.h. durch seine radikale Abwesenheit, durch sein Exil) hat er Platz für den endlichen Raum geschaffen und gleichzeitig eine Spur des Unendlichen im Endlichen, in der Menschenwelt, hinterlassen. Die Spur des Unendlichen ist zusammengezogen in den Buchstaben der Tora. Das Unendliche aber ist das strukturell Abwesende, das schlechthin Andere, das Fremde.[33] Anders als in der christlichen Gottesvorstellung, wonach die Vermittlung der Menschheitsgeschichte mit dem Reich Gottes durch Jesus ein für allemal stattgefunden hat, gibt es nach jüdischer Vorstellung eine solche Vermittlung des Endlichen mit dem Unendlichen nicht - außer im Studium der Tora und in der Befolgung der Mizwoth. Auf dieser Vorstellung vollständiger Exteriorität (oder Transzendenz) Gottes fußt eine Konzeption des anderen Menschen als eines radikal Fremden: Jeder einzelne Mensch verdeutlicht mit seiner Existenz einen Aspekt der unendlichen Andersartigkeit - Fremdheit - Gottes.

---

32 Leibowitz, a.a.O., S.125. - Über die Beziehungen zwischen schriftlicher und mündlicher Thora vgl. auch Scholem, a.a.O., S.71
33 Vgl. Ouaknin a.a.O., S.287ff; Scholem, a.a.O., S.148ff

Um eine solche Konzeption des anderen Menschen als des schlechthin Anderen, Fremden, kreist die Philosophie von Emmanuel Levinas. Ich möchte sie hier einbeziehen und vorzustellen versuchen als eine philosophische Konzeption, mit deren Hilfe eine Theorie der Interkulturalität, interkultureller Bildung, grundgelegt werden könnte. Ich schlage vor, sich Levinas' Konzeption des Anderen als jener Gottesvorstellung (zumindest) analog vorzustellen.[34]

Levinas' Philosophie eines, wie sie genannt worden ist: 'extremen Humanismus' geht von der Vorstellung aus, erst der Andere, indem sein Gesicht zu mir spricht, ermögliche mein Selbst. Bezogen auf die Frage kultureller Identität hieße das: Erst durch den Verzicht darauf, daß der Andere mir begreiflich, auf den Begriff zu bringen sei, indem ich ihn mir angleiche nach dem Bild meiner selbst - ein Prozeß, der stets zur Tötungsabsicht wird, wenn er an seine Grenze stößt, weil der Fremde sich dem Auf-den-Begriff-gebracht-Werden (früher oder später) verweigert - erst also indem ich darauf verzichte, mir den Anderen ähnlich zu machen, ihm seine Fremdheit zu nehmen, kann ich meine eigene Identität bilden.

In seiner Auseinandersetzung mit Levinas schreibt Derrida, dieses Denken rufe uns zur Dislokation des griechischen Logos und damit zur Dislokation unserer Identität[35] auf: "es ruft uns auf, den griechischen Ort und vielleicht den Ort überhaupt zu verlassen, damit wir auf etwas zugehen, das selbst kein... Ort mehr ist... hin auf das Andere des Griechischen".[36] "Aus der Erfahrung des Eros und der Vaterschaft" - Beziehungen, die, philosophisch betrachtet, jenseits eines Denkens liegen, demzufolge das Absolute des Anderen meinem Selbst gleich sein muß - und "aus der Erwartung des Todes" müßte in der Tat, so Derrida, ein Verhältnis zum Anderen hervorgehen, das sich nicht mehr als eine Modifizierung des einzigen, einen und einheitlichen Seins verstehen läßt. Gemeint ist ein Verhältnis zum Anderen, das nicht darauf gegründet ist, die Vielfalt unter die Herrschaft der Einheit zu stellen. Die griechische Rede vom Menschen als Maß aller Dinge führt dazu, daß, wer die Begriffe beherrscht, definiert, wie der Andere zu sein hat - einschließlich eines Begriffs der

---

34 Auf die Gefahr hin, durch Rückverweis auf jene im jüdischen Denken präsente Idee des Unendlichen den Grundzug der Philosophie Levinas', der nicht religionsphilosophisch, sondern ethisch ist, zu naiv zu denken.

35 "und vielleicht der Identität im allgemeinen"

36 Von hier aus greift er die Unterscheidung zweier historischer Reden, der griechischen und der hebräischen, auf; vgl. Derrida, J.: Gewalt und Metaphysik. Essay über das Denken Emmanuel Levinas', in: ders.: Die Schrift und die Differenz, (1967) Frankfurt am Main 1976, S. 126

Weiblichkeit, "die als Materie in den Kategorien der Aktivität und Passivität gedacht wird".[37]

Levinas' Denken zielt auf einen Pluralismus, "der nicht mehr in einer Einheit zusammenfließt".[38] Dazu muß der Bann der griechischen Rede, der immer wieder dazu führt, den Anderen nach dem Bild der Einheit zu denken, gebrochen werden. Sich die Position Levinas' verdeutlichend, schreibt Derrida: Die Platonische Geste - die Idee des Guten, welches über das Sein gestellt ist, als Chiffre für die Idee des Unendlichen[39] - werde solange wirkungslos sein, wie die Vielheit und Andersheit nicht als absolute Einsamkeit des Seienden in seinem Sein verstanden wird.[40]In der Denkweise jener vorhin paraphrasierten Gottesvorstellung bei Levinas: Die Idee des Guten wird solange eine wirkungslose philosophische Geste bleiben, wie die Vorstellung einer strukturellen Abwesenheit Gottes (oder ein dem entsprechendes Denken der Transzendenz) nicht zu Schrecken und Entsetzen über das Ausmaß der Verantwortung, also zum Frieden, geführt hat.[41]

"Das Unendliche, das Transzendente, den Fremden denken, heißt also nicht", so erläutert Levinas, "einen Gegenstand denken. Aber das zu denken, was nicht die Konturen eines Gegenstandes hat, heißt in Wirklichkeit, mehr oder Besseres zu tun als zu denken. Der Abstand der Transzendenz entspricht nicht der Distanz, die in allen unseren Vorstellungen den mentalen Akt vom Gegenstand trennt; denn der Abstand, in dem sich der Gegenstand hält, schließt den Besitz des Gegenstandes... ein".[42]Das Denken, das sich auf den Habitus des Besitzens oder auch nur des Besitzenkönnens, Besitzenwollens gründet, erzwingt das Gebot 'Du sollst nicht

---

37 Derrida, a.a.O., S.137. Derrida bezieht sich hier auf eine Passage im Werk von Levinas, in der dieser sich gegen den 'eleatischen Begriff des Seins' wendet. Zum Denken der antiken griechischen Philosophenschule in Elea (Unteritalien) vgl. die konzise Darstellung in Störig, H.J.: Weltgeschichte der Philosophie, Frankfurt am Main, Olten, Wien 1985, S.131ff. Störig zufolge hat diese frühe Philosophie ihr Hauptmotiv in der Attacke gegen die "viele menschliche - und allzu menschliche - Züge tragenden Götter" der alten griechischen Religion; in diesem Motiv stimmt sie mit der Hauptstoßrichtung des talmudischen Judentums jedoch überein; vgl. Scholem, a.a.O., S.117ff

38 Levinas, zit.nach Derrida, a.a.O., S.137

39 Derrida, a.a.O., S.131

40 Derrida, a.a.O., S.137

41 Levinas, E.: Totalität und Unendlichkeit. Versuch über die Exteriorität, (1980) Freiburg, München 1987, S.288 (Verantwortung), S.445, (Frieden); Derrida, a.a.O., S.138 (Entsetzen und Schrecken)

42 Levinas, a.a.O., S.61

töten'; es gibt den Rahmen ab, innerhalb dessen ein solches Gebot Sinn hat.

Levinas zielt auf etwas Weitergehendes; er will auf ein Denken hinaus, das, jenseits des Verbots zu töten, zu der Überlegung führt, daß es gar nicht möglich ist, den Anderen zu töten, weil meine Macht an der im Gesicht des Anderen sprechenden absoluten Andersheit des anderen Menschen endet.[43]

Interkulturalität

Manchmal wird aus jüdischer Perspektive darüber nachgedacht,[44] ob Konsequenzen aus dem Umstand gezogen werden sollten, daß ausgerechnet von dem Land, in dem der Prozeß der Assimilation der Juden an die umgebende Lebenswelt am weitesten gediehen war, das Vernichten ausging - ein Vernichten, das Ausdruck absoluten Verzichts auf das Verstehen des Anderen war[45] und das nicht zuletzt aus jener (auch wissenschaftlichen) Haltung hervorging, die Verstehen als Sich-hinein-Versetzen-in-den-Anderen konzipiert. Es ist die Frage zu stellen, ob die Hoffnung auf kulturelle Symbiose, wie sie von nichtjüdischer Warte heute zuweilen formuliert wird, nicht noch immer Teil der griechischen Rede ist.[46] Der Duden definiert Symbiose als 'Zusammenleben verschiedenartiger Völker mit beiderseitigem Nutzen'. Was ist mit dem Zusammenleben verschiedenartiger Völker ohne gegenseitigen Nutzen?

Ich möchte an den Schluß meiner Überlegungen den Vorschlag stellen, sich Urbanität als den Raum von Begegnungen ohne gegenseitigen Nutzen vorzustellen. Urbanität wäre demnach Raum der Interkulturalität als eines Modus der Identitätsbildung, der nicht auf Automatismen der Art hinausläuft, wonach die Anderen so sind wie ich oder doch mir hinreichend ähnlich - und wenn das nicht der Fall ist, dann bricht meine Identität alsbald zusammen (mit den bekannten und im Moment besonders drastisch vorgeführten Folgen).

---

[43] Levinas, a.a.O., S.283ff; siehe auch Taureck, B.: Lévinas. Zur Einführung. Hamburg 1991, S.106

[44] Vgl. Mosse, G. L.: Das deutsch-jüdische Bildungsbürgertum. In: Koselleck, R. (Hrsg.): Bildungsbürgertum im 19. Jahrhundert. Teil II. Bildungsgüter und Bildungswissen, Stuttgart 1990.

[45] Vgl. Levinas, a.a.O., S.284.

[46] Zur Frage einer Symbiose zwischen der jüdischen und der deutschen Kultur vgl. auch Leibowitz, a.a.O., S.69.

In Anknüpfung an Hannah Arendt fragt Richard Sennett in gleicher Richtung wie Levinas, nämlich danach, wie denn Identitätsbildung im Angesicht des Fremden denkbar wäre. In seiner Formulierung: "Wie müßte eine moderne Kunst der Selbstpreisgabe aussehen?"[47]

Noch einen Schritt davor: Wie ist das Zusammenleben der Fremden denkbar? In der politischen Philosophie Arendts wird der Mensch im Exil deshalb als Inbegriff des Städters aufgefaßt, "weil er mit anderen umgehen muß, die niemals verstehen können, wie es an dem Ort war, den er verlassen hat. Der Exilierte muß eine Grundlage für ein gemeinsames Leben mit diesen anderen finden, die nicht verstehen und nicht verstehen können. Eine gemeinsame Geschichte fehlt, und deshalb gilt es, das Leben auf eine weniger persönliche Basis zu stellen. In einer Diskussion etwa über das, was gerecht und ungerecht sei, muß man sich auf die Prinzipien der Gerechtigkeit berufen und nicht auf die Traditionen einer bestimmten ethnischen Gruppe. Das Prinzip wird maßgeblich und verdrängt die Gemeinsamkeit von Brauch und Sitte".[48]

Diesen Problemzugriff betrifft im Kern bereits der Vorschlag, den vor mehr als 200 Jahren Moses Mendelssohn gemacht hat, um sich, den Seinen und den Anderen einen Rahmen fürs Zusammenleben in der Großstadt, es ging zunächst um Berlin (im weiteren um Europa), vorstellbar zu machen. Dazu, daß dieser Vorschlag alsbald verworfen wurde, hat - unbeabsichtigt? - Kant beigetragen.

In seiner 1783 erschienenen Schrift "Jerusalem" legt Mendelssohn dar, welche verheerenden Konsequenzen es für das Zusammenleben der Angehörigen der verschiedenen Religionen haben müßte, wenn man versuchen wollte, sie sich alle auf gemeinsame Glaubensgrundsätze einigen zu lassen. In sehr lesenswerter Argumentation führt er aus, daß solche Versuche letztlich darin enden müssen, Andersdenkende, Abweichler, alle die, die sich nicht auf die als gemeinsame postulierte Grundlage einigen können oder wollen, zu unterdrücken oder zu vernichten. Die Alternative, die er am Beispiel seiner eigenen, der jüdischen Religion plausibel zu machen versucht, gründet darauf, daß die Zugehörigkeit zum Judentum keineswegs das Verfechten eines bestimmten Rahmens von Glaubensgrundsätzen zwingend erfordere, sondern, daß zwingend erforderlich nur

---

47 Sennett, a.a.O., S.184.
48 Sennett, a.a.O., S.179, Elemente des Denkens Arendts paraphrasierend, die sich auf das Verständnis der Großstadt als Form des Zusammenlebens beziehen.

die Befolgung des Gesetzes, der Vorschriften, sei. Dies aber stand in keinem theoretischen und im Prinzip auch in keinem praktischen Gegensatz zur Ebene staatsbürgerlicher Allgemeinheit als der Ebene juristischer und politischer Emanzipation und Universalisierung im Hinblick auf die neue bürgerliche Gesellschaft. Der Sinn der Rede Mendelssohns bestand darin zu zeigen, daß Judesein und staatsbürgerliche Gesetzestreue völlig vereinbar wären; daß zum Mittragen moderner bürgerlicher Verfassung weder nötig sein würde, dem Judentum abzuschwören, noch, die verschiedenen religiösen Überzeugungen der potentiellen Staatsbürger über einen Kamm zu scheren.

Bevor auch nur annähernd hinreichend Gelegenheit war, diesen Vorschlag zu durchdenken, bot Kants Kritik der jüdischen Religionsauffassung den Vorwand, zur Tagesordnung zurückzukehren.

Kant schreibt: "Der jüdische Glaube... ist ein Inbegriff bloß statutarischer Gesetze, auf welche eine Staatsverfassung gegründet war". - "Das Judentum ist eigentlich gar keine Religion, sondern bloß Vereinigung einer Menge Menschen, die... sich zu einem gemeinen Wesen unter bloß politischen Gesetzen formten." Gott werde nach Art eines weltlichen Regenten verehrt, der "an das Gewissen gar keine Ansprüche tut".- "Obzwar die zehn Gebote... schon als ethische vor der Vernunft gelten, so sind sie in jener Gesetzgebung gar nicht mit der Forderung an die moralische Gesinnung in Befolgung derselben gegeben, sondern schlechterdings nur auf die äußere Beobachtung gerichtet worden." - Ein Gott, "der bloß die Befolgung solcher Gebote will, dazu gar keine gebesserte moralische Gesinnung erfordert wird, ist doch eigentlich nicht dasjenige moralische Wesen, dessen Begriff wir zu einer Religion nötig haben".[49]

Ohne auf diese Position und Kants Intentionen weiter einzugehen, möchte ich im Hinblick auf die hier interessierende Fragestellung zu bedenken geben, ob die Haltung, die Kant hier verwirft, nicht gerade eine ist, mit der sich erste Schritte interkulturellen Zusammenlebens tun ließen. Denn warum jemand die politischen und juristischen Gesetze befolgt, die die Basis solchen Zusammenlebens sein könnten, dürfte wohl keine Frage sein, von deren Beantwortung jemand anderer abhängig machen dürfte, ob jener hierbleiben darf oder nicht.

---

[49] Kant, I.: Die Religion innerhalb der Grenzen der bloßen Vernunft (1793); Der Streit der Fakultäten (1798). Hier zit. n. Graupe, H.M.: Die Entstehung des modernen Judentums. Geistesgeschichte der deutschen Juden 1650-1942. Hamburg 1969, S.149.

Ido B. H. Abram
Rassenwahn und Rassenhaß - Lehren aus der Schoah[1]

Warum wurde der erste Mensch einzeln erschaffen? Um des Friedens unter den Menschen willen. So kann sich niemand je Dir gegenüber erheben, weil seine Herkunft besser sei als die Deine. [2]

Von der Schoah sprechen

Schoah ist das hebräische Wort für Katastrophe. Es ist aber auch ein Begriff für die Judenverfolgung im Europa der Jahre 1933 bis 1945 geworden, für die von den deutschen Nationalsozialisten organisierte, planmäßige Vernichtung von sechs der neun Millionen europäischen Juden.

Im Jahre 1957, zwölf Jahre danach, sprach der jüdische Philosoph Abraham Joshua Heschel in einem Vortrag in Jerusalem von seiner Befürchtung, wir - er meinte Juden und Nichtjuden - könnten diese sechs Millionen vergessen und sie damit ein zweites Mal vernichten[3]. Heute, 1990, scheinen seine Befürchtungen unbegründet gewesen zu sein. Literatur und Kunst, auch die populäre, haben sich intensiv des Holocausts als Thema angenommen. Das Wort Holocaust selbst, der griechische Ausdruck für die Schoah, und Begriffe wie Nazi, Konzentrationslager, Deportation oder Auschwitz sind in den alltäglichen Sprachgebrauch aufgenommen. Eine Reihe von Aspekten des Holocaust werden wissenschaftlich untersucht, und auch im Unterricht wendet man sich der Judenverfolgung von 1933 bis 1945 zu. Das gilt auch für Museen und Massenmedien. Doch hat diese Entwicklung auch eine Kehrseite: im öffentlichen und politischen Diskurs wird der Begriff Holocaust allmählich zum Synonym für all das, was in unseren Augen schlecht und verwerflich ist. Wenn wir dieser Tendenz folgen und aus der Schoah eine Metapher für jedes Leid und jedes Ungemach jedes Individuums und jeder Gruppe auf der Welt machen,   werden die sechs Millionen, von denen Heschel

---

[1] Dies ist der für dieses Buch eigens überarbeitete Text der Antrittsrede von Prof. Dr. Abram anläßlich der Annahme einer außerordentlichen Dozentur an der pädagogischen Fakultät der Universität Amsterdam, gehalten am 15.Mai 1990. Übersetzung aus dem Niederländischen von Matthias Heyl

[2] Babylonischer Talmud, Mischna Sanhedrin 4:5. Dieser Satz ist wohl eine der ältesten antirassistischen Stellungnahmen.

[3] Heschel, A.J.: The insecurity of Freedom, New York 1972, S. XI, 187f

sprach, doch noch vergessen werden. Ich möchte einige deutliche Beispiele der Begriffsaufweichung nennen:

1. In den sechziger Jahren verglichen Anhänger der Antipädagogik die
   Institution Schule gelegentlich mit Konzentrationslagern[4].
2. Die amerikanische Dichterin Sylvia Plath vergleicht die Erscheinung
   ihres Vaters, vor dem sie sich ekelt, mit der eines "Mein-Kampf"-
   Deutschen[5].
3. Im Nahostkonflikt nennen Palästinenser und Israelis einander wechsel-
   seitig Nazis. Die israelischen und palästinensischen Politiker greifen zu
   dem Vergleich des jeweils anderen mit Hitler, Eichmann und Goebbels[6].
4. Die zahlenmäßige Abnahme der Juden in der Welt und die Zunahme
   der Ehen zwischen Juden und Nichtjuden verglichen der israelische
   Premierminister Shamir und der britische Oberrabbiner Jakobovits mit
   den Verlusten des Holocaust[7].

---

[4] lt. Lawton, C.: Auschwitz, a crime against humanity [engl. Viedeofilm], 1984;
Lawton ist Pädagogischer Direktor des "Board of Deputies of British Jews".

[5] vgl. Romano, J.: Sylvia Plath Reconsidered, in: Commentary, Vol.57, Nr.4, April
1974, S.51

[6] vgl. 1. The Palestinian National Convenant, 1968, Article 22, in: Harkabi, Y.: The
Palestinian Convenant and its Meaning, London 1979, S.123; 2. Handvest van de
Palestijnse Islamitische Verzetsbeweging HAMAS, Artikel 20, 31 u. 32, in: CIDI-
informatie, 1/XV, März 1989; 3. vgl. Interview mit Yasser Arafat, VARA-televi-
sie, Sendung vom 24.Januar 1988, lt. Israel Nieuwsbrief, 3/III, 18.Februar 1988; 4.
vgl. Gafni, S.: Pax Israelica, Mahanayim 1969, zit. nach: Davis, U. (u.a.): Docu-
ments from Israel 1967-73, Readings for a critique of Zionism, London 1975,
S.198; 5. Leibowitz, J.: "De staat die voorbestemd was de trots van het joodse volk
te zijn wordt langzamerhand tot schande", in: Vrij Nederland, 23.April 1988; 6.
Naftaniel, R.: Begin's vergelijking van PLO met Nazi's doet Israel geen goed, in:
NRC Handelsblad, 16.August 1982; 7. Peli, P.H.: Tora Today, in: The Jerusalem
Post International Ed., 18.Juni 1988; 8. Oz, A.: Hier en daar in Israel, Utrecht/
Antwerpen 1984, S.133; 9. Atlas, Y.: Israel and the Media, Round Two, in: Mid-
stream, Vol 34, Nr.5, Juni/Juli 1988, S.46; 10. Reuter-Agenturmeldung in:
Algemeen Dagblad, 12.Dezember 1988; 10. Stein, M.: Palestijnen veroveren ein-
delijk hun Amerikaanse bruid, in: NRC Handelsblad, 1.Februar 1989; 11. Lot Palestijnen met "Auschwitz" vergeleken, in: NRC Handelsblad, 31.Januar 1989; 12.
Stein, M.: Vergelijking met Auschwitz past in mediapolitik PLO, in: NRC Handelsblad, 1.Februar 1989; 13. Zuvloni, N.: Khomeini = Lubavitch, in: Davar,
10.April 1989

[7] 1. lt. Bericht in: Het Parool, 18.Dezember 1986; 2. Jakobovits, I.: Stemming Intermarriage - Why and How ? in: Packouz, K.: How to stop an intermarriage, Je-
rusalem/New York, 1976, 1984, S.94

5. Das Los der Afroamerikaner in den amerikanischen Gettos, das der benachteiligten Frauen, von alleinstehenden Müttern, die von der Sozialhilfe leben oder das der Arbeitslosen, und auch die Umweltzerstörung erhalten das Prädikat "Holocaust" - mit oder ohne Anführungszeichen[8].

Was für Heschel das Nicht-Vergessen beinhaltet, wird aus seinen folgenden Worten deutlich: "Wir können das Judentum nicht zu verstehen lernen, indem wir ein unschuldiges Schachspiel der Theorie spielen. Allein Vorstellungen, die für die, die im Elend leben, Bedeutung haben, taugen als Grundsatz für jene, die in Sicherheit leben. In dem Versuch, die jüdische Existenz zu begreifen, muß ein jüdischer Philosoph sich bemühen, sowohl mit den Menschen von Sinai <denen die Tora offenbart wurde>, als auch mit dem Volk von Auschwitz <den jüdischen Opfern und Überlebenden> zu einer Übereinstimmung zu gelangen."[9]

Aus der Geschichte wissen wir, daß sich nicht jeder, der sich mit uns Juden beschäftigte, dies tat, um uns zu verstehen. Im Gegenteil, wir können uns keiner Zeit ohne Feinde und ohne Antisemiten erinnern. Es paßt in das Konzept des Feindes, die Sprache seines Gegners zu enteignen. Dabei geht es vor allem um Worte, die für den anderen eine große Bedeutung haben oder ihm "heilig" sind. Auf diese Begriffe hat es der Feind in besonderer Weise abgesehen, und gerade ihnen gibt er eine neue Bedeutung, die seinen ideologischen Absichten zuträglich erscheint und den Gegner verletzt. Das gilt nicht nur für Feinde und Gegner - jeder Streit zwischen Rivalen, jeder Machtkampf ist zugleich ein Kampf mit Worten und um Worte[10].

Zurück zu unseren Beispielen. Einige unter ihnen fallen zweifellos in die Kategorie des Diebstahls der gegnerischen Sprache. Sie sind gefährlich, oder sie können es werden. Die anderen stellen eher den Versuch dar, in

---

8 vgl. 1. Bauer, Y.: Whose Holocaust? in: Midstream, Vol. 26, Nr.9, November 1980, S.42; 2. Levin, N.: Assaults on Holocaust History, in: Midstream, Vol. 35, Nr.3, April 1989, S.17; 3. Ebels-Dolanová, V.: Woord vooraf, in: Seidel, G.: De ontkenning van de Holocaust, Baarn/Den Haag 1988, S.16 - Für den **deutschen Sprachraum** vgl. Knilli, F.: Die Judendarstellungen in den deutschen Medien, II. Holocaust als Modewort, in: Silbermann, A. (u.a.): Antisemitismus nach dem Holocaust, Köln 1986, S.123-132; Anm. d. Übers.

9 Heschel, A.J.: God in Search of Man, New York/Philadelphia 1959, S.421

10 Friedrich, C.J.: Tradition and Authority, New York/Washington/London 1972, S.113f

der Übernahme der Opferrolle Sympathien zu gewinnen, um außer aller Kritik zu stehen, oder um ganz einfach recht zu bekommen. Meistens erzielen die in den Beispielen gezogenen Vergleiche die entgegengesetzte Wirkung und bringen denen, die die extreme Opfersituation beanspruchen, nicht den gewünschten Vorteil. Ich erinnere mich recht gut an eine Versammlung, während derer ein Redner eine bestimmte, sehr strenge Schule mit einem KZ verglich. Erst, als er gefragt wurde, wieviele Schüler pro Tag dort stürben, sah er die Schamlosigkeit seines Vergleiches ein.

Wie soll man nun über die Schoah sprechen? Indem man erst versucht, den Überlebenden "zuzuhören (...) und sie zu verstehen"[11]. Erst danach können wir versuchen, ihre Geschichten zu erzählen.

Wovon handeln ihre Geschichten? Kafka sagte einmal: "Wer glaubt, kann darüber nicht sprechen, wer nicht glaubt, sollte nicht darüber sprechen"[12]. Und Elie Wiesel sagt über Auschwitz: "Wer das Geschehen nicht miterlebt hat, wird es niemals erfassen können. Und wer es erlebt hat, wird das Geheimnis nie entschleiern können. Nie ganz, nicht wirklich, nicht bis zum äußersten. (...) Es ist nicht möglich, darüber zu sprechen, und es ist unmöglich, nicht darüber zu sprechen."[13] Beides ist kein Plädoyer für das Schweigen, sondern ein Aufruf zur Bescheidenheit und intellektuellen Demut. Wiesel sagt es so: "Man verstehe mich gut: ich behaupte keineswegs, daß es unnötig ist, das Problem der Konzentrationslager zu studieren. Ich behaupte im Gegenteil, daß es nötig, mehr als nötig ist, es immer wieder und in all seinen Formen und Auswirkungen zu studieren; die Gründe kennenzulernen, die Menschheit davon in Kenntnis zu setzen, es sorgfältig zu erforschen, und, soweit es möglich ist, das Geschehene zu verarbeiten. Es gibt für diese Generation, die nach einer Erklärung sucht, die nach sich selbst sucht, kein anderes wichtigeres Thema. Nur sollte sie sich dem vorsichtig und ehrfürchtig, mehr noch, in Demut annähern. Es gibt unter den Denkern, den Erziehern und den Schriftstellern, nur wenige, die es selbst nicht erlitten haben und sich dem Geschehenen doch in würdiger Form anzunähern wissen, aber es gibt sie.

---

11 Wiesel, E.: Een Jood, vandaag (Verhalen, opstellen, dialogen), Hilversum 1978, S.155. Das Buch ist auch in deutscher Übersetzung erschienen: Wiesel, E.: Jude heute, Wien 1987; hier folgen wir der niederländischen Übersetzung.

12 zit. nach Fackenheim, E.L.: From Bergen-Belsen to Jerusalem, Jerusalem 1975, S.34

13 Wiesel, a.a.O., S.156, 158

Es gibt sie, und ihre Bedeutung und ihr Einfluß sind von wesentlichem Belang."[14] Die Unterrichtung und der Unterricht über die Schoah müssen Übungen sein in Sorgfalt, Zurückhaltung und Anteilnahme, in Demut und Würde. Sie müssen sich auf die Zeugnisse der Überlebenden gründen, auf wissenschaftlichen Studien und auf authentische Beiträge von Künstlern, Denkern und Erziehern, die die Schrecken selber erlitten haben, oder auch nicht. Auf Ziele und Inhalt dieser Lehren komme ich noch zurück.

Die Lehren aus der Schoah

Aus der Schoah lassen sich keine eindeutigen Lehren ziehen. Diejenigen, die die Schoah überlebt haben oder sie studieren, haben nicht den Ehrgeiz, sie wirklich durch und durch zu ergründen. "Aus den Erzählungen von Menschen, die ein Lager überlebt haben, läßt sich nichts generalisieren. Jeder, der es überlebt hat, ist eine Ausnahme", sagt Primo Levi[15]. Die zahllosen unauflöslichen und unbegreiflichen Aspekte der Schoah werfen Fragen auf, die wir nicht beantworten, aber auf die wir dennoch reagieren können. Allgemeine Lehren aus der Schoah, die für jeden akzeptabel wären, gibt es nicht, außer der einen: Nie mehr Auschwitz! Es gibt jedoch Reaktionen, die in einem gewissen gleichförmigen Verhältnis zueinander stehen, gleichermaßen vielsagend, wie einander widersprechend. Ich möchte hier acht skizzieren[16]:

1. Die Schoah kann eine Ahnung von Gottes Existenz geben. Das jüdische Volk stand am Rande der totalen Vernichtung, und doch hat es sich aus seiner Asche erhoben. Der Holocaust verweist auf die Begrenztheit des menschlichen Verstandes. Den Geschehnissen kann man sich allein in religiösen Begriffen nähern. Trotz des tödlichen Schlages, der dem Volk zugefügt wurde, besteht es noch immer. Darin liegt der Beweis dafür, daß Gottes Hand Einfluß auf die jüdische Geschichte nimmt. Die Schoah bestärkt den religiösen Juden in seinem Glauben.

2. Dem wirkt die Reaktion des totalen Glaubensverlustes diametral entgegen. Die Schoah beweist unwiderruflich, daß Gott nicht existiert, nie existiert hat. Wie soll man nun noch über göttliche Vorsehung, von Belohnung und Strafe, über göttliche Gnade sprechen, nachdem eine Million Kinder in den KZs ermordet wurden? Wie sinnlos war die jüdische Ethik in einer Situation, in der Gerechte und Ungerechte, Juden, die den Geboten folgten, und überzeugte Atheisten das gleiche Los

---

[14] ebenda, S.161
[15] Levi, P.: Is dit een mens, Amsterdam 1978, S.161
[16] Jehoshua, A.B.: Naar een normaal joods bestaan, Amstelveen 1983, S.17-21

erlitten. Wenn es einen Gott gäbe, der die Macht besäße, die man ihm zuschreibt, so müßte er als Kriegsverbrecher abgeurteilt werden.

3. Eine ganz andere Reaktion: Der zweite Weltkrieg hat uns gezeigt, daß die Welt letztlich ein großer Dschungel ist, in dem allein das Recht des Stärkeren gilt. Ethik wurde zur bloßen Schönfärberei, das Recht zu Macht. Internationale Garantien und unterschriebene Verträge waren das Papier nicht wert, auf das sie geschrieben wurden. Aus den Erfahrungen des Krieges kommen wir zu dem Schluß: Vertraue nur auf dich selbst, sei wachsam, und tue alles, um als Volk stark und wehrhaft zu sein.

4. Dem widerspricht die Position, der Zweite Weltkrieg habe gezeigt, wie stark Demokratien sind. Letztendlich blieben sie nicht nur materiell, sondern auch ideologisch die Sieger über das Ungeheuer des Nazismus. Die beste Antwort auf Nazismus ist Toleranz gegenüber Andersdenkenden und Andershandelnden, der Erhalt der Rechtsstaatlichkeit und die Stärkung internationaler Organisationen, um Frieden und Gerechtigkeit zu garantieren.

5. Andere wiederum behaupten, daß der Holocaust bewiesen habe, wie notwendig eine Normalisierung jüdischer Existenz als ein Volk unter anderen, mit gleichen Rechten und Pflichten, ist. Zwei Möglichkeiten gibt es hier: die der Konzentration auf ein Territorium, also die zionistische Variante, oder aber verstreut über die ganze Welt. Das Argument zur Begründung der zionistischen Option heißt, es hätten keine sechs Millionen Juden ermordet werden können, wenn es zur Zeit des Nazismus bereits einen Staat Israel gegeben hätte. Für die zweite Lösung spricht die Auffassung, daß während des Zweiten Weltkriegs gerade wegen der Zerstreuung, der Diaspora, nicht alle Juden ausgerottet wurden.

6. Diejenigen, die das Schicksal des jüdischen Volkes außerhalb der und über die Geschichte der Völker stellen, ihm eine Einmaligkeit zuschreiben, verwerfen die vorstehend referierte Position. Die Schoah, so glauben sie, sei ein unumstößlicher Beleg dafür, daß das Los des jüdischen Volkes und der Juden in der Welt sich von dem anderer Völker grundsätzlich unterscheiden. Beweist nicht gerade der Antisemitismus im allgemeinen und die Schoah im besonderen, daß das jüdische Volk anders ist? Darum weisen sie jede Normalisierung zurück und wählen eine Existenz, in der sie das Anderssein annehmen und kultivieren, auch im Sinne eines singulären Auftrags an das jüdische Volk.

Die letzten beiden Reaktionen beinhalten, wie die beiden ersten, eine individuelle Positionierung:

7. Ganz offensichtlich ist es unmöglich, der jüdischen Identität zu entkommen. Auch assimilierte Juden und solche, die ihre Identität leugneten, wurden von den Nazis ermordet. Jeder Jude, der nach der Schoah versucht, seinem Judesein zu entkommen, vergönnt Hitler schließlich doch noch den Sieg. Das ist verwerflich. Ein würdiger Jude ist denen zufolge, die diese Argumentation vertreten, ein Jude, der seine jüdische Identität akzeptiert.

8. Hier läßt sich einwenden, daß es besser ist, einem Volk anzugehören, das nicht gehaßt und verfolgt wird. Je schneller man sich darum assimiliert, umso besser. Sollten künftig wieder einmal Juden ermordet werden, hätten jedenfalls die Nachkommen zumindest eine Chance, davonzukommen. Sogar zur Zeit des Holocaust geschah es auch, daß Nachkommen von vor Generationen Assimilierten geschont wurden.

Diese genannten acht Reaktionen sind nur eine kleine Auswahl aus einer Vielzahl von Schlüssen, die bis heute aus der Judenverfolgung der Jahre 1933 bis 1945 gezogen wurden. Jede Haltung kennt ihre Gründe, jede weist einen gangbaren Weg. Entscheidet man sich für den Glauben an Gott (1.) oder für das genaue Gegenteil (2.)? Behauptet man das Recht des Stärkeren (3.) oder eifert man einer humanen Rechtsordnung nach (4.)? Geht es um die Normalisierung jüdischer im Sinne von nationaler Existenz(5.) oder um die Bewahrung der Besonderheit dieser Existenz (6.)? Akzeptiert man die eigene jüdische Identität (7.) oder versucht man ihr durch Assimilation zu entfliehen (8.)?

Neben den zitierten möglichen jüdischen Reaktionen gibt es andere: die derer, die Widerstand leisteten, die der Zuschauer und jene der Verfolger. Ich will hier darauf nicht weiter eingehen. Für die Behandlung meines Themas ist das auch nicht weiter nötig. Ich wollte lediglich andeuten, daß sich die Schoah-Erfahrungen vor keinen ideologischen Karren spannen lassen, daß sie sich nicht annektieren lassen.

Die Lehren aus dem Holocaust passen nicht in eine besondere Ideologie, Theorie oder Weltanschauung. Auch über diese nicht-eindeutige Zuordnung, über die Unmöglichkeit, das Geschehene einzuordnen, sollte das Lernen über die Schoah führen. Darauf will ich im folgenden eingehen:

Die Schoah im Unterricht

Ich wiederhole einige Worte von Elie Wiesel, die ich bereits zitierte: "Es gibt kein so dringliches Thema wie das des Konzentrationslager-Problems. Die Menschheit muß davon erfahren." Warum ist es so ein drängendes Thema? Weil die Lehren aus der Schoah, über das damals Geschehene, auch mit dem zu tun haben, was heute geschieht. Nicht umsonst schrieb Primo Levi in dem Vorwort zur italienischen Schulausgabe des Berichts über seine Erfahrungen im Arbeitslager der IG-Farben in Auschwitz-Monowitz: "Nein, es gibt im Augenblick keine Gaskammern und Krematorien, aber es gibt sehr wohl Konzentrationslager (...). Es gibt in fast allen Ländern Gefängnisse, Erziehungsheime, Irrenanstalten, in denen, genau wie in Auschwitz, der Mensch seinen Namen und sein Gesicht verliert, seine Würde und seine Hoffnung. Und vor allem: der Faschismus ist nicht tot; in einigen Ländern ist er stark, in anderen wartet er ab, und er verspricht der Welt doch noch immer eine neue Ordnung. Er hat die Nazi-Lager nie verleugnet, auch, wenn er es gelegentlich wagt, ihre Existenz zu bezweifeln."[17] Das schrieb Primo Levi 1972. Warum arbeitete er mit an einer Schulausgabe seiner Lagererinnerungen? "Denn der Schoß ist fruchtbar noch, aus dem der Faschismus kroch", antwortete er damals, Brecht zitierend, und da er nicht glaubte, daß man die Jugend schonen müsse, indem man ihr die Fehler der Erwachsenen verschwieg[18]. Was hoffte er, mit dieser Edition für den Schulunterricht zu erreichen? "Ich wäre glücklich", schrieb Levi, "wenn nur einer meiner neuen Leser begriffe, wie gefährlich der Weg ist, der bei nationalistischem Fanatismus und mit der Weigerung, vernünftig zu denken, beginnt"[19].

Als Levi diese Worte schrieb, hatte es sich noch keineswegs durchgesetzt, der Schoah in der Erziehung einen Platz zuzugestehen.

Sechs Jahre zuvor, im Jahre 1966, merkte Theodor W. Adorno an: "Die Forderung, daß Auschwitz nicht noch einmal sei, ist die allererste an Erziehung (...). Daß man aber die Forderung, und was sie an Fragen aufwirft, so wenig sich bewußt macht, zeigt, daß das Ungeheuerliche nicht in die Menschen eingedrungen ist, Symptom dessen, daß die Möglichkeit der Wiederholung, was den Bewußtseins- und Unbewußtseinsstand der Menschen anlangt, fortbesteht. Jede Debatte über Erziehungsideale ist nichtig und gleichgültig diesem einen gegenüber, daß Auschwitz nicht

[17] Levi, P.: Is dit een mens, Amsterdam 1987, S.202f
[18] ebenda, S.203
[19] ebenda, S.203

noch einmal sei. Es war die Barbarei, gegen die alle Erziehung geht. Man spricht vom drohenden Rückfall in die Barbarei. Aber er droht nicht, sondern Auschwitz war er. Barbarei besteht fort, solange die Bedingungen, die jenen Rückfall zeitigten, wesentlich fortdauern. Das ist das ganze Grauen."[20]

Wir leben jetzt im Jahre 1990, 45 Jahre nach dem Holocaust. Es wird all jenen, die seit 1945 gegen das Schweigen protestierten und es durchbrachen, eine gewisse Genugtuung bereiten, daß gegenwärtig in allen demokratischen Ländern ihr Werk von jüngeren Generationen fortgesetzt wird, und daß auch Schulen, Universitäten und andere pädagogische Einrichtungen dem, was geschah, ihre Aufmerksamkeit zuwenden.

Zwei Tatsachen sollten wir uns vor Augen führen, wenn wir andere über die Realität der Konzentrationslager unterrichten oder informieren:

1. Es würde in die Irre führen, wollte man unterstellen, daß der ausführliche und detaillierte Bericht, in dem wir zu erkennen geben, wie grausam das Geschehene war, eine Garantie böte, daß es sich nicht wiederhole. Grausamkeiten wirken nicht zwangsläufig abschreckend. Wenn es nur wahr wäre, daß Menschen durch erfahrenes Unglück geläutert würden! Meistens ist sogar das Gegenteil richtig: Elend verbittert eher, als daß es uns bereicherte. Die nachteiligen Folgen einer unglücklichen Jugend zum Beispiel sind nur schwer zu überwinden.

2. Es wäre ebenso falsch anzunehmen, daß der ausführliche und detaillierte Bericht darüber, was den Juden an Leid widerfuhr, die Menschen dazu brächte, daß sie die Juden mehr zu schätzen lernten. Auch hier gilt eher das Gegenteil, ohne daß es auf die Situation der Juden oder auf Antisemitismus zurückginge. Die meisten Menschen empfinden Abneigung gegenüber den Opfern. In der Psychologie gibt es den Begriff des "blaming the victim": dem Opfer wird selbst die Schuld für die Misere zugewiesen, in der es sich befindet.

Nach diesen Anmerkungen möchte ich zu einigen Überlegungen bezüglich der vielen Holocaustprogramme, -projekte und -aktivitäten kommen, die wir in den Niederlanden kennen. Eine kritische Anmerkung wird hier und da nicht ausbleiben können, weshalb ich gerne mit einer selbstkritischen Bemerkung beginnen möchte. Eine empirische Untermauerung

20 Adorno, T.W.: Stichworte. Kritische Modelle 2, Frankfurt/M. 1969, S.85

meiner Überlegungen kann ich Ihnen nicht bieten, da die genannten Programme, Projekte und Aktivitäten bislang kaum oder nur unzureichend wissenschaftlich begleitet und ausgewertet wurden. Ich betrachte es als eine meiner Aufgaben, hier künftig zu einer Änderung beizutragen. Daher sind meine folgenden Betrachtungen kaum mehr als vorläufige Stellungnahmen, die auf eigenen Erfahrungen basieren auf gesunden Menschenverstand und spontanen Gesprächen mit den Lehrern und Lernenden über die Schoah. Und natürlich flossen auch bereits publizierte Überlegungen anderer zum Thema mit ein.

Wie läßt sich das "Nie wieder Auschwitz!" in pädagogische Zielvorstellungen übersetzen? Ich möchte mich für zwei Ziele stark machen:

1. Der Lernende erkennt, daß unter besonderen Umständen Vorurteile und Diskriminierung zur Massenvernichtung führen können (nicht: automatisch führen müssen).

2. Der Lernende wird davon überzeugt, daß auch in extremsten Situationen, unter bestimmten Gegebenheiten und selbst in sehr seltenen Fällen, die letzten Spuren der Menschlichkeit nicht zu tilgen sind ("sehr selten" bedeutet hier, daß es auch vorher eine Ausnahme, eher eine große Ausnahme, denn die Regel war).

In pädagogischen Bezügen gesprochen, heißt das, daß die Sackgasse, in die die erste Zielvorgabe führt, durch die zweite eine Perspektive erhält, so daß der Lernende nicht alle Hoffnung und Visionen verlieren muß, sondern zum Gegenteil gelangt.
Der Ordnung halber sei betont: mit Lernenden sind hier keineswegs nur Schüler gemeint, sondern auch all jene Personen, die in nichtschulischer oder nichtformaler Umgebung lernen. Also gilt es auch für Studenten, Erwachsene und Kinder.
Mit dem Finden und der Formung dieser zwei Ziele ist aber noch nicht viel erreicht. Das Gegenteil von Hoffnungs- und Perspektivlosigkeit erreicht man vermutlich nur dann, wenn der Unterricht über die Schoah in einen breiteren pädagogischen Kontext eingebettet wird, in dem auch "mildere" und allgemeinere Formen von Rassenwahn und Rassenhaß behandelt werden, die nicht zum Mord führen und die nicht per se mit den Juden zu tun haben müssen, etwa: kleine Grausamkeiten, leichtes Unrecht und schwache Formen der Unterdrückung. Und selbst die "milden Formen" sind noch Teil des Negativen, und der Rahmen ist damit noch zu

eng. Der breitere Kontext sollte auch die "Kraft zur Reflexion, zur Selbstbestimmung, zum Nicht-Mitmachen"[21] einschließen. Es muß über die Fähigkeit gesprochen werden, sich in Andersdenkende, Andersfühlende und Andershandelnde hineinzuversetzen, nachzudenken über die Grenzen von Anstand und Anstößigkeit zum Beispiel im heutigen und damaligen Alltag, über Selbstbeherrschung und Toleranz, gewöhnliche Aspekte wie Hilfsbereitschaft, Freundlichkeit und Aufmerksamkeit nicht zu vergessen.

Es bleibt in diesem breiteren Kontext zu berücksichtigen: ausschließlich über menschliche Grausamkeit zu sprechen, aktiviert nicht selten menschliche Grausamkeit. Es hilft den Lernenden jedenfalls nicht, zu lernen, wie man ihr begegnet. Und weiter: relative große Aufmerksamkeit für die extreme Grausamkeit läßt die kleinen Grausamkeiten bald weniger bedrängend erscheinen.

Der letztere Punkt erscheint mir fast wichtiger als der erste. Wird das Extreme zur Norm erhoben, schadet das gleichermaßen der Sensibilität, wie auch dem Gefühl für das rechte Maß. Das gilt für die Lernenden wie für die tatsächlichen Opfer von extremer Grausamkeit, Entbehrungen und Unterdrückung. In einem Interview erklärte eine holländische Frau, die den Hungerwinter des letzten Kriegsjahres in Amsterdam miterlebte: "Ich ertappte mich dabei, daß ich beim Anblick der Hungernden in der Sahelzone dachte: Sie haben es gottseidank nicht kalt"[22]. "Wir müssen darauf achten, unser Gefühl für die richtigen Verhältnisse nicht zu verlieren, indem wir alles, was geschieht, in den Kategorien des Holocaust bemessen"[23], sagt wiederum ein anderer. "Unsere abscheulichen Erfahrungen könnten uns gegenüber dem Leid anderer, das kleiner ist als das unsere, gefühllos machen. Wer selber viel zu erdulden hatte, droht, dem Leid anderer gegenüber gleichgültig zu werden. Das ist eine natürliche Reaktion. Wir aber, als Träger der Anti-Nazi-Botschaft, wir sind aufgerufen, unsere Empfindlichkeit eher noch zu schärfen, als sie abstumpfen zu lassen."[24]. Und er fährt fort: "Wir dürfen nicht vergessen, daß unsere eigene Position ehemaliger Opfer keinen besonderen moralischen Status verleiht. Ein Opfer wird nicht dadurch tugendhaft, daß es Opfer war"[25]. Doch nicht jeder verarbeitet seine Erfahrungen so. In einem deutlichen Kontrast steht die höhnische Reaktion dessen, der sagt, er könne voll Genugtuung aus der

[21] ebenda, S.90
[22] Walda, D.: Kind van de rekening, Odijk 1977, S.125
[23] Jehoshua, a.a.O., S.25
[24] ebenda, S.25
[25] ebenda, S.25

"Familie der kultivierten Völker" austreten, und der bitter bemerkt, daß
"wir alles, was alle Lumpen dieser Welt dürfen, auch dürfen", und daß
"nach allem, was uns die Nichtjuden angetan haben, niemand mehr das
Recht hat, sich über uns als Sittenrichter zu erheben"[26]. Daß diese letztere Position nicht die meine ist, dürfte deutlich geworden sein.

Zurück zum breiteren pädagogischen Kontext, dem ich abschließend
noch einen Aspekt hinzufügen möchte. Dieser Kontext wird m.E. erst
dann breit genug sein, wenn auch Juden zu Wort kommen, die keine Opfer sind (oder waren), die ihre jüdische Identität annehmen und schätzen,
um Sympathie und Respekt wecken zu können. Geschieht dies nicht, wird
allzuleicht (ungewollt) suggeriert, daß Juden immer bedauernswerte
Menschen sind, und daß es also besser ist, kein Jude zu sein. Wer will
denn schon auf ewig gehaßt, verfolgt und ermordet werden? Es ist mit
anderen Worten erzieherisch unverantwortlich, die jüdische Existenz
einzig aus der Perspektive der Schoah oder des Antisemitismus zu be-
handeln.
Historisch gesehen ist es gleichermaßen ungerechtfertigt. Die jüdische
Geschichte kennt Tief- *und* Höhepunkte. Es beruht auf Einäugigkeit, die
sich auf Schattenseiten konzentriert, wenn Historiker die These einer
"lacrimogenen Theorie"[27] auf die jüdische Geschichte anwenden. Der
amerikanische Historiker Salo W.Baron, der diesen Terminus
("lachrymose theory") einführte, war auch der erste, der den Grundzug
dieser Theorie kritisierte. Das war 1928, und die Schoah änderte seine
Vorstellungen nicht[28].
Ein Unterricht, der die Absicht hat, vor den Gefahren, die von Vorurteil
und Rassenwahn ausgehen, zu warnen, kann die Juden genauso wenig
ausschließlich als Opfer darstellen, wie er sie als alttestamentliche Propheten, als Geschäftsleute, israelische Soldaten, Kommunisten, Violinvir-
tuosen oder Nobelpreisträger porträtieren sollte.

Ich will zum Ende kommen. Ich habe hier von dem Sprachge- und -miß-
brauch geschrieben, der im politischen, literarischen und alltäglichen
Diskurs mit dem Wort Holocaust verbunden ist. Ich plädierte dafür, aus
der Schoah keine eindeutige Lehre ziehen zu wollen, außer der einen:
"das nie wieder !" Weiter begründete ich meine Ansicht, daß Unterricht

---

[26] Oz, A.: Hier en daar in Israel, Utrecht/Antwerpen 1984, S.183
[27] lacrimogen bedeutet etwa: zum Weinen bringend, greinend
[28] Langmuir, G.I.: Tradition, History and Prejudice, in: Jewish Social Studies 30
(1968), S.163

über die Schoah einerseits Unterricht über Vorurteil und Diskriminierung und andererseits über Menschlichkeit sein sollte. Schließlich bemühte ich mich, einen breiteren pädagogischen Kontext zu skizzieren, in den der Unterricht m.E. eingebettet werden sollte. Ohne diese Einbettung erscheint mir die Auseinandersetzung mit der Schoah sinnlos, schlimmer noch: kontraproduktiv.

Vieles von dem hier Erwähnten gilt für alle Gruppen extrem Verfolgter und für alle Formen der extremen Unterdrückung. Deutlicher gesagt: Es gilt auch für alle heutigen Verfolgten und ebenso in Hinblick auf jede aktuelle Form der Unterdrückung. Kein diskriminiertes Kollektiv mag auf seine Unterdrückung und Opferrolle reduziert werden, wie sehr die Diskriminierung seine Identität auch bestimmen mag.

Über die Schoah zu sprechen, bedeutet im Unterricht mit Kindern etwas anderes als im Umgang mit Erwachsenen; das ist selbstverständlich. Die Darstellung extremer Grausamkeiten ist jedoch für niemanden zu deren Verhinderung geeignet, weder für Jung, noch für Alt. Unter einer Vielzahl von Etiketten firmieren die verschiedenen Ansätze, mit denen man Vorurteile und Diskriminierung bekämpfen und Toleranz und Menschlichkeit fördern möchte. Die Namen sind bekannt: interkulturelle Erziehung, Menschenrechtserziehung, antirassistische Erziehung, politische Bildung, entwicklungs- oder friedenspolitischer Unterricht usw. Ein neuer Begriff ist der von einer Erziehung über die und nach der Schoah, Lehren und Lernen aus dem und über den Holocaust. Es ist hoffentlich deutlich geworden, wie wichtig mir der Kontext ist, in dem die Schoah, aber auch Rassismus, Krieg und Frieden, Menschenrechte und Ethik betrachtet werden müssen. Für diesen Kontext wird die Basis bereits mit der Geburt eines Kindes gelegt, in dem Moment, wo es zu sehen und zu sprechen lernt. Die Sprache und das, worauf sie verweist, sind unsere bedeutendsten Lehrer. Schon in sehr frühem Alter kann ein Kind lernen, zu erfühlen und zu erfahren, was einerseits Rassenwahn und Rassenhaß, und was andererseits Menschlichkeit bedeutet. Es gibt die Macht des Erzählten, wobei ich an Gesprochenes, Geschriebenes und Gezeigtes denke; an Erzählen und Zuhören, an Schreiben und Lesen, an Zeigen und Schauen. Eine Vielzahl der Programme zur Bekämpfung von Vorurteilen und Diskriminierung legt größten Wert darauf, greinend, humorlos, moralisierend und besserwisserisch daherzukommen. Das besondere einer Erzählung sollte aber sein, daß sie für Jung und Alt, ich wiederhole: für Jung und Alt, informativ sind, zur Auseinandersetzung anregen und ihre Botschaft implizit und unnachgiebig transportieren. Wenn uns eine solche Erzählung rührt, bewegt und anregt, uns in andere Menschen hineinzuversetzen, die anders leben, anders denken und anders fühlen, bereitet das einen fruchtbaren Boden für die Bekämpfung des oft sogenannten "Bösen" und für die Durchsetzung des sogenannten "Guten".

Was bedeutet das für uns? Die Überlebenden der Judenverfolgung der Jahre 1933 bis 1945 kehrten mit ihren Erlebnissen zurück, und ihre Erfahrungen wurden Zeugnisse, und die Zeugnisse Geschichten; erzählte, geschriebene oder gezeigte Geschichten. Unterschätzen Sie die Kraft dieser Geschichten nicht - sie ist enorm. Ich möchte es an einem Beispiel illustrieren. Es ist die Geschichte von der Macht des Erzählten und beginnt im 18.Jahrhundert:

"Als der große Rabbiner Baal Schem-Tow sah, daß die Juden von Unheil bedroht waren, ging er in einen bestimmten Wald, um zu meditieren. Er entzündete dort ein Feuer, sprach ein besonderes Gebet, und das Wunder wurde wahr, das Unheil wurde abgewendet.

Später ging sein Schüler, der berühmte Maggid von Metzeritz, aus gleichem Grunde in den Wald, um den Himmel um Hilfe anzuflehen; er ging an den gleichen Ort im gleichen Wald und sprach: `Herrscher des Universums, höre mich! Ich weiß nicht, wie ich das Feuer entzünden soll, aber ich kann das Gebet noch sprechen!` - und wieder vollzog sich das Wunder.

Noch später ging Rabbi Moshe-Lejb von Sasow in den Wald, um wiederum sein Volk zu retten. Er sprach: ´Ich weiß nicht, wie man das Feuer entzündet, und ich weiß das Gebet nicht zu sagen, aber ich kenne den Ort, und das muß genügen.` Es genügte, und das Wunder geschah.

Dann war die Reihe an Rabbi Israel von Rischin, das Unheil abzuwenden. Er saß in seinem Lehnstuhl, das Haupt in die Hände gelegt, und sprach zu Gott: `Ich kann das Feuer nicht entzünden, und ich weiß das Gebet nicht. Ich kann selbst den richtigen Ort im Wald nicht finden. Ich kann einzig die Geschichte erzählen, und das muß genügen.´ Und es genügte."[29]

Es ist Teil unserer Verantwortung, offen zu sein für die Geschichten über die Schoah, so, wie sie aus den Lebensbeschreibungen der Überlebenden und der anderen Augenzeugen zu uns hervortreten. Ausdrücklich sei hier die Spanne der Jahre vor und nach dem Holocaust mit einbezogen. Es ist unser Auftrag, diese Geschichten zu sammeln und weiterzugeben an die, die nach uns kommen. Wir sind es, die untersuchen sollten, wie diese Lebensgeschichten weiter wirken, und ob das Erzählen wirklich "genügt".

---

[29] Wiesel, E.: The Gates of the Forest, New York 1967, S.6ff

Helmut Schreier
Die Kategorie Verantwortung und die Forderung nach einer "Erziehung nach Auschwitz"[1]

Am 18. April 1966 begann Theodor Adorno einen Radiovortrag im Hessischen Rundfunk mit den Worten: "Die Forderung, daß Auschwitz nicht noch einmal sei, ist die allererste an Erziehung."[2] Dieser lapidar formulierte Satz vor allem wird überall dort aufgegriffen, wo von der "Erziehung nach Auschwitz" die Rede ist. So auch hier.

Von Verantwortung andererseits wird oft gesprochen, wo es um Schuld geht, etwa um die Schuld der Deutschen an der Schoah, auch in dem Sinn, wie ich es vom verstorbenen Kantor der jüdischen Gemeinde in Hamburg vernommen habe, daß die nachwachsenden Generationen in Deutschland zwar nicht schuldig seien an den Taten ihrer Eltern und Großeltern - eine Erbschuld gibt es nicht -, daß ihnen aber eine besondere Verantwortung dafür zuwachse, daß die Geschichte sich nicht wiederhole.

Darüber hinaus steht die Kategorie Verantwortung seit eh und je im Zentrum der Pädagogik. Gewissensbildung und Erziehung zur Verantwortlichkeit haben seit Sokrates und Plato eine lange Tradition in den Schriften der großen Erzieher.

Ich möchte nun zu klären versuchen, was von diesem Anspruch auf Erziehung zur Verantwortlichkeit übrig bleibt, wenn er an dem ungeheuerlichen Vorgang gemessen wird, den wir mit Namen wie "Holocaust", "Schoah" oder auch mit dem Ortsnamen "Auschwitz" bezeichnen. Das läuft auf die Frage hinaus: Welchen Sinn behält die Kategorie Verantwortung im Bannkreis des katastrophalen Geschehens?

Dabei gehe ich davon aus, daß mit der planvollen und fabrikmäßigen Todesproduktion eine neue Qualität der Vernichtung in die Welt gekommen ist, die mit den Strukturen der modernen Gesellschaft zusammenhängt. Der Judenhaß ist demgegenüber eine alte Sache. Deshalb kann Auschwitz

---

1 Überarbeitete Fassung eines Vortrages im Rahmen der Vorlesungsreihe "Das Echo des Holocaust" an der Hamburger Universität vom 14.November 1991
2 Adorno, T.W.: Erziehung nach Auschwitz, in: ders.: Erziehung zur Mündigkeit, Frankfurt a.M., S.88 - 104

als Kulminationspunkt einer langen Tradititon betrachtet werden. *Raul Hilberg* hat die Geschichte des Judenhasses in Europa einmal in Form der Engführung eines Satzes beschrieben.

"You may not live among us as Jews" sei die Parole im christianisierten Spanien gewesen: Judenmission und Zwangstaufe als Alternative zum Tod.

In den folgenden Jahrhunderten habe die Politik der Ausgrenzung und Absonderung in Ghettos den Ton angegeben im Sinne des Satzes: "You may not live among us".

Hitler habe nun die dieser Entwicklung innewohnende Konsequenz umgesetzt als den Befehl: "You may not live!"[3]

Aber dieser Befehl hätte mit dem Anspruch von Totalität und Perfektion nicht ohne das Vorhandensein bestimmter Strukturen ausgeführt werden können, - Strukturen, die das moderne Wirtschaftssystem kennzeichnen und das Leben in den industriellen Gesellschaften weitgehend bestimmen. In ihrem Bericht an den Präsidenten aus dem Jahr 1979 beschreibt *"The President's Commission on the Holocaust"* den Vorgang folgendermaßen:

"Der Holocaust ist kein Rückfall in mittelalterliche Folter und archaische Barbarei gewesen, sondern der durch und durch moderne Ausdruck bürokratischer Organisation, industriellen Managements, wissenschaftlicher Erkenntnis und technologischer Perfektion. Der gesamte Apparat der deutschen Bürokratie war in den Dienst des Vernichtungs-Prozesses eingespannt. Kirchen und Gesundheitsämter stellten Geburtsurkunden zur Verfügung, um Juden ausfindig zu machen; die Postämter stellten die Dokumente zu, mit denen Enteignung, Aberkennung der Staatsbürgerschaft und Deportation verkündet wurden; die Wirtschaftsbehörden konfiszierten jüdischen Finanz- und Grundbesitz; die Universitäten verweigerten jüdischen Studierenden die Zulassung zum Studium und die Abschlüsse, gleichzeitig entließen sie die jüdische Dozentenschaft; die deutsche Industrie entließ jüdische Arbeiter und Manager und enteignete jüdische Anteilseigner; staatliche Reiseunternehmen organisierten die Fahrpläne für die Reichsbahn, deren Züge die Opfer in ihren Tod transportierten...
Lage und Operationsmodus der Lager basierte auf Berechnungen von Zugänglichkeit und Kosten-Effektivität, den Kennzeichen moderner Geschäftspraxis. Die deutsche Wirtschaft hat in der Tat von der Industrie des Todes profitiert. Pharmazeutische Unternehmen testeten Medika-

---

[3] in Claude Lanzmanns Film "Shoah"

mente ohne Rücksicht auf Nebenwirkungen an den Lagerinsassen, und andere Firmen unterbreiteten Angebote für Verträge zum Bau von Öfen oder zur Lieferung von Giftgas. Deutsche Ingenieure der Firma Topf und Söhne rüsteten ein Lager mit 46 Öfen aus, deren Verbrennungskapazität bei 500 Leichen pro Stunde lag. Angegliedert an das Vernichtungslager Auschwitz war ein privat betriebenes, von einer Firma gesponsertes Konzentrationslager namens I.G. Auschwitz, eine Abteilung von I.G. Farben. Dieser vieldimensionale petrochemische Komplex brachte die Sklavenhaltung von Menschen zur endgültigen Perfektion, indem er Menschen auf verbrauchbare Rohstoffe reduzierte, aus denen alles mineralische Leben systematisch abgezogen war, bevor die Körper der Nazi-Kriegswirtschaft durch Recycling-Verfahren zugeführt wurden: Goldzähne für die Finanzen, Haar für Matratzen, Asche als Düngemittel. Bei ihrer unablässigen Suche nach dem billigsten und wirksamsten Tötungsmittel experimentierten deutsche Wissenschaftler mit einer Reihe verschiedener Gase, bis sie auf das Insektizid Zyklon B stießen, das 2000 Personen in weniger als 30 Minuten bei einem Kostenfaktor von etwa zwei Pfennigen pro Leiche töten konnte..."[4]

Ich möchte an diese Fakten erinnern, weil sich in ihnen die Unangemessenheit und Antiquiertheit des Verantwortungsbegriffes - jedenfalls in der "vor Auschwitz" gängigen Version - andeutet. Die Zerlegung der Operationen der Vernichtungsaktion in Unterabschnitte und kleine Zuständigkeiten gestattete es Tausenden, an der Bürokratie des Todes mitzuwirken, ohne sich doch verantwortlich zu fühlen. Angestellte konnten erklären, daß sie nicht wußten, worauf das hinauslief, was sie taten, und die Exekuteure selber konnten erklären, daß sie nur Befehle ausführten.

Aus der Aufteilung der Zuständigkeiten folgt, daß auch die Unmittelbarkeit der Erinnerung zerstückelt wurde. Die Erinnerung enthält aber wie bekannt die Wurzeln der Zurechenbarkeit und der Möglichkeit, aus der eigenen Vergangenheit überhaupt etwas lernen zu können. Dort, wo das Sich-Erinnern der meisten Beteiligten nur kleine Ausschnitte am Rande des Geschehens zutage fördern kann, muß die Katastrophe insgesamt auf seltsame Weise abstrakt bleiben. Der Zugang zum Ganzen ist nur noch über ein kognitives Konstrukt möglich. In dem Unterschied zwischen einem Pogrom im Rußland um die Jahrhundertwende und dem Holocaust spiegeln sich auch in dieser Hinsicht die unterschiedlichen Produktions-

---

4 The President's Commission on the Holocaust: Report to the President, Washington, D.C., September 27, 1979

verhältnisse von Mittelalter und Moderne. Beispielsweise trägt der Pogrom in Odessa im Jahre 1905, von dem *Isaak Babel* in seinen Erinnerungen unter dem Titel "Die Geschichte meines Taubenschlages" berichtet, die Züge eines für jeden Beteiligten überschaubaren und einsichtigen, zusammenhängenden Geschehens: Jeder der Akteure ist namentlich bekannt, keine ihrer Handlungen bleibt verborgen, ihre Menschlichkeit, ihre Unmenschlichkeit tritt deutlich und eindeutig hervor, jeder ist für sein Handeln verantwortlich. Es ist möglich, den gesamten Vorgang zu überblicken und die Sache unmittelbar zu erinnern, die Handlungen der einzelnen zu beurteilen, die Kategorie Verantwortung anzuwenden...[5]

Es gibt ein Gedicht von *Johannes Bobrowski*, in dem er die Erinnerung *Isaak Babels* an jenen Pogrom aufgreift. Weil es in gewissem Sinn ein pädagogisches Gedicht ist, darf ich es in diesem Zusammenhang zitieren:

HOLUNDERBLÜTE

Es kommt
Babel, Isaak.
Er sagt: Bei dem Pogrom,
als ich Kind war,
meiner Taube
riß man den Kopf ab.

Häuser in hölzerner Straße,
mit Zäunen, darüber Holunder.
Weiß gescheuert die Schwelle,
die kleine Treppe hinab -
Damals, weißt du,
die Blutspur.

Leute, ihr redet: Vergessen -
Es kommen die jungen Menschen,
ihr Lachen wie Büsche Holunders.
Leute, es möcht der Holunder
sterben
an eurer Vergeßlichkeit.[6]

---

5 Babel, I.: Die Geschichte meines Taubenschlages, in: ders.: Geschichten aus Odessa, München 1987, 9 - 24

6 Bobrowski, J.: Schattenland Ströme, Stuttgart 1961

Welche Person, welcher Pädagoge zumal, könnte sich der sprachlichen Kraft dieses Appells widersetzen? Und doch muß man sehen, daß es hier um die Evokation eines holistisch erfahrbaren Zusammenhangs geht, greifbar repräsentiert durch Schwelle, Blutspur, Holunderblüte, - eines Zusammenhangs, der die Verhältnisse der deutschen Todesindustrie nur am Rande trifft. Es bleibt die Frage, ob das, was da angesprochen und eingeklagt wird, das Spezifikum der Holocaust-Erfahrung überhaupt berührt.

Diese Frage soll unter einem anderen Blickwinkel noch einmal formuliert werden, weil die notwendige Veränderung des pädagogischen Verantwortungsbegriffes hier am ehesten einsichtig werden kann. Ich darf dazu eine persönliche Gesprächs-Erfahrung wiedergeben, eine Begegnung, die mich bewegt hat. Im Jahre 1983 traf ich in dem englischen Städtchen Shrewsbury - zusammen mit einem Freund - auf einen ziemlich heruntergekommenen Mann, der uns erzählte, daß er vor wenigen Jahren einer Spezialeinheit der britischen Streitkräfte angehört hatte, die in Nordirland zur Terroristenbekämpfung eingesetzt war. Er habe den Auftrag erhalten, zusammen mit zwei anderen Soldaten ein Haus zu stürmen und fünf angeblich schwerbewaffnete verdächtige Personen festzunehmen. Irgendeiner der Soldaten habe zu schießen begonnen, und die fünf Personen seien alle getötet worden, und "sie hatten keine einzige Waffe." Er habe diese Untat nicht vergessen können, habe sich schuldig gefühlt, obwohl er mit einer Tapferkeitsmedaille ausgezeichnet worden sei. Und so habe er das Trinken angefangen, sei entlassen worden und jetzt ohne Arbeit.
So weit die Geschichte des ehemaligen Angehörigen einer britischen Spezialeinheit. Mir fiel dazu spontan folgende Frage ein: Ist es nicht seltsam, daß ich in meiner Jugend von all den Menschen, die mich umgaben und zu erziehen versuchten, niemals ein Wort des Eingeständnisses einer Schuld oder auch nur des Bedauerns vernahm, obwohl sie aller Wahrscheinlichkeit nach doch ähnliche Erfahrungen wie jener Mann hinter sich haben mußten? Er hatte Schuld auf sich geladen und war daran zerbrochen, - eine Geschichte, die uns als sinnvoll erscheinen möchte. "Aber du vergißt", sagte mein Freund, als wir damals in Shrewsbury darüber sprachen, "daß die Deutschen das Wirtschaftswunder niemals hätten schaffen können, wenn sie mit Schuldgefühlen belastet gewesen wären."
Die Frage nach den psychischen Voraussetzungen der industriellen Kontinuität, die er mit dieser Bemerkung anschnitt, ist eine eigene Erörterung wert. Mir geht es hier eher um die Unterscheidung von Komplexen der Zurechenbarkeit. Menschen können in Handlungen verwickelt sein, de-

nen das Sinngebungsmuster von Schuld und Sühne angemessen erscheint. Innerhalb solcher Kontexte entfaltet die Rede von der Verantwortung herkömmlicherweise ihre Wirksamkeit. Angesichts des Holocaust stellt es sich nun aber auch heraus, daß Menschen einen menschenvernichtenden Apparat durch den Beitrag ihrer sozusagen undramatischen, quasi alltäglichen Tätigkeiten in Gang setzen und in Gang halten können. Wie soll man von jemandem, der Fahrpläne organisiert, oder von jemandem, der Lokomotiven führt, Waggons reinigt, Weichen stellt, das Zeichen "Durchfahrt frei!" gibt - wie soll man von solch einer Person erwarten, daß sie die Kausalverbindung zwischen ihrer Tätigkeit und den Fotos der Berge von Frauenhaar in Auschwitz auf eine greifbare und unmittelbare Weise wahrnimmt? Was geschieht unter solchen Voraussetzungen mit der Kategorie Verantwortung? Ist sie für den einzelnen nicht ebenso zersplittert und irrelevant geworden wie seine Erinnerung? Und die Beharrlichkeit der Pädagogen, die diese Sache weiter verfolgen, - offenbart sie nicht eher Hilflosigkeit als einen Ansatz, der uns die Hoffnung geben könnte, einen künftigen Holocaust verhindern zu helfen?

Ver-Ant-Wort-Ung: Jede Silbe des Wortes ist mit Bedeutungen beladen worden. Aus der Silbe "Ver" hat der Philosoph *Wilhelm Weischedel* ein "ganz und gar sich hineinbegeben" in die Antwort herausgehört.[7] In der Silbe "Ant" steckt nach dem Etymologischen Wörterbuch von *Kluge* ein "entgegen", das die Dialogform kennzeichnet.[8] Die Silbe "Wort" bringt die Bindung an den Anspruch heraus, den die Person vernimmt, die darauf mit ihrem ganzen Sein eine Antwort geben soll. Darin, daß es bei dieser Sache um ein Hören und Vernehmen geht, und nicht um ein Sehen und Erkennen, könnte man übrigens eine Nähe zur jüdischen Tradition erblicken, die das Ohr -"Höre, Israel!" - und nicht, wie die griechische Kultur, das Auge als Ausgangspunkt des Denkens pflegte. Dieser Unterschied ist u.a. von *Hannah Arendt* auf überzeugende Weise entwickelt worden.[9] In der letzten Silbe "ung" endlich sei das Prozeßhafte und prinzipiell Unabgeschlossene des Vorgangs ausgedrückt, eine Art inhaltlicher Circumflex, der von den Mystikern des Mittelalters in die deutsche Sprache eingeführt wurde, um die fließende Qualität der Dinge zu bezeichnen. Dies komplexe Wort "Verantwortung" ist dem *Grimm*schen Wörterbuch zufolge bis in die Neuzeit hinein ursprünglich einfach im Sinne von

---

7 Weischedel, W.: Das Wesen der Verantwortung. Ein Versuch, Frankfurt a. M. 1933

8 Kluge, F.: Etymologisches Wörterbuch der deutschen Sprache, Berlin 1960[18]

9 Arendt, H.: Vom Leben des Geistes. Band 1 Das Denken, München, Zürich 1989[2], dort insbesondere Kapitel 13: "Die Metapher und das Unsagbare", S.115 - 129

"Beantworten" verwandt worden. Später erhielt es den Sinn einer Rechtfertigung vor Gericht, und erst im frühen 19. Jahrhundert läßt sich ein
Wortgebrauch belegen, der die Bedeutung einer Antwort auf den Anspruch des Sittlichen hat. Die Geschichte dieses Bedeutungswandels ist
ein Teil der Geschichte der Moderne. Von dem konkreten Vorgang einer
Verantwortung vor der Instanz des Gerichts, das sich seinerseits auf die
festgeschriebene Ordnung der Gesetze beruft, sind wir fortgeschritten zu
einer abstrakten Verantwortung vor der Instanz des je persönlichen Gewissens, das sich in einem dauernden Verhandlungsprozeß mit sich selber
befindet.

Hier liegt eine der Schwierigkeiten für den Versuch, zur verantwortlichen
Lebensführung zu erziehen. In der Kunst der Unterweisung gehen wir
immer noch von der alten Devise aus, daß nichts im Verstand ist, das
nicht vorher in den Sinnen war - NIHIL EST IN INTELLECTU, QUOD
NON PRIUS FUERIT IN SENSU. Der Weg zu den abstrakten Vorstellungen führt über die Erfahrung des Konkret-Zuhandenen, also über die
Vorstellung von etwas Anfaßbarem. Es ist deshalb nur naheliegend, wenn
Pädagogen die Verantwortung zuerst an der Instanz von Personen fest-
machen. Im "Lexikon der Pädagogik" aus dem Jahre 1917 heißt es unter
"Verantwortung" beispielsweise:
*"Jede Handlung, die der Mensch, also auch das Kind, begeht, soll so
beschaffen sein, daß er jederzeit auf die Frage einer vorgesetzten oder
richterlichen Persönlichkeit über sie unbefangen und ehrlich, ohne Scheu
und Ausflüchte Antwort oder Rechenschaft geben oder sich bezüglich der
Ausführung und der Motive verantworten kann."*[10]

Und *Wolfgang Scheibe* schreibt im Jahre 1959:
*"Nun zu der Frage nach dem Gegenüber, das heißt nach der höheren
Macht oder Instanz, der wir uns verantwortlich wissen. Es sind in erster
Linie Personen, denen gegenüber wir verantwortlich sind. Das Kind ist
der Mutter gegenüber verantwortlich, wenn sie ihm etwas anvertraut hat,
der Werkmeister in der Fabrik seinem Abteilungsleiter, die Schwester
dem Arzt usw. Im Hintergrund dieser personalen Bindungen aber
erheben sich die großen Ideen und geistigen Mächte unseres Daseins, die
uns verantwortlich binden. So weiß sich der Wissenschaftler der Wahrheit
als dem Ethos der Wissenschaft gegenüber verantwortlich. Wir sprechen*

---

[10] Willmann, O.: Lexikon der Pädagogik, Freiburg i. B. 1917

von einer Verantwortung vor der Geschichte; und der religiöse Mensch wird sich immer Gott gegenüber verantwortlich fühlen. "[11]
Angesichts derartiger Vorschläge bleibt zu bemerken: Wie anschaulich und konkret die persönlichen Verantwortungsverhältnisse doch sind, und wie seltsam wolkig und interpretationsbedürftig im Gegensatz dazu die Verantwortung vor den "großen Ideen"!

An dieser Stelle bietet sich nun eine Argumentation an, die das Problem folgendermaßen zerlegt: Die Anbindung des Verantwortungsbegriffs an Personen bedeutet die Verdinglichung des Begriffes, der damit seiner Entfaltungs- und Umsetzungsmöglichkeiten beraubt wird. Solche Affirmation gestattet es dem einzelnen, sich auch den person-gewordenen Instanzen gegenüber verantwortlich zu fühlen, wenn diese offenbar gegen die Ansprüche abstrakter Leitvorstellungen verstoßen. Eine Mentalität des Kadaver-Gehorsams wird sich unter diesem Vorzeichen ausbreiten. Das deutsche Volk kann von Hitler in eine Maschine zur Menschenvernichtung verwandelt werden.
Diese Argumentation ist tatsächlich öfters ins Spiel gebracht worden und hat u.a. die Vorstellungen derer geprägt, die an der Studentenbewegung am Ende der sechziger Jahre beteiligt waren. Das Problem liegt demnach in der Anbindung des Verantwortungsbegriffes an die autoritären Strukturen der Gesellschaft. Das kann mit Hilfe von Fallstudien leicht illustriert werden. *"Ich habe gehorcht"*, sagte *Eichmann* in Jerusalem, *"Egal, was man mir befohlen hätte, ich hätte gehorcht. Sicherlich, ich hätte gehorcht. Ich habe gehorcht - ich kann aus meiner Haut nicht heraus, Herr Hauptmann."* Und *Harry Mulisch* in seiner bemerkenswerten Reportage über den Eichmann-Prozeß gibt eine Deutung, die eine Steigerung des affirmativ entfremdeten Verantwortungsbegriffes zum äußersten Extrem bedeutet:
"Eichmann gehorchte den Befehlen von Priestern, von denen er wußte, daß sie falsch waren. Er persönlich hätte niemals solche Befehle gegeben, sagt er zweifellos wahrheitsgemäß, aber da er sich nun einmal in der Lage befand, sie zu <u>empfangen</u>, mußte er gehorchen. Aus dieser Auffassung tritt `der Befehl' als etwas hervor, das größer ist als derjenige, der ihn gibt, und derjenige, der ihn empfängt... Er war nicht, wie Höß sagt, von der Judenvernichtung besessen, sondern vom `Befehl' (übrigens wie Höß auch). Aus dieser übernatürlichen Auffassung `des Befehls' heraus - und nicht aus `Judenhaß' - muß seine Haltung 1944 in Ungarn,

---

11 Scheibe, W.: Die Erziehung zur Verantwortung, in: "Die Sammlung", Göttingen 1959, S.30 - 41

als er gegen Himmlers neue Befehle seine Deportationen fortsetzte,
verstanden werden: Himmler verriet den Befehl' (von Hitler). Er war
abtrünnig' geworden, was bei Gläubigen immer möglich ist. Aber das ist
unmöglich bei demjenigen, für den Gott nicht in einem Menschen haust,
sondern in einem Wort, und dem es gleichgültig ist, ob es von einem
Schurken, einem Erleuchteten, einem Verrückten oder einem guten
Menschen kommt und wie es lautet. Es ist da. Es ist immer da."[12]

Mulisch betont das Maschinenhafte solcher furchtbaren Befehlsgläubig-
keit. Die mechanische Funktionärsexistenz eines Eichmann spiegelt die
Apparathaftigkeit der Gesellschaft. Der Verlust des Menschlichen, des
Humanum, ist auf jeder der beiden Seiten total. Unter unserer Perspektive
der Begriffsgeschichte von "Verantwortung" läßt sich die Vermutung an-
schließen, daß die abstrakte Unzugänglichkeit der Instanz der Verantwortung, die mit der Moderne in die Welt gekommen ist, solche Verhaltens-
muster begünstigt, die aus dem Befehl einen Fetisch machen: So, als ob
in einer komplizierten und vielschichtigen Wirklichkeit der gegebene Befehl als die einzige verläßliche Sache übrig bliebe.

Die Nazi-Maschine zur Menschenvernichtung bestand nicht nur aus Cha-
rakteren wie Eichmann und Höß, die sich dem "Befehl an sich" verpflichtet sahen. Die Männer an der Spitze, allen voran Hitler, hatten sich dem
selbstgesetzten Programm der Judenvernichtung wie einer quasi heiligen
Sache gewidmet. Es gab die Sadisten und die Kaduks, auf die *Adorno* in
seinem Vortrag "Erziehung nach Auschwitz" hinweist. Aber entscheidend
für das Funktionieren des gesamten Apparates war das Heer der Volks-
genossen, das Vorschriften erfüllte und zugewiesene Aufgaben erledigte,
die jeweils einen kleinen Ausschnitt des Planes betrafen. Ohne seine
ameisenhafte Tätigkeit hätte die Maschine nicht laufen können.

Man wird nun keineswegs von einer Verantwortungslosigkeit all dieser
Beteiligten in dem Sinne sprechen können, daß sie den Begriff der Verantwortung nicht anerkannt hätten. Aber ihre Verantwortung war in einer
vielleicht als pervers zu bezeichnenden Weise reduziert und in den Dienst
eines komplexen Ganzen eingebunden worden, das schwierig zu durchschauen schien. So wurde aus Pflichterfüllung Unmoral, und aus Gewis-
senhaftigkeit wurde Gewissenlosigkeit.

Um solche Vernutzung des Verantwortungsbegriffs in Zukunft auszu-
schließen, ist vorgeschlagen worden, die Sphäre der Verantwortung als

---

12 Mulisch, H.: Strafsache 40 / 61. Eine Reportage über den Eichmann-Prozeß. Berlin
1987, S.115

unendlich zu betrachten und dem einzelnen die Verantwortung für das Ganze zuzuschreiben. Dahinter steht vielleicht folgende Überlegung: Wenn sich jeder Deutsche für alles verantwortlich gesehen hätte, was während der Nazizeit geschah, dann wäre es zu mehr Widerstand gekommen. Wenn in Zukunft jeder sich für alles verantwortlich sieht, dann werden viele ihr Bestes tun, um das Schlimmste zu verhindern. *Klaus-Michael Meyer-Abich* hat - im Hinblick auf die Zerstörung der Umwelt - die ethische Forderung aufgestellt und zu begründen versucht: *"Jeder nimmt auf alles Rücksicht."*[13] Das Postulat ist die logische Konsequenz aus dem Scheitern der Verantwortung für partielle Zuständigkeiten. Wenn die Verantwortung nicht teilbar ist, dann muß sie das Ganze umfassen.

Es gibt nun tatsächlich einen Fall solcher Verantwortungsbereitschaft, der uns die Implikationen einer unendlichen Sphäre der Verantwortung vor Augen führt: *Claude Eatherly*, der Pilot des Flugzeugs, das dem Bombenträger über Hiroshima vorausflog und ihm das "Go Ahead"-Zeichen gab, hat den Versuch unternommen, für den Abwurf der Atombombe die Verantwortung zu übernehmen. Nicht den Konstrukteuren der Bombe, nicht den Politikern, nicht seinen militärischen Vorgesetzten, nicht den anderen, die die Bombe schließlich ausgeklinkt haben, schiebt er die Verantwortung zu. Seinem Radarmann *Stiborik* schreibt er: *"Ich fühle mich unmittelbar verantwortlich und hasse mich."* So beginnt er nach dem Kriege mit Raubüberfällen, um sich die Strafe zu verschaffen, nach der ihn dürstet. Er zerstört sein Familienleben, vernichtet seine private Existenz, begeht Selbstmordversuche. Aber es gibt keine Instanz, die in der Lage wäre, ihn für die Bombe auf Hiroshima zur Rechenschaft zu ziehen. Man versucht stattdessen, ihm goldne Brücken zu bauen, schickt ihn zu verschiedenen Psychiatern, die einen "Schuldkomplex" diagnostizieren. Als alles nichts fruchtet und weil *Eatherly* überall lauthals gegen die atomare Rüstung eintritt, betreibt man schließlich seine Entmündigung und steckt ihn in eine Anstalt. Am 13.Januar 1961 - wenige Wochen vor Beginn des Eichmann-Prozesses in Jerusalem - schreibt *Günter Anders* einen Brief an den Präsidenten *John Kennedy*, in dem er sich für *Eatherlys* Freilassung einsetzt. Darin heißt es:
"Ich bin Jude, ich habe meine Freunde in Hitlers Vergasungslagern verloren. Mit dieser Entschuldigung: "Ich habe ja nur Befehlen gehorcht", haben sich alle Liquidationsbeamten reinzuwaschen versucht,

---

13 Meyer-Abich, K.M.: Wege zum Frieden mit der Natur. Praktische Naturphilosophie für die Umweltpolitik, München 1984

diese Worte gleichen auf zu makabre Weise jenen Worten Eichmanns, die heute durch die Weltpresse gehen, dem Worte: "In Wahrheit war ich ja nichts als ein kleines Schräubchen in der Maschinerie, die die Weisungen und Befehle des Reiches durchführte. Weder bin ich ein Mörder noch ein Massenmörder" (Life, January 9, 1961).

Nein, Eatherly ist eben nicht der Zwilling von Eichmann, sondern dessen großer und für uns tröstlicher Antipode. Nicht der Mann, der die Maschinerie als Vorwand für Gewissenlosigkeit ausgibt, sondern umgekehrt der Mann, der die Maschinerie als die furchtbare Bedrohung des Gewissens durchschaut. Und damit trifft er wirklich ins Schwarze des moralischen Kardinalproblems von heute, damit gibt er uns wirklich die entscheidende Warnung: Denn wenn wir auf den Apparat hinweisen, in den wir ja nur als nichts wissende Schrauben eingefügt seien, und wenn wir den Satz: "Wir haben ja nur mitgemacht" als unter den Umständen rechtmäßig akzeptieren, dann schaffen wir damit die Freiheit der moralischen Entscheidung des Gewissens ab, dann machen wir damit das Wort "frei" in dem Ausdruck "freie Welt" zur leersten und scheinheiligsten Beteuerung. Ich fürchte sogar, das haben wir bereits getan. -

Die Großherzigkeit von Eatherlys Benehmen besteht gerade darin, daß er das Argument mutig auf den Kopf stellt, daß er die moralische Perversion, die bereits vorherrscht, durch nochmalige Winkeldrehung wieder rückgängig macht. Kurz: Er verkündet: Auch was ich nur mitgetan habe, ist von mir getan; meine Verantwortung betrifft durchaus nicht nur meine individuellen Taten, sondern alle meine "Mittaten"; die Frage unseres Gewissens lautet nicht nur: "Was sollen wir tun?", sondern auch: "Wo und wie weit dürfen wir oder dürfen wir nicht mittun?" Nein, für diese Mittaten fühlt er sich sogar noch verantwortlicher als für seine Privattaten, da deren Effekte, verglichen mit den katastrophalen Effekten unserer Mittaten, geradezu nichtig geworden sind."[14]

Stehen wir an dieser Stelle also vor der Lösung unseres Problems der Erziehung nach Auschwitz? Liegt die Lösung in der Vermittlung einer Verantwortungs-Haltung, die das Mitgetane umfaßt, statt sich auf die unmittelbare Zurechenbarkeit zu beschränken? Oder stehen wir vor einer weiteren Facette jener Erscheinung, die *Günter Anders* später selbst unter der Bezeichnung "die Antiquiertheit des Menschen" beschrieben hat?

---

[14] Jungk, R. (Hrsg.), Off limits für das Gewissen. Der Briefwechsel zwischen dem Hiroshima-Piloten Claude Eatherly und Günther Anders. Reinbek b. Hamburg 1961, S.124f

Die Last, die dem einzelnen aufgebürdet würde, wenn die Vorstellung von der unendlichen Sphäre der Verantwortung Geltung erlangen sollte, wäre selbst unendlich schwer. In der technischen Zivilisation, die von *Ulrich Beck* als "Risikogesellschaft" beschrieben worden ist, wird die Einschätzung der Folgen zu einem der schwierigsten Probleme. Nur wenige sind in der Lage, noch die Zusammenhänge annähernd zu durchschauen, und nur sie können die Tragweite bestimmter Eingriffe und Maßnahmen überhaupt noch abschätzen. Die Weitergabe von Informationen, das Management von Kenntnissen wird zu einem Politikum. Die juristische Zurechenbarkeit von Handlungsfolgen auf einzelne Handelnde ist in solcher Situation nicht mehr ohne weiteres möglich, und eine Verantwortungs-Pädagogik könnte nur noch eine "als ob"- Verantwortung anmahnen, was dann vielleicht den Sinn einer Art von Beschwichtigung angesichts der aus der Kontrolle geratenen Verhältnisse hätte.

Eatherly, der Antipode Eichmanns, erscheint als Modell und Vorbild für verantwortungsbewußtes Handeln in einer solchermaßen modernen Gesellschaft kaum geeignet, auch wenn seine Verzweiflung angesichts der Schuld, die er unwissentlich auf sich lud, an die alten griechischen Tragödien erinnert, in denen allwissende Götter unwissenden Menschen eine Schuld aufbürden, an der diese zu zerbrechen haben. Ihm gegenüber wirkt Eichmann in Jerusalem wie eine gedankenlose und durch ihre Banalität bösartige Erscheinung. So beschreibt ihn *Hannah Arendt* zu Anfang der sechziger Jahre, und ein Jahrzehnt später faßt sie ihre Beobachtungen in den Gifford-Lectures zusammen. Im "Leben des Geistes" spiele das Denken bei der Bildung des Gewissens die entscheidende Rolle.
Diese Überlegungen sind für unsere pädagogische Fragestellung wichtig, und ich möchte sie hier im Sinne einer zweiten Option im Hinblick auf die Kategorie Verantwortung kurz zusammenfassen. Zu Beginn ihrer Untersuchung stellt Frau *Arendt* folgende Fragen:
"Ist böses Handeln ... möglich, wenn nicht nur "niedrige Motive" (wie es im Rechtswesen heißt) fehlen, sondern überhaupt jedes Motiv, jede spezielle Aktivität des Interesses oder Wollens? Ist Bosheit, wie immer man sie definieren möge, ist dieser "Wille zum Bösen" vielleicht keine notwendige Bedingung des bösen Handelns? Hängt vielleicht das Problem von Gut und Böse, unsere Fähigkeit, Recht und Unrecht zu unterscheiden, mit unserem Denkvermögen zusammen? ... Könnte vielleicht das Denken als solches - die Gewohnheit, alles zu untersuchen, was sich begibt oder die Aufmerksamkeit erregt, ohne Rücksicht auf die Ergebnisse und den

speziellen Inhalt - zu den Bedingungen gehören, die die Menschen davon abhalten oder geradezu dagegen prädisponieren, Böses zu tun?[15] "
Tasächlich findet sie im Denken den Schlüssel zum Gewissen, wie es die Verbindung der Wörter "Wissen" und "Gewissen" bzw. im Englischen "Consciousness" und "Conscience" nahelegt. Sie entfaltet ihr Argument in einer Art von logischem Dreischritt, einem Syllogismus.

Zuerst zeigt sie, daß dem Nachdenken ein Drang, eine Hinwendung zum Schönen und Guten innewohnt: *"Es scheint, als hätte Sokrates über den Zusammenhang zwischen Schlechtigkeit und Gedankenlosigkeit nur dies zu sagen, daß Menschen, die nicht Schönheit, Gerechtigkeit und Weisheit lieben, unfähig zum Denken seien, genau wie umgekehrt diejenigen, die die kritische Untersuchung lieben und somit "philosophieren", nichts Schlechtes tun könnten."*[16]
Sie fährt dann zweitens fort, den Vorgang des Denkens selbst als eine Tätigkeit darzustellen, die eine Neigung zum Guten begünstigt. Denken nämlich, als Zwiesprache des Menschen mit sich selber, ist auf die Überwindung von Widersprüchen hin angelegt. Der Umgang jedes Menschen mit sich verbindet in einem inneren Dialog also "zwei in einem", indem eine permanente Rechenschaftslegung stattfindet, die darauf hinausläuft, daß man mit sich selber im Einklang sei. An dieser Stelle ist das Gewissen angesiedelt.
Aus den beiden Eigenschaften des Denkens, seiner Ausrichtung auf das Gute und Schöne und seiner Tendenz, sich in zwei zu teilen, um den Einklang herzustellen, folgt nun der Schluß, daß der Prozeß des Nachdenkens dem Prozeß der Gewissensbildung entspricht. Und umgekehrt wird Gedankenlosigkeit zum Einfallstor des Bösen in die Welt.

Welches pädagogische Programm deutet sich in solchen Überlegungen an? "Denken" in dem hier angesprochenen Sinne ist offenbar etwas anderes als das, was etwa im Kontext der Kognitionspsychologie als Ausführung von Denk-Operationen beschrieben wird. *Hannah Arendt* bestimmt das, was sie unter "Denken" versteht, einmal mit den Worten: *"die Gewohnheit, alles zu untersuchen, was sich begibt oder die Aufmerksamkeit erregt, ohne Rücksicht auf Ergebnisse und den speziellen Inhalt".*
Offenbar geht es um das, was "Liebe zur Weisheit" oder "Philosophie" genannt wird. Das Programm zur Gewissensbildung bestünde dann in einer Schule der Philosophie. Vielleicht sollte die Gesellschaft insgesamt so

---

[15] Arendt, a.a.O., S.15
[16] ebenda, S.179

angelegt sein, daß eher eine Prämie auf Nachdenklichkeit als auf die Fähigkeit zur bedingungslosen Anpassung gesetzt wäre. Unter Umständen ist aber vielleicht bereits ein erster Anfang damit getan, daß diese Prämie auf Nachdenklichkeit wenigstens innerhalb des bestehenden Schul- und Unterrichtswesens gegeben wird. Bei allen Vorbehalten gegenüber einer vermeintlichen Elitebildung, die die pädagogische Diskussion in Deutschland beeinflussen, müßte die Förderung der Fähigkeit zu denken unter dem Gesichtspunkt einer Erziehung zur Verantwortlichkeit als ein höchst wichtiges Projekt verfolgt werden.

(Übrigens sind unsere eigenen Erfahrungen mit verschiedenen Programmen zur sogenannten Kinderphilosophie sehr ermutigend, was die Bereitschaft und die Fähigkeit von Kindern betrifft, sich bereits im Alter von 9 bis 12 Jahren mit Nachdenk- und Grübelfragen einzulassen. Schwierigkeiten fanden wir auf seiten mancher Lehrer. Ihnen fällt es schwer zu akzeptieren, daß im Unterricht Fragen und Probleme angeschnitten werden, ohne daß doch eine eindeutige Lösung - wie bei einer Schulaufgabe sonst üblich - gegeben werden kann.)[17]

Es hätte offengesagt etwas Unbefriedigendes, wenn die einzige Konsequenz für eine "Erziehung nach Auschwitz" in dem Postulat nach Förderung der Nachdenklichkeit im Erziehungsgeschäft läge. Als zu abstrakt, als zu dünn erscheint dies Mittelstück, dies Instrument zur Bildung eines Instrumentes. Soll die unmittelbare Verantwortung, die Möglichkeit zur Übung der Sache selbst, denn ganz ausgeschlossen sein?

Tatsächlich ist ein dritter Zugang zur Lösung der Problematik beschrieben worden, und es ist wahrscheinlich mehr als ein Zufall, daß dieser Weg auf die höchsten Werte der jüdischen Tradition hinausläuft. Es geht um die Antwort auf den Anspruch, daß das Leben jetzt und hier weitergehe. Ich möchte diese Wertvorstellung durch drei Plädoyers anschaulich machen.

Plädoyer 1 bildet das Kernstück des Buches von *Hans Jonas* "Das Prinzip Verantwortung. Versuch einer Ethik für die technologische Zivilisation". Es hat etwas Überraschendes, wenn man diese systematische und gründliche Untersuchung einmal daraufhin betrachtet, was denn im Er-

---

17 Schreier, H.: Umweltethik. Zur Bestimmung von Unterrichtsideen angesichts der Unentschiedenheit der ethischen Diskussion : Was soll, was kann der nachwachsenden Generation vermittelt werden? in: Gesing u. Lob (Hrsg.): Umwelterziehung in der Primarstufe. Grundlinien eines umfassenden Bildungskonzepts. Heinsberg 1991, S.64 - 89

gebnis die Hauptforderung ist, die sich aus all dem ergibt. Denn das Resultat ist sehr einfach, ist auch wie bereits angedeutet, kein unerhört neues Gebot. Es besteht in dem Satz *"Die Gefahr enthüllt das Nein zum Nichtsein als primäre Pflicht".Jonas* erläutert: *"Für den Augenblick tritt alle Arbeit am "eigentlichen" Menschen zurück hinter der bloßen Rettung der Voraussetzung dafür - der Existenz einer Menschheit in einer zulänglichen Natur. Von der immer offenen Frage, was der Mensch sein soll, deren Antwort wandelbar ist, sind wir in der totalen Gefahr des welthistorischen Jetzt zurückgeworfen auf das erste, jener Frage immer schon zugrundeliegende, aber bisher nie aktuell gewordene Gebot, daß er sein soll - allerdings als Mensch."*[18]

Plädoyer 2 kann als eine Art Anwendungsfall dieser Forderung gelten, denn der Holocaust kann ja als Eintritt jener totalen Gefahr des welthistorischen Jetzt betrachtet werden, von dem *Jonas* spricht. Es ist eine Passage aus dem letzten Buch *Primo Levis*, "Die Untergegangenen und die Geretteten". *Levi* erinnert sich, wie er als einer der Arbeitssklaven I.G. Auschwitz überlebt hat, und er geht den Implikationen dieser Erfahrung denkend nach. In dem Kapitel "Briefe von Deutschen" schreibt er:
"Ich erinnere jene Zeit und ihre Atmosphäre sehr genau, und ich glaube, daß ich jene Deutschen ohne Vorurteil und Zorn beurteile. Fast alle, aber doch nicht sämtlich alle, waren blind, taub und stumm: Eine Masse von einzelnen, die einen Kern von wilden Bestien umgab. Fast alle, wenn auch nicht alle, waren feige...
Im November 1944 arbeiteten wir in Auschwitz; zusammen mit zwei Kameraden war ich in dem chemischen Labor (von I.G. Auschwitz). Da ertönte Luftalarm und sogleich sah man die Bomber: Sie kamen zu Hunderten, es sah nach einem ungeheuren Angriff aus. Im Lager gab es verschiedene große Bunker, aber die waren für die Deutschen vorgesehen und für uns verboten. Wir mußten mit den Bodenmulden vorlieb nehmen, die jetzt schon mit Schnee bedeckt waren. Alle, Häftlinge und Zivile, rannten die Treppen hinunter, aber der Laborchef, ein deutscher Techniker, hielt uns Häftlings-Chemiker zurück: "Ihr drei kommt mit mir". Erstaunt rannten wir hinter ihm her zu einem Bunker. Am Eingang stand ein Wächter mit einer Hakenkreuz-Armbinde. Er sagte: "Du darfst rein, die anderen hauen ab". Der Laborchef antwortete: "Sie bleiben bei mir. Entweder alle oder keiner", und versuchte mit Gewalt, hineinzukommen. Eine Boxerei begann zwischen den beiden. Der Wächter, ein

---

[18] Jonas, H.: Das Prinzip Verantwortung. Versuch einer Ethik für die technologische Zivilisation. Frankfurt a.M. 1984, S. 249f

kräftiger Kerl, hätte sicherlich gewonnen, aber zum Glück für uns alle ertönte das Entwarnungs-Signal. Der Luftangriff galt nicht uns, die Flugzeuge waren nach Norden weiter geflogen. Falls - noch ein falls, aber wie soll man der Faszination eines möglicherweise anderen Verlaufs ausweichen? - falls es mehr solch unnormale Deutsche, die eines bescheidenen Mutes fähig gewesen wären, gegeben hätte, dann hätte die Geschichte jener Zeit und die heutige Geographie anders ausgesehen."[19]

Diese Geschichte ist auch ein moralisches Lehrstück, und ihre Implikation für das Erziehungsgeschäft ist klar und deutlich: Die nachwachsenden Generationen sollen lernen, ihr Handeln im Interesse der Menschen einzusetzen. Wo in ihrem Wirkungskreis Menschen gedemütigt und verletzt werden, sollen sie etwas dagegen tun. Ich bin nicht sicher, ob man solches Verhalten durch Unterricht erlernen kann, oder ob nicht die Umgangsformen durch praktische Übung erworben werden müssen. Das würde die Vermittlung von Wissen und Nachdenklichkeit aber nicht überflüssig machen, sondern wäre eine Ergänzung.

Plädoyer 3 besteht aus einem Satz von *Martin Buber*, den er in einer Rede "Über das Erzieherische" bereits im Jahre 1925 gesagt hat. In diesem Satz ist auf eine prophetische Weise in seinem Kern das Programm bereits enthalten, das *Jonas* mit dem "Prinzip Verantwortung" entwickelt. Dieser vor Auschwitz formulierte Satz bezeichnet auf genaue Weise das pädagogisch Notwendige, das damals nicht und immer noch nicht eingelöst worden ist:
"In dem sich entformenden Äon kommt es auf die vielgelobten "Persönlichkeiten", die seine Scheinformen zu bedienen und in deren Namen die "Zeit" zu beherrschen verstehen, in der Wahrheit des Geschehens ebenso wenig an wie auf die den gewesenen echten Formen nachtrauernden und sie zu restaurieren beflißnen: nur auf die, wie auch geltungsarmen, Personen, die, jede in der tätigen Stille ihres Werkbezirks, für die Fortdauer der lebenden Substanz antworten, sie verantworten. So auch im Bereich der Erziehung."[20]

---

[19] Levi, P.: The Drowned and the Saved. Harmondsworth 1989, S.138f, Übersetzung H.S.
[20] Buber, M.: Reden über Erziehung. Heidelberg 1960, S.46

Matthias Heyl
Von der Notwendig- und Unmöglichkeit einer "Erziehung nach Auschwitz"[1]

An Auschwitz reicht unsere Sprache nicht heran. Von Auschwitz zu sprechen, heißt immer auch, dem, wofür Auschwitz zum Synonym, zur Chiffre wurde, zwangsläufig nicht gerecht zu werden.
Beides, davon zu sprechen **und** davon zu schweigen, führt an die Grenzen des Sag- und Denkbaren, an das Ende unseres Konkretionsvermögens und über den Abgrund der uns möglichen Metaphorik hinaus[2]. Wir haben keine Worte, oder jedenfalls nicht wirklich treffende.
Von einer Auschwitz-Erfahrung zu sprechen, etwa, indem wir behaupteten, daß Auschwitz eindeutig dies oder jenes war, verliert seine Berechtigung dort, wo die Erzählung ihr absolutes Ende findet: an den Türen der Gaskammern, die sich vor den Lebenden schlossen, die schließlich die Überlebenden von den Toten trennten. Auschwitz bis ins Letzte erfahren haben die Umgekommenen, die von dieser Erfahrung nicht mehr sprechen können. Diese Auschwitz-Erfahrung verschließt sich den Überlebenden. Die Davongekommenen, die Überlebenden der Vernichtung, erfuhren Auschwitz auch in einer unvorstellbaren Totalität, an der das Vorstellungsvermögen der Außenstehenden, zumal der Nachgeborenen, fast genauso scheitern muß. Und es ist die Erfahrung der Überlebenden in ihrem Überleben, daß auch ihre Worte dem, der es nicht selber erlitt, kaum etwas begreifbar machen können von dem, was sie überlebten. Auschwitz verschließt sich uns kategorial, und wir uns ihm. Darin liegt einerseits unser Unvermögen, der Tat und ihren Opfern schon denkend gerecht zu werden, da Auschwitz grundsätzlich jedes Recht brach; andererseits birgt es ein Moment der Bewegung, in der wir uns von dem Geschehenen, das hinter uns liegt, zu entfernen versuchen - manchmal in dem irren Glauben, die Zeit heile die Wunden, als bleibe nicht Auschwitz Fluchtpunkt und Ursprung unserer Unruhe.
Diese Vorbemerkung sei mir gestattet, um deutlich zu machen: wenn hier wiederholt von Auschwitz die Rede sein wird, so nicht aus Gedankenlosigkeit, und nicht in dem Gefühl, damit bereits eine hinlängliche Konkre-

---

1 Erweiterte Fassung eines Vortrages im Rahmen der Vorlesungsreihe "Das Echo des Holocaust" an der Hamburger Universität vom 14.November 1991
2 vgl. Grubrich-Simitis, I.: Vom Konkretismus zur Metaphorik, in: Psyche 1/1984, Stuttgart 1984, S.1-28

tion des Geschehenen geleistet zu haben. Es gehört zu den Aporien der Singularität von Auschwitz und dem, wofür Auschwitz steht, daß unsere Kategorien ante Auschwitz versagen; wir haben auf unsere drängendsten Fragen kaum annähernd erschöpfende Antworten, und es bleibt offen, ob wir denn überhaupt verstehen, zu fragen.

Wir drohen angesichts der Tat und ihres Gewichts, ihrer Qualität, ihres Ausmaßes und ihrer Bedeutung, beim Davon-Sprechen in eine Sakralsprache zu verfallen, die der Tatsache geschuldet ist, daß wir mit dem Geschehenen nicht zurande kommen. Wir finden keine passenden Worte und behelfen uns mit einem Repertoire meist sehr gleichförmiger, oft haltlos lyrischer, sich dem Geschehenen weiter entziehender Symbole und Metaphern. Es ist fast ein eigener Jargon entstanden, der zwischen eschatologischen Deutungszusammenhängen, beredter Seelenschau und distanzierten, Anteilnahme und Verstehen vorgebenden Platitüden hin- und herschwankt. Im doppelten Sinne: Man spricht von Auschwitz und bleibt immer etwas schuldig.

Die Sprache, die wir wählen, entfremdet in der Regel das Geschehene unserer Geschichte, und es bleibt kaum mehr übrig als eine quasi religiös deutbare Perspektive auf ein Geschehen, das nur noch wenige Bezüge zu uns, zu unserem Leben und zu der Erde, auf der wir heute leben, aufweist. Es scheint dann so, als sei Auschwitz selber ein ferner Planet und dieser Welt nicht mehr zugehörig.

Ich denke an die gegenläufigen Bedeutungen der Frage, wie denn Auschwitz möglich war. "Wie war das nur möglich?", wird gefragt, und selten ist es überhaupt als Frage gemeint, die die Bedingungszusammenhänge, in denen Auschwitz stand, kennenlernen will. "Wie war es nur möglich?" - oft genügt es, sich diese Frage rhetorisch als betont moralische, selbstgewisse und bequeme Aussage des Nichtbegreifenkönnens zu stellen. Mit der darin liegenden Unterstellung, daß Auschwitz (was immer das heißen mag) undenkbar sei und bleibe, verlängert sich letztlich die Verdrängung der Tat und führt so wenigstens partiell die Vernichtung fort, indem sie den Opfern ihre Historizität nimmt, die sie bestenfalls durch eine unausgesprochene metaphysische, moralische Illumination ersetzt. Die Frage denunziert implizit den Wahrheitsgehalt der Tat, die unserer Erfahrung von Wirklichkeit, unseren Vorstellungen von Gut und Böse, Leben und Tod, diametral entgegen steht. Diesem spekulativen Escapismus bleibt entgegenzusetzen, daß Auschwitz nicht nur möglich war, sondern *war*.[3]

---

3 Ein paralleler Gedanke findet sich in Adornos Vortrag über die "Erziehung nach Auschwitz": Man spricht vom drohenden Rückfall in die Barbarei. Aber er droht

Was wissen wir von Auschwitz? Das heißt, was wissen wir wirklich? Geht unser Wissen weit darüber hinaus, daß es dort unbeschreiblich grausam zuging? So grausam, daß wir keine Worte haben! So unbeschreiblich, daß wir keine Begriffe wissen?

Unsere Sprachlosigkeit bildet sich in der Begriffslosigkeit ab: ich möchte anhand dreier Begriffe zu verdeutlichen versuchen, was in ihnen oft ungesagt mitschwingt, und doch mitbedacht sein sollte. Ich will von Auschwitz, vom Holocaust und von der Schoah sprechen.

Auschwitz. Der deutsche Name für einen Ort am Rande des oberschlesischen Industriegebiets[4]. Oswiecim. Ein polnischer ehemaliger Grenzort[5] zwischen Polen und Deutschland. Der Standort dreier Konzentrationslager, Auschwitz I, Auschwitz II (in Brzezinka, bekannt unter dem Namen Birkenau)[6], und schließlich Auschwitz III (Monowitz)[7]. Auschwitz evoziert Bilder von der Selektion an der Rampe in Auschwitz-Birkenau, von Mengele, befreiten Kindern am Lagerzaun und gesprengten Gaskammern, von Schuh-, Koffer-, Prothesen- und Menschenhaarbergen, von Zahngold und Lampenschirmen aus tätowierter Menschenhaut, vom Tor zum Vernichtungslager in Birkenau, und von dem Wort "Arbeit macht frei" am Eingang des Stammlagers. Auschwitz - ein Behelfswort, wie sich in der Ergänzung "und wofür Auschwitz zum Synonym wurde" ausdrückt. Auschwitz heißt dann kategorial neben Auschwitz-Birkenau auch

---

nicht, sondern Auschwitz war er." - vgl. Adorno, T.W.: Erziehung nach Auschwitz, in: ders.: Erziehung zur Mündigkeit, Frankfurt/M. 1971, S.88

[4] vgl. Walter Laqueurs Charakterisierung, die Detlev Claussen zitiert, siehe Claussen, D.: Grenzen der Aufklärung - Zur gesellschaftlichen Geschichte des modernen Antisemitismus, Frankfurt/M. 1987, S.150

[5] Der in Polen aufgewachsene Isaac Deutscher erinnerte sich: "Mein Vater pflegte oft zu mir zu sagen: 'Ja, du willst deine schöne Poesie nur auf polnisch schreiben. Ich weiß, du wirst eines Tages ein großer Schriftsteller werden' (...). 'Deutsch', sagte er dann gewöhnlich, 'ist die Weltsprache. Warum solltest du dein Talent in einer Provinzsprache vergraben? Du mußt dich nur mal jenseits von Auschwitz aufhalten' - Auschwitz lag ganz in unserer Nähe, an der Grenze - 'du mußt dich nur mal jenseits von Auschwitz aufhalten, da wird dich die schöne polnische Sprache praktisch niemand mehr verstehen. Du mußt wirklich Deutsch lernen'. So lautete sein immer wiederkehrender Refrain: 'Halte dich erst mal jenseits von Auschwitz auf, und du wirst total verloren sein, mein Sohn!'" Isaac Deutscher ergänzt bitter: "Die tragische Wahrheit ist, daß mein Vater niemals über Auschwitz hinausgekommen ist. Im zweiten Weltkrieg verschwand er in Auschwitz." - zit. nach: Deutscher, I.: Die ungelöste Judenfrage, Berlin 1977, S.116

[6] vgl. Józef Buszko in seinem Vorwort zu der Dokumentation "Auschwitz - faschistisches Vernichtungslager", Warszawa 1981, S.6

[7] ebenda

217

Treblinka, Sobibor und Belzec, Chelmno und Majdanek. Es verweist in erster Linie auf diese Vernichtungslager und ihre spezifische Wirklichkeit[8]. In einer gewissen Begriffsweitung mag es sich auch auf den planmäßigen Mord an den Juden in anderen deutschen Konzentrationslagern beziehen; wer dächte bei Auschwitz nicht an Leichenberge, deren Bilder meist aus Bergen-Belsen, nicht aus Auschwitz, stammen. Auschwitz ist nach Auschwitz immer auch Metapher für das konkrete Geschehen und kategorialer Begriff. Es ist ein Symbolwort, das Bilder und eine Vielzahl an Assoziationen beschwört. Dem Überlebenden ist es der Name dieses einen Ortes, sprachlicher Verweis auf das konkrete Geschehen, das er dort erlebte, das er überlebte, das ihn zum Überlebenden machte und immer wieder macht. Auschwitz ist ihm die unentrinnbare Erinnerung an die, die er überlebte. Es ist der Ort der Märtyrer, ein Friedhof, der die jüdische Tradition des "Beit Ha-Kwaroth" (Haus der Gräber), um so mehr die des "Beit Ha-Chajim", der Heimstatt der Lebenden, im Absoluten verkehrt. Eine einzigartige Nekropole, Mittelpunkt eines Kosmos, der durch Auschwitz seine Ordnung verlor.

Im Sprachgebrauch derer, die außerhalb von Auschwitz stehen (und doch in Beziehung zu ihm), droht Auschwitz immer wieder der leise Tod der Floskel. Die Türen zu den Gaskammern markieren die Grenze des Vorstellbaren. Nur zu verständlich ist es, daß das Vorstellungs- und Konkretionsvermögen versagt, und schon die nur äußerst rudimentären Eindrücke, die sich für uns mit dem Wort Auschwitz und den uns vor Augen getretenen Bildern, den vernommenen Berichten, ergeben verbinden sich mit bedrängenden, unangenehmen, schmerzlichen Ahnungen, Assoziationen und Gefühlen. Und es ist ebenso nachvollziehbar, daß der Blick sich eher abwendet, als daß er nach weiterer Konkretion verlangte und suchte. Auschwitz mobilisiert fast zwangsläufig den Wunsch, zu verdrängen und zu leugnen, abzuspalten. Daß beides sinnlos ist, da Auschwitz Fluchtpunkt dieser Bemühungen bleibt, habe ich bereits angedeutet - ausführlichere und weitaus kompetentere Überlegungen stellt Dierk Juelich in seinem Beitrag zu diesem Band an.

Besonders beredt wird die Tendenz der Entleerung und Umdeutung des Begriffes Auschwitz in dem Maße, wie in einem christlich legierten Motivensemble Auschwitz sich mit einem Bildverbot verbindet, das das Wegschauen, das Abwenden, zu legitimieren scheint. An die Stelle von personaler, historisch und biographisch verortbarer Schuld (die im Zweifelsfall durch Jesu Kreuztod im voraus bereits abgebüßt ist) tritt eine

---

8 zur Charakterisierung der Vernichtungslager vgl. Hilberg, R.: Die Vernichtung der europäischen Juden, Berlin 1982, S.585ff

letztlich bequem zu habende Pose der stillen Scham. Auschwitz wird in diesem Kontext zu einem zweiten Golgatha verklärt. Die unterstellte Sinngebung lautet: An ihm sollen sich die Menschen bewähren. Die Juden sollen in Verkehrung und gleichzeitiger Übernahme antisemitischer Klischees aus der Verfolgung gelernt haben, bessere, duldsamere Menschen zu sein (wenn die Juden sich nur gut betragen, werde der Antisemitismus schon verschwinden, als sei der Antisemitismus die Sache der Juden und nicht die der Antisemiten...), während die Christen die Gelegenheit sehen, an der theologisch, um Gottes und des eigenen Seelenfriedens Willen nicht persönlich oder historisch vermittelten Schuld zu wachsen. Christliche Religiosität okkupiert Auschwitz so als den Raum eigener Bewährung, statt es als Ort eigenen kumulativen Versagens zu begreifen. Der Konflikt um den Klosterbau in Auschwitz ist nur ein Ausdruck dieses explizit christlichen Modells von der Verarbeitung und Handhabbarmachung des Geschehenen. So wird das tatsächliche Geschehen seiner historischen Wurzeln (zu denen u. a. selbstredend der christliche Antijudaismus gehört) beraubt und bewältigt, d.h. überwältigt. Der christliche Antijudaismus erklärt seine eigene Hybris für gut aufgehoben.

Das Wort vom Holocaust, vom Brandopfer, läßt sich in diesen christlichen Deutungszusammenhang problemlos integrieren. Es markiert im deutschen Diskurs eine noch deutlichere Entfremdung vom konkreten Geschehen. Knilli wies 1986 auf die Entspezifizierung dieses Begriffes und den inflationären Umgang mit ihm hin[9]. Ein "zweiter Holocaust" läßt sich offenbar leichter behaupten als ein "zweites Auschwitz". Und doch hat der Terminus "Holocaust" in der öffentlichen wie in der fachwissenschaftlichen Auseinandersetzung einen solchen Grad an Akzeptanz erfahren und ist überwiegend doch eindeutig besetzt, daß er vielleicht zur Verständigung besonders taugt; er ist durch die Arbeiten Hilbergs und anderer in starkem Maße geprägt und legt daher doch eine Ernsthaftigkeit nahe, die mich ihn auch benutzen läßt. Mehr noch: ich möchte darauf drängen, daß er nicht jene Umdeutung erfährt, mit der das Waldsterben zum Vorzeichen eines "ökologischen Holocausts" erklärt wird, oder in das Inventar politischer Entrüstung angesichts von Minoritätenverfolgung weit unterhalb des Niveaus einer massenhaften, planmäßigen, verwalteten und quasi industriellen Vernichtung aufgenommen wird.

Das hebräische Wort von der Schoah, von der Katastrophe, ist im israelischen Kontext eindeutig. Schoah meint heute nicht irgendeine Katastro-

9 Knilli, F.: Holocaust als Modewort, in: Silbermann, A. (u.a.): Antisemitismus nach dem Holocaust, Köln 1986, S.123-132

phe, sondern den gewaltsamen Tod, die Ermordung und Vernichtung des europäischen Judentums. Ich möchte davor warnen, daß es im deutschen Diskurs allzu achtlos übernommen wird, als entbinde es die deutsche Seite der Mühe, begrifflich klar zu benennen, was damit gemeint ist. Es wäre ein Irrtum, wollte man sich mit der Aneignung eines hebräischen Begriffs quasi einer durch die Hintertür erlangten Absolution versichern. Die deutsche Sprache kennt einige Worte, die ich auch in diesem Text verwende, die immer einer umständlichen Verschachtelung, Ergänzung und Erklärung bedürfen. Diese Umständlichkeit ist den besonderen Umständen, dem singulären Geschehen geschuldet, das die Nazis mit dem Terminus Technicus "Endlösung der Judenfrage" benannten. Letztlich kommen wir auch an diesem zynischen Deckbegriff, der maskieren sollte und doch etwas von der Beschaffenheit der Täter offenlegt, nicht vorbei. Es führt uns unsere Sprachlosigkeit vor Augen, die nicht von ungefähr kommt.

"Endlösung der Judenfrage"[10] - vielleicht müssen wir uns der Mühe stellen, die dieser Begriff, den die Nazis prägten, uns abverlangt. Er verlangt von uns nach notwendigen Erklärungen und Distanzierungen, die immer mitgedacht und gesagt sein müssen, damit unsere Sprache mit ihm nicht ganz die der Nazis werde.

Die Sprache, mit der wir von Auschwitz sprechen wollen, stellt uns zwangsläufig. Uns, wenn wir uns der deutschen Sprache bedienen, die unschuldig tut, und die nur mit dem Rekurs auf ein "vor Auschwitz" nicht zu retten, aber zu behaupten ist.

Kafka schrieb vor Auschwitz[11]:

"Wenn Du vor mir stehst und mich ansiehst, was weißt Du von den Schmerzen, die in mir sind und was weiß ich von den Deinen. Und wenn ich mich vor Dir niederwerfen würde und weinen und erzählen, was wüßtest du von mir mehr als von der Hölle, wenn Dir jemand erzählt, sie ist heiß und fürchterlich. Schon darum sollten wir Menschen vor einander

---

[10] Elie Cohen fordert in einem Brief an mich vom Februar 1992, wie ich finde, vollkommen zu Recht, daß wir uns mit diesem Begriff auseinandersetzen, da "Holocaust" inzwischen ein englisches Wort sei, "Schoah" ein hebräisches - der Mord an den Juden aber bleibe eine deutsche Tat, was auch aus den verwendeten Begrifflichkeiten hervorgehen müsse. Ich weiß selber keine befriedigende Antwort. Wenn ich weitgehend das Wort "Auschwitz" verwende, jenen deutschen Namen eines polnischen Ortes, dann geschieht es immer unter dem Vorbehalt, der das andere jeweils mit-, wenn auch sicherlich nicht zuendegedacht hat.

[11] Kafka, F.: Brief an Oskar Pollak, 9.November 1903, in: ders.: Briefe 1902-1924, Ffm. 1983, S.19

so ehrfürchtig, so nachdenklich, so liebend stehn wie vor dem Eingang zur Hölle. "

Dieser Satz scheint mir angesichts von Auschwitz nicht an Bedeutung verloren zu haben, im Gegenteil: er nimmt etwas von der individuellen Traumatisierung, die Fassungslosigkeit, die Unbegreifbarkeit, von der Art, in der sich Auschwitz uns entzieht, vorweg. Wenn nun ein Auschwitz-Überlebender von dem Leben, dem Überleben und Sterben in Auschwitz berichtet, was wissen wir mehr von ihm, als daß er den Eingang zur Hölle sah? Eissler schrieb: "Die Leiden Hiobs waren geringer, und in seinem Falle versuchte der Teufel sein Bestes"[12]. Und von wem, wenn nicht von dem Überlebenden, sollten wir erfahren, was Auschwitz bedeutete?

Wie Auschwitz war - befragen wir dazu auch die Aussagen der Täter, die wir den Zeugnissen der Überlebenden gegenüberstellen sollten. Der SS-Arzt Prof. Dr. Johann Paul Kremer <Jahrgang 1884> schrieb am 5. September 1942 im Vernichtungslager Auschwitz in sein Tagebuch über die Vergasung von Häftlingen:

"Heute Mittag bei einer Sonderaktion aus dem F<rauen> K<onzentrations>L<ager> ('Muselmänner': das Schrecklichste vom Schrecken. H<aupt>sch<ar>f<ührer> Thilo hat Recht, wenn er mir heute sagte, wir befänden uns am Anus Mundi (After der Welt). Abends gegen 8 Uhr wieder bei einer Sonderaktion aus Holland. Wegen der dabei abfallenden Sonderverpflegung, bestehend aus einem Fünftel Liter Schnaps, 5 Zigaretten, 100 g Wurst und Brot, drängen sich die Männer zu solchen Aktionen. " [13]

Auch das ist die Realität von Auschwitz. Deutsche Realität, der wir uns stellen müssen. Wir müssen wohl durch viele Niederungen, bis wir das etwas besser begreifen.

Auschwitz konstituiert nicht nur einen Bruch unseres modernen Denkens, einen Zivilisationsbruch, der ein Davor und Danach kennt. Es zieht einen ebenso unüberbrückbaren allgegenwärtigen Stacheldrahtzaun zwischen dem Lagerinneren und -äußeren, zwischen den Tätern und Mitläufern auf der einen und den Opfern auf der anderen Seite. Es gilt festzuhalten: Die Opfer hatten keine Wahl, wo sie sich wiederfanden, die Täter und Mitläufer wohl. Sie hätten die Seite wechseln können, immerhin.

---

12 Eissler, K.R.: Die Ermordung wievieler seiner Kinder muß ein Mensch symptomfrei ertragen können, um eine normale Konstitution zu haben? in: Psyche 1963/64, S.289

13 Auschwitz in den Augen der SS, Katowice 1981, S.213f

Das Verhältnis zwischen Tätern, Zuschauern und Mitläufern zu den Opfern erschöpft sich in keiner Symmetrie, und das gilt auch für die jeweiligen Kinder. Ich kann diesen Komplex hier nur kurz anreißen. Der israelische Psychoanalytiker Hillel Klein erklärte in einem Interview über Mitscherlichs Konzept der "Unfähigkeit zu trauern":

"Bestimmt war die Arbeit Mitscherlichs ein wichtiger Fortschritt, der sich aber auf die Unfähigkeit bezog, um den allmächtigen, grausamen Vater Hitler zu trauern. Es waren darin keine Worte in Bezug auf eine Welt, die in Deutschland auch verloren ging. Ich fühle das Vakuum, das die Juden hinterließen, das Vakuum, das anstelle ihrer Kultur blieb. Ich habe noch keine Trauerarbeit um diese jüdischen Menschen gespürt."[14]

Hier gilt es, den Begriff der "Unfähigkeit zu trauern" zu entmythologisieren. Er ist zu einem Versatzstück einer Bekenntnisrede geworden, die zu billig zu haben ist. Auch bei Mitscherlich war es nicht die Trauer um die umgekommenen, ermordeten Juden. Die Trauer um die Kriegsniederlage erschien in der Bundesrepublik über Jahre hinweg sehr viel mächtiger als das ehrliche Bekenntnis des einzelnen, falsch gehandelt zu haben. Die seltene, deklamatorische Trauer um die deutschen Juden war über Jahre hinweg bestenfalls die um die den Deutschen verlorengegangenen Nobelpreisträger, Literaten, Wissenschaftler und Schauspieler.

Erst in den vergangenen drei, vier Jahren bin ich verschiedentlich im Umgang mit älteren Deutschen einem humanen Interesse am Schicksal der einstigen jüdischen Nachbarn begegnet. Seit 1980 arbeite ich über die Geschichte der jüdischen Gemeinschaft von Harburg-Wilhelmsburg, einem Stadtteil Hamburgs. Ich habe jahrelang Zeitzeugen gesucht, und die Zahl der nichtjüdischen Interviewpartner ließ sich über zehn Jahre hinweg an einer Hand abzählen. 1990 wurden achtzehn von mir ermittelte jüdische ehemalige Harburger eingeladen, und im Vorwege suchte ich über die Presse alte Jugendfreunde. Mehr als siebzig alte Leute meldeten sich, und noch heute klingelt recht häufig mein Telefon, und nichtjüdische Harburger hoffen, von mir Auskunft über das Schicksal einstiger Freunde, Mitschüler und Nachbarn zu erhalten. Manchem muß ich sagen, daß der oder die Gesuchte umgekommen ist, und die Bestürzung und Anteilnahme wirkt auf mich in der Regel echt; anderen kann ich, wenn es den Gesuchten recht ist, eine Kontaktaufnahme ermöglichen, und was dann zwischen den jüdischen Überlebenden und ihren nichtjüdischen Überlebenden geschieht, wie man an Vergangenes, so Überschattetes anknüpft - das wäre eine eigene Untersuchung wert.

---

[14] stilistisch gerafft; unveröffentlichtes Skript eines Radiointerviews

Der mir doch als symptomatischer erscheinende Strang der Trauer um Hitler zieht sich, ins Familiäre übersetzt, in Form der Suche nach dem liebenswerten Nazi-Vater, auch durch die neu entstandene Literatur der "Nazikinder", ob bei Niklas Frank[15], Dörte von Westernhagen[16], Gabriele von Arnim[17] oder Sabine Reichel[18], um einige der bekannteren Autoren zu nennen. Wieweit diese biografischen Versuche und Lebensgeschichten nun wieder Deckerinnerungen formulieren, läßt sich hier kaum andiskutieren. Worüber sie sehr wohl sämtlichst Auskunft geben, ist, wie Erziehung nach (und das heißt für die nichtverfolgten Deutschen in der Regel: so-als-ob-ohne-Auschwitz) in Deutschland praktiziert wurde. Auffällig ist, daß sich der Auschwitz-Komplex in den genannten Fällen trotz erheblicher Verdrängungsleistungen in den Familien und im gesellschaftlichen Umfeld des Nachkriegsdeutschlands als Problem stellte. Letztlich ist Auschwitz dann aber nicht Dreh- und Angelpunkt der Auseinandersetzung, sondern ihr verschieden stark durchdrungener historischer Anlaß.

Die Trauer der Überlebenden und ihrer Kinder ist von anderer, unentrinnbarer Pein gezeichnet, in der Auschwitz zentral steht, als unvermittelbare und doch allgegenwärtige Auschwitz-Erfahrung der überlebenden Eltern. Die Reaktion der KZ-Überlebenden auf den "psychotischen Kosmos"[19] des KZs galt ihrer Umwelt oft genug noch lange nach der Befreiung als Ärgernis und Störung, wie Jean Amery notierte[20]:
"Es könnte ja sein, daß ich krank bin, denn objektive Wissenschaftlichkeit hat aus der Beobachtung von uns Opfern in schöner Detachiertheit bereits den Begriff des 'KZ-Syndroms' gewonnen. Wir alle seien, so lese ich (...), nicht nur körperlich, sondern auch psychisch versehrt. Die Charakterzüge, die unsere Persönlichkeit ausmachen, seien verzerrt. Nervöse Ruhelosigkeit, feindseliger Rückzug auf das eigene Ich seien die Kennzeichen unseres Krankheitsbildes. Wir sind, so heißt es, 'verbogen'."
Und Amery fährt fort[21]:

---

[15] Frank, N.: Der Vater. Eine Abrechnung, München 1987

[16] Westernhagen, D. von: Die Kinder der Täter, München 1987

[17] Arnim, G. von: Das große Schweigen, München 1989

[18] Reichel, S.: Zwischen Trümmern und Träumen. Aufgewachsen im Schatten der Schuld, Hamburg 1991

[19] vgl. Grubrich-Simitis, I.: Extremtraumatisierung als kumulatives Trauma, in: Lohmann, H.-M. (u.a.): Psychoanalyse und Nationalsozialismus, Frankfurt/M. 1984, S.215

[20] Améry, J.: Jenseits von Schuld und Sühne, Bewältigungsversuche eines Überwältigten, Stuttgart 1980[2], S.110

[21] ebenda

*"Das läßt mich flüchtig an meine unter der Folter hinterm Rücken hoch-
gedrehten Arme denken. Das stellt mir aber auch die Aufgabe, unsere
Verbogenheit neu zu definieren: und zwar als eine sowohl moralisch als
auch geschichtlich der gesunden Geradheit gegenüber ranghöhere Form
des Menschlichen. ".*

Vielleicht gehört das Eingeständnis, derart "verbogen" aus dem Geschehen hervorgegangen zu sein, zu den gesundesten Reaktionen auf Auschwitz. Auschwitz entfaltet vor den Überlebenden einen apokalyptischen
Horizont, der, anders als in dem, was etwa Christen mit apokalyptischen
Vorstellungen verbinden, realer, da erlebter Natur ist.

Wenn ich von dem unüberbrückbaren Bruch zwischen Lagerinnerem und
-äußerem schrieb, ist das doch nicht so mißzuverstehen, als berührten sich
beide Welten nicht, und als wäre der jeweils andere Bereich nicht
vermittelbar. Auch das "vor Auschwitz" und "nach Auschwitz" berühren
sich ja in Auschwitz - nur lassen sie sich nicht versöhnen.

Auch deshalb kommen die Kinder der Täter und Zuschauer um den Diskurs über Auschwitz nicht herum, denn die "Gnade der späten Geburt"
gibt es nicht wirklich. Ich behaupte nicht die Schuld der Nachgeborenen
an den Taten ihrer Eltern. Aber mit der Schuld verhält es sich hier m.E.
auch komplizierter, als gemeinhin angenommen. Von Arnfried Astel
stammt das Wort, das ich frei und hoffentlich korrekt zitiere:

"Die Unschuld trägt einen Ring aus jüdischem Zahngold."

Auschwitz betrifft uns, weil es den Gedanken einer "deutschen Unschuld"
angesichts von Auschwitz undenkbar erscheinen läßt.

Eugen Kogon bietet eine Brücke, die uns den Bruch der Wirklichkeit
nicht überwinden läßt, die uns aber vielleicht hilft, daß wir unseren Blick
ändern. Er ruft uns auf:

*"Wende den Blick zu den Leichenhügeln, Betrachter der Zeitgeschichte,
halte nur einen Augenblick inne und denke, dieser arme Rest von Fleisch
und Bein sei Dein Vater, Dein Kind, Deine Frau, sei der Mensch, der Dir
lieb ist! Dich selbst und Deine Allernächsten, an denen Dein Herz und
Dein Sinn hängt, sieh nackt in den Dreck geworfen, gequält,
verhungernd, getötet"*[22]

Anteilnahme, Erschütterung, Trauer und Bestürzung, Zweifel und Verzweiflung sind sicherlich kein auch nur annähernd ausreichendes pädagogisches oder politisches Programm (wenn es das denn gäbe) zur
Verhinderung von ähnlichem wie Auschwitz; diese Emotionen zurückzugewinnen, derer sich die Deutschen kollektiv so viele Jahre lang entledigt

---

[22] zit. nach: Schoenberner, G.: Der gelbe Stern, Frankfurt/M. 1982, S.272

zu haben schienen, würde m.E. jedoch dazu beitragen, der eigenen Verbogenheit durch und nach Auschwitz etwas entgegenzusetzen.

Bevor nun aber die deutsche Seite sich so auf ihre eigenen Befindlichkeiten zurückziehen zu dürfen glaubt, betone ich noch einmal die asymmetrische Gestalt der Situation von Tätern und Opfern (und ihren jeweiligen Nachkommen). Es klingt banal und muß doch gesagt sein: Die Verbogenheit der Opfer ist eine grundsätzlich andere als die der Täter. In meinen Augen hilft es auch nichts, die Täter mit Sozialarbeiterblick zu entmündigen, um sie zu Opfern der Verhältnisse, einer schweren Jugend oder gesellschaftlicher Verhältnisse zu erklären, es sei denn, es wäre einem an einer Apologie, oder doch zumindest an einer Entschärfung der Tat, gelegen. Dieses Moment kolportiert noch den vulgärmarxistischen Determinismus, als sei der Faschismus die quasi zwangsläufige Folge ökonomischer Krisen im Zerfallsprozeß der bürgerlichen Gesellschaft, denn es behauptet die Entsubjektivierung der Täter als Opfer eben jenes Verfalls. Hohe Arbeitslosigkeit und Wirtschaftskrise treiben die gesellschaftlichen Subjekte jedoch gerade nicht naturwüchsig in das Lager der Reaktion, schlimmer noch: des Nazismus. Schließlich entheben selbst Entfremdung und Atomisierung des Individuums es nicht seiner Verantwortung für sein Tun und Lassen, wie all jene beweisen, die unter gleichen Umständen verantwortlich handelten.

Zurück (oder vorwärts) zu dem Problem einer "Erziehung nach Auschwitz". Sie krankt oft genug daran, daß das deklamatorische "Nie wieder!" solange Makulatur bleibt, wie es nicht davon weiß, was denn nie wieder sein dürfe, solange das "Wie war das nur möglich?" moralische Platitüde bleibt. Aus der Geschichte lernen zu wollen, bedeutet, sie kennenlernen zu müssen. Das heißt, daß man bewußt und frei genug sein muß, sich ihr zu stellen, um von ihr nicht gestellt zu werden. Hier sind psychische Dispositionen angesprochen, die einerseits zwar historisch, d.h. immer auch: biographisch, vermittelt sind, andererseits aber auch dem Reflexionsvermögen und der Bereitschaft, nötigenfalls mit sich und seiner Tradition zu brechen, unterliegen.

Es gibt auf seiten der Deutschen eine große, letztlich jedoch monoton wiederkehrende Formenvielfalt, sich dem Geschehenen zu verschließen. Manchmal kommt der Versuch, der Vergangenheit zu entkommen, ganz harmlos, schlimmer noch: unschuldig, daher.

Der Begriff "Auschwitz" z.B., an die richtige Stelle gesetzt, verbietet selber oft die Nachfrage: Was meinst Du genau damit: mit Auschwitz? Darin liegt der Tabu-Charakter des Wortes. Da der Gedanke an Auschwitz so unerträglich ist, können wir nur froh sein, daß es ein Wort dafür gibt, das zugleich den Schrecken beinhaltet, und ihn doch vor uns verbirgt. So wird auch möglich, von Auschwitz zu sprechen, um nicht von Auschwitz sprechen zu müssen. Der Sprecher wird ja, indem er selbstverständlich von Auschwitz spricht, in den Bannkreis dieses Begriffes aufgenommen. Und doch, wenn wir genau hinschauen, erkennen wir, daß das Wort ganz verschiedene Assoziationen hervorruft und bedient. Der Sprecher wird es sich aber schon, so nehmen wir an, gründlich überlegt haben, warum er von Auschwitz spricht. Die Nennung dieses Ortes signalisiert die Warnung: Hier ist der Diskurs von vornherein abgeschlossen. Diese Form der Verdrängung des Geschehenen durch dessen scheinbare Verarbeitung ist es, die mich zunehmend und gerade auch hier beschäftigt. Reaktionsformen auf das Geschehen um Auschwitz, die der Bearbeitung nicht wirklich dienen, gibt es viele - die direkte Leugnung etwa, die behauptet: "So etwas hat es nicht gegeben." Oder die Verdrängung auf verschiedenem Niveau, im Sinne des "Wir haben davon nichts gewußt" über das Schweigen zum Verschweigen. Verdrängung kann aber auch heißen, darüber zu sprechen, um nicht darüber denken zu müssen. Das Sprechen wird zur Ersatzhandlung in eigenen, ritualisierten und allseits bekannten Formen. Es ersetzt mit zwanghafter Vehemenz und unheimlicher Eloquenz die Bemühung, das Geschehene zu durchdringen, sich die Opfer zu vergegenwärtigen und die Täter zu benennen. Ich denke an den Kult der selbstgefälligen Betroffenheit, der moralischen Pose, der moralisierenden Überheblichkeit, also an das, was Hermann Gremliza einmal die "unheimliche Betroffenheit = heimliche Unbetroffenheit" nannte. Indem man nur vom eigenen Mitleid spricht, das einem so schwer wird, rückt man sich selbst in die Mitte und verdrängt die tatsächlichen Opfer. Dadurch, daß man mit- oder nachleidet, wechselt man posthum die Fronten. Wer durch Tradition, Familie und Biographie eher auf der Seite der Täter und Zuschauer stand, tut so den Schritt auf die andere Seite des Stacheldrahts. Damit riskiert er nichts, im Gegenteil: er gewinnt an Moralität, an moralischer Überlegenheit auch gegenüber den Mördern und Mitläufern, die zum Beispiel seine Eltern oder Großeltern sein könnten. Und schließlich ist die Herausforderung, die ihm das Opfer, der Überlebende, vordem war, nicht mehr die seine. Die Tat spaltet sich ab von den Tätern und von den Opfern, verliert an Historizität, wird frei verfügbar als Projektionsfläche eigener Ängste und anderer intrapsychischer Notwendigkeiten. Diese Form der Verdrängung fürchtet nichts mehr als die Konfrontation mit dem Geschehenen und vermag es dennoch, direkt in dessen Bannkreis wirksam zu werden. Auschwitz wird allmählich als historisches Spezifikum entleert, verkommt so zur allgemein gebräuchlichen Floskel, zu einer Metapher für etwas Willkürliches, Bedrohliches und Schreckliches, schließlich nur noch "irgendwie Negatives". Es ist ein kleiner Schritt von dieser Entleerung zur Umdeutung, zur fragwürdigsten und fraglosen Verallgemeinerung[23].

Ich möchte einige Beispiele aus der jüngsten bundesrepublikanischen Geschichte für Formen der Verdrängung nennen, die sich als Aufarbeitung des Geschehenen ausgeben:

Hans Keilson[24] vertritt die Ansicht, daß die (gelegentlich sehr unkritische) Identifikation innerhalb der bundesdeutschen Linken mit revolutionären Befreiungsbewegungen in aller Welt den Versuch mit einschloß, revolutionäre Praxis nachzuholen, "der nicht nur dieser Generation von jungen Linken im eigenen Land vorenthalten wurde, und vor allem sollte das völlige Versagen der linken Parteien im Kampf gegen den Nationalsozialismus nun in anderen Ländern mit Hilfe von Identifikation und Projektion nachgespielt und wettgemacht werden, eine Art von politisch-ideologischem play-back". In den Konflikten der Gegenwart, das scheint plausibel zu sein, bietet sich eine geeignete Projektionsfläche, auf der wir die Nazis <(und es kommt etwas vom üblichen Generationenkonflikt hinein, das durch das historische Geschehen an Schärfe gewinnt:) unsere Eltern> nachträglich zu schlagen suchen. So tritt das tatsächliche Geschehen vor dem imaginierten, phantasierten, in den Vordergrund, und es entstehen die keinesfalls zwingenden, eher zwanghaften Bilder der Wiederholung, die uns nicht von der Geschichte zu befreien vermögen, sondern uns ihr noch einmal mehr ausliefern. Im Golfkrieg etwa wurde etwas davon spürbar, als die einstigen Kriegsgegner der Eltern und Großeltern von Teilen der Friedensbewegung mit dem identifiziert wurden, was die Eltern und Großeltern tatsächlich einmal waren, im Sinne des alten, leicht deutbaren Slogans "USA-SA-SS". Seine Botschaft lautet einerseits: Nazis gibt es überall; dieses Mal sind sie nicht hier anzutreffen, sondern in den USA; andererseits suggeriert er, über die deutschen Nazis, unsere Eltern, und über uns brauchten wir nicht mehr zu sprechen; wir sind diesmal auf der richtigen Seite. Die Befreier weichen den imperialistischen "Besatzern". Im antiamerikanischen Ressentiment treffen wir uns mit Oma und Opa, mit Mama und Papa wieder, hier verwirklicht sich der Friede der Generationen im Sinne einer "conspiracy of silence", einer Konspiration des diesmal überlauten Verschweigens eigentlicher Motive.

---

23 Ich denke hier z.B. an den Artikel in der Berlin-Ausgabe der Tageszeitung, in dem von einer "gaskammervollen" Diskothek die Rede war.
24 Keilson, H.: Linker Antisemitismus ?, in: Deutschunterricht 1985, S.69-86

Und wenn junge Deutsche nun gelernt hätten, wie in der Diskussion um den Golfkrieg behauptet, sich einzumischen? Dieses Mal rigoros auf der Seite der Opfer! Nie wieder Täter sein, lautete doch das unausgesprochene Motto der deutschen Friedensbewegung, während die Völker, die dem Terror der Deutschen ausgesetzt waren, allen voran Juden, als Maxime das "Nie wieder Opfer!" verinnerlichten.in dieser Identifikation, die sich als Identität des Nicht-Identischen ausgibt, aktualisierte sich jene "zweite Schuld" (Giordano) der Verleugnung der eigenen Geschichte, verbunden mit der Pose des unheimlich moralisierenden, notorisch guten Gewissens. Im *rigorosen* Moralisieren liegt eben auch der *verständliche* Wunsch, normal zu werden, indem man das von Deutschen begangene Unrecht durch moralischen Rigorismus "wiedergutmache", wie zugleich auch der elitäre Anspruch, einzig und menschheitsbeglückend*die* Konsequenz aus dem Zweiten Weltkrieg, der ja eben nicht nur der deutschen Geschichte angehört, ziehen zu können und gezogen zu haben. Und fast trotzig mischt sich die Umkehrung des "Hitler-Reflexes" (Hans Ulrich Klose) mit hinein - nicht an den Taten der Nazis gemessen zu werden, sich auch gegen Juden und den jüdischen Staat wenden zu dürfen, ihm selbst - im Extrem - als "zionistisches Gebilde" und Fremdkörper in der arabischen Welt (nur unweit vom Bildwert des "jüdischen Parasiten im deutschen Wirtsvolk") die Existenzberechtigung absprechen zu wollen. Mir ist ein solch anmaßender "deutscher Sonderweg" zuwider, mit dem man behauptet, als einziger Experte in Sachen Moral, als Ethik-Kommission der Welt, auftreten zu können. Besser als die Deutschen vor uns zu sein, ist ein ehrenwertes Ziel. Besser als alle anderen sein zu wollen, birgt immer auch einen guten Anteil Bigotterie und Heuchelei in sich, ein Superioritätsdenken, das niemandem, Deutschen jedoch zuletzt, zusteht. Mehr noch: es erscheint wie die Verlängerung einer Haltung, die die Welt am deutschen Wesen genesen lassen wollte.

Auch das apokalyptische Denken, das weite Teile der bundesdeutschen Friedensbewegung (ich selber gehörte dazu) in den 1980er Jahren charakterisierte, erscheint mir seiner Form nach weitgehend als Escapismus, denn "No future" ist nur allzu oft ein Reflex auf den Wunsch nach "No past"[25]. Die Friedensbewegung sah sich am liebsten selbst als Opfer, nivellierte so die nicht nur national, sondern direkt familiär und biographisch verortbare Tradition, in der die Deutschen, ob Nazi- und Mitläuferkinder bzw. -enkel, stehen. Es wurde Betroffenheit und Emotionalität bekundet, wo beides zu wenig ist - wo es der mühsamen intellektuellen und oft unergiebigen politischen Auseinandersetzung, auch politi-

---

[25] Speier, S.: Der ges(ch)ichtslose Psychoanalytiker, in: Psyche 6/87, S.481-491

schen Drucks, bedurft hätte. Die "Betroffenheit" vieler Deutscher wirkt für mich wie von stark narzißtisch besetzten, fast onanistischen Zügen geprägt, während sie sich der tatsächlichen Opfer nur als Interieur ihrer dunklen, zugleich erhellenden Phantasien von Schuld und Sühne bedienten. Das Terrain der Politik mit seinen ihm eigenen Formen meidet mancher wegen dessen Ferne von der reinen Lehre der Moralität. Bloß nicht die Hände schmutzig machen - eine zweifelhafte, sich ehrbar darstellende Pose, die die tatsächlichen Gegebenheiten und Verfahrenswege in der parlamentarischen Demokratie jedoch verkennt, oder ein prädemokratischer Reflex von der Art der Mitläufer, die nach ihrer zumindest affirmativen Beteiligung am NS-Regime mit dem Scheitern ihrer Ideale behaupteten, sie seien letztlich unpolitisch gewesen und wollten es, aus Erfahrung klüger geworden, auch bleiben. Die politischen Rituale werden durch die "unpolitischen" Betroffenheitsbekundungen nicht ernsthaft durchbrochen, sondern um einen haltlosen Bekenntniskult von überraschender Uniformität ergänzt, der schließlich zum dekorierenden Versatzstück jeder Politik verkommt. Das Bekenntnis zum Frieden kostet hierzulande keine Überwindung; weder die Demonstranten, die Politiker noch den Vorstandssprecher von Krauss-Maffay. Frieden ist konsensfähig in dieser neuen Volksgemeinschaft, die von dem Frieden der Generationen ebenso lebt wie von dem "Faszinosum" Jenningerschen Zuschnitts, das sich im Spannungsbogen von der jugendbewegten Lagerfeuerromantik vor dem amerikanischen Generalkonsulat über "unverdächtige" Fackelmärsche bis zu Bittgottesdiensten für den Frieden entfaltet (und schließlich auch Schüsse auf die US-Botschaft in Bonn nicht verurteilte). In diesem Falschen gibt es wirklich kein letztlich Richtiges.
Diese Aporie auszuhalten ist der Fluch der bösen Tat, der die Deutschen trifft. Unterschiedslos. Auch die deutsche Linke ist deutsch. Und es erscheint als Escapismus, wenn wir anfangs noch fragten, ob es einen linken Antisemitismus in der Bundesrepublik gebe, da schnell an die Stelle dieser rhetorischen Frage jene gestellt wurde, ob es denn noch eine Linke in der Bundesrepublik gebe. Mit einem gewissen Aufatmen reagiert mancher aus dieser Linken, da er nun in apokalyptischer Verzückung sagen darf: es gibt ja nicht einmal mehr die Bundesrepublik! Auschwitz aber bleibt. Es bleibt uns.
Auschwitz bleibt.
Die Verdrängung der Zukunft ist der der Vergangenheit in hohem Maße verwandt. Sie ist, so Speier, nach Auschwitz fester Bestandteil unseres Verhaltensrepertoires, unseres psychischen Interieurs geworden:

"Wer sich 'Auschwitz' präsent hält, steht unter dem Risiko der Desorganisation. Wer genießen will, muß Auschwitz verleugnen. Nach 'Auschwitz' und 'Hiroshima' ist die Verleugnung, eigentlich ein primitiver Abwehrmechanismus, zu einem 'normalen' Abwehrmechanismus avanciert. Doch wer 'Auschwitz' und 'Hiroshima' gänzlich verleugnet, wird mitschuldig am Untergang der Menschheit."[26]

Damit, daß unser Denken, unser Erfahrungshorizont, der Schoah, dem Holocaust, nicht gewachsen ist, werden wir nicht fertig. Auch dann nicht, wenn die Ereignisse der Jahre nach 1989 die Nachkriegsgeschichte, die Idee einer unzureichenden, aber immerhin "irgendwie" ausgestalteten Bestrafung Deutschlands, zu revidieren scheinen.

Gelegentlich frage ich mich in aller Bitterkeit, wer denn nun den Zweiten Weltkrieg verloren habe. Manchmal scheint es, als stimme der Satz, daß zu morden sich lohne.

Wir werden mit Auschwitz grundsätzlich nicht fertig - wir sind nicht in der Lage, die Geschichte zu "bewältigen", nein, wir müßten eigentlich zugeben, daß sie uns überwältigt hat und weiter überwältigt. Auch, da Deutschland gerade einen Umbruch durchmacht, der mit der Geschichte zu versöhnen scheint, da er vierzig Jahre und mehr zur Disposition stellt. Letztlich bin ich doch überzeugt, und es erfüllt mich mit Bangen: Ob wir uns ihr stellen oder nicht, unsere Geschichte stellt uns, und wir sind ihr nicht gewachsen.

Die Furcht vor der Wiederholung ("Die Türken sind die Juden von heute") zwingt uns zu Vergleichen. Ich halte es durchaus für legitim, *Vergleiche* anzustellen; es müssen jedoch nicht unweigerlich *Gleichsetzungen* dabei herauskommen. Der Vergleich ist nicht nur sinnvoll, sondern dringend nötig - *nur im Vergleich* - finden wir schließlich etwas über Ähnlichkeiten und Unterschiede zwischen verschiedenen Geschehnissen und die ihnen zugrundeliegenden Konstellationen heraus. Daß sich zwei tatsächlich absolut glichen, erscheint spätestens dann eher als Ausnahme denn als Regel.

Auschwitz konstituiert für die bundesrepublikanische, für die deutsche und also nachfaschistische Gesellschaft ein besonderes Verhältnis zur Geschichte, Gegenwart und Zukunft. Diese Besonderheit scheint es u.a. zu sein, die einige Deutsche immer wieder, insbesondere in ihrer Haltung gegenüber Israel, gegen ihr Schuldgefühl (das im Widerstreit mit dem notorisch guten Gewissen steht) revoltieren läßt. Mehr als fünfzig Jahre zu spät.

---

[26] ebenda

Was bedeutet das alles für eine Erziehung nach Auschwitz? Halten wir fest: **Aus der Geschichte lernen zu wollen, heißt, die Geschichte kennenlernen zu müssen.** Dabei sind die Deutschen, wenn sie es ernst meinen, auf die Überlebenden der Verfolgung angewiesen. Ich habe selber mehrfach erlebt, wie das Gespräch zwischen Überlebenden und deutschen Jugendlichen den Horizont weitet. Die Nachgeborenen erfahren nur so auf authentische Weise etwas über jüdisches Leben vor und im Angesicht von Auschwitz, über die Bürde, die es bedeutet, andere überlebt zu haben, und schließlich lernen sie auch etwas über ihre eigenen Großeltern und Eltern. Der Lehrer halte sich dabei fern von der Pose des moralischen Richters, der a priori in der Lage sei, sich urteilend einzumischen. Auch ein deutscher Lehrer ist in der Regel Teil des Problems, das er zu verhandeln sucht. Ein deutscher Lehrer bleibt ein Deutscher.

Wir können lernen, uns selber zu fragen, wie eine deutsche Existenz in Deutschland nach 1945 möglich war und ist, um nicht wieder bei der für uns einfacheren, oft verständnislosen, fast vorwurfsvollen Frage zu verharren, wie jüdische Existenz hier und andernorts nach der Befreiung möglich war und ist.

Wir sollten die Chance zur Eigenkonfrontation mit den Überlebenden und ihren Zeugnissen suchen, und wir sollten uns mit ihrer Hilfe von Klischees befreien, um uns selber Rechenschaft abzulegen, und um Orientierung zu erfahren, wo wir jeweils wirklich stehen.

Erziehung muß fast zwangsläufig an Auschwitz scheitern. Erziehung nach Auschwitz, die von Auschwitz wüßte und sich als angemessen verstehen dürfte, ist so notwendig wie unmöglich. Beides gilt. Dieser Aporie und diesem Paradox entkommen wir nicht, wie wir der Geschichte nicht entgehen können. Die Frage nach einer Erziehung nach Auschwitz bleibt eine ausweglose Frage ohne Antwort. Wir kommen um sie nicht herum.

Hans Keilson
Was bleibt zu tun?[1]

In einer Garage meines niederländischen Wohnsitzes, die lange Zeit mein
Auto gewartet hat, entdeckte ich eines Tages ein Plakat, das mir vorher
noch nicht aufgefallen war, folgenden Inhaltes: "Als U niets te doen hebt,
dan doe het asjebelieft niet hier", in deutscher Übersetzung: "Wenn Sie
nichts zu tun haben, dann tun Sie es bitte nicht hier."
Die Absurdität dieser Aussage, in der das passive Nichts-Tun den gleichen Rang erhält wie das aktive Tun, ja, in der jeglicher Unterschied
zwischen Aktiv und Passiv aufgehoben erscheint, insofern man ihn auf
das "Hier" einer Garage bezieht, hat ihren Widerpart in der paradoxeren
Situation, in der ich mich hier befinde. Nie in meinem Leben wäre ich je
auf den Gedanken gekommen, daß ich eines Tages hier in Hamburg, der
Stadt, die mir von jeher lieb war, über das Thema sprechen würde, das
mir aufgegeben wurde "WAS BLEIBT ZU TUN", allerdings mit der Ein-
schränkung, daß es mir freistünde, das Thema zu ändern. Nun hat diese
mir zugebilligte Freiheit ihre deutlichen Grenzen. Ich bin der Letzte in einer Vortragsreihe mit einer deutlichen Thematik. Sie betrifft die pädagogischen Aspekte der Erinnerungsarbeit im Echo des Holocaust, oder besser gesagt der Schoah. Holocaust hat für mich immer eine religiöse Kom-
ponente gehabt. In der Vernichtung der europäischen Juden kann ich keinen göttlichen Auftrag erkennen.
Wenn ich richtig informiert bin, wurde und wird in Ihrem Lande, der
Bundesrepublik, in den vergangenen Tagen und Wochen eine enorme
Erinnerungsarbeit im Sinne Ihrer Intentionen geleistet, und ich möchte
nicht versäumen, allen diesen Anstrengungen meine tiefe und aufrichtige
Reverenz zu erweisen. Es ist gut, sich zu erinnern und vielleicht auch zu
trauern. Die Welt und die Menschheit auf ihr ist schnellebig und will
gerne vergessen, und manchmal scheint es, sie lebe lieber vom Vergessen
als von der Erinnerung. Freud hat einmal in einem genialen Einfall die
"traumatische Neurose" als einen Versuch der Heilung der traumatischen
Neurose definiert. Hiermit hat er für mein Gefühl das Paradoxon formuliert, daß die traumatische Neurose, die Erinnerung an überkommene
Traumata, deren man sich aus einem inneren Zwang immer wieder erinnern muß, dazu dient, diese Traumata eigentlich zu überwinden, so daß

---

1 Vortrag im Rahmen der Vorlesungsreihe "Das Echo des Holocaust" an der Hamburger Universität vom 13.Februar 1992

man sie vergessen könnte. Das heißt nicht vergessen, als wäre nie geschehen, was inzwischen Geschichte geworden ist, sondern vielmehr eine milde Erinnerung an erlittene Verwundungen, so wie man Kinder tröstet, die gefallen sind und Schmerzen haben, bis sie wieder aufstehen und lachend weiterspielen. Wir wissen heute, daß dies nie der Fall ist, weder bei den wenigen Kindern noch bei der geringen Zahl Erwachsener, die die Schoah überlebt haben.

Ich könnte mir gut vorstellen, daß im Gegensatz zu der Definition von Freud es Ihre Intention bei dem Einrichten dieses Vorlesungszyklus war, die pädagogischen Aspekte der Erinnerungsarbeit im Echo der Schoah so herauszuarbeiten, daß man die traumatischen Anlässe nie mehr vergißt. Das heißt nicht, vergessen, als wäre nie geschehen, was inzwischen Geschichte geworden ist, sondern erinnern an ein grausames Geschehen, in das Verfolger und Verfolgte in einem apokalyptischen Ausmaß so miteinander verstrickt waren, daß man nur in einer gemeinsamen Erinnerung, in welcher Generation auch, seiner historischen Bezogenheit gedenken kann.

Die Versäumnisse der Vergangenheit sind die Aufgaben der Gegenwart. Ein holländischer Geistlicher, Mitglied einer der beiden großen christlichen Kirchen in den Niederlanden, erzählte mir dieser Tage, er habe als Seelsorger bei den in der Bundesrepublik stationierten niederländischen Truppen in der Nähe von Celle, in Bergen-Hohne, die neu ausgehobenen Truppen jeweils zuerst nach Bergen-Belsen geführt und ihnen unumwunden gesagt: Ihr seid hier, damit das, was hier geschehen ist, sich nie mehr wiederholt.

Aber zugleich verspüre ich bei aller Bezogenheit, oder vielleicht genauer formuliert: gerade wegen dieser persönlichen Bezogenheit, eine gewisse Zurückhaltung. Ich werde später noch ausführlicher darauf zurückkommen. Wenn ich die Namen der erlauchten Vorredner betrachte, von denen mir nur einige persönlich bekannt sind, und wenn ich die Themen ihrer Referate überdenke, von denen mir nur der Text eines, der von Herrn Juelich, bekannt ist, zweifle ich, ob ich Ihnen überhaupt noch etwas bieten kann. Ich bin mir der Gefahr bewußt, Gedanken, Sätze zu wiederholen, die schon zuvor, und viel deutlicher und treffender durch andere gesagt sind. Was bleibt mir zu tun?

Gestatten Sie mir zu Anfang, einige Gedanken zu Ihrer Programmgestaltung zu äußern, wobei ich Sie bitte, dies nicht als eine Art Kritik aufzufassen, sondern als Anfang meines eigenen Beitrages. Falls ich mich mit den folgenden Ausführungen irren sollte, bitte ich Sie hiermit um Nachsicht. Falls dem aber so ist, bin ich dankbar, daß Sie mir den Einstieg in mein Thema so erleichtert haben. Ich vermißte im Programm ein historisches Referat über die Entwicklung des Verhältnisses zwischen der nichtjüdischen Mehrheits- und der jüdischen Minderheitsgruppe in dem, was früher Deutschland genannt wurde. Ich bin überzeugt, daß in den vorhergehenden Referaten hie und da implizit auf dieses Verhältnis hingewiesen wurde. Aber es ist die Frage, ob nicht eine explizite historische Übersichtsdarstellung vielleicht einen Beitrag hätte liefern können zu der Frage, die uns alle bewegt: wie es eigentlich möglich war, daß es dazu kam,- eine Frage, die bereits durch Ludwig Dehio gestellt wurde. Der in Breslau geborene, jetzt in Amerika lehrende Historiker Fritz Stern hat in seiner Gedächtnisrede auf Waldemar Besson vor der Universität Konstanz 1972 mit dem Titel "Um eine neue deutsche Vergangenheit" noch einmal auf diesen historischen Ansatzpunkt hingewiesen. Ich werde versuchen, diesen Problemkreis in meine Ausführungen einzubeziehen, obwohl ich mir bewußt bin, über keine historische Kompetenz zu verfügen. Ich tröste mich mit der Erfahrung, daß viele Historiker zuweilen unreflektiert psychologische Termini und Deutungen in ihre Darstellungen einfließen lassen, z.B. beim Gebrauch des Wortes "Wahn".

Ich bin der Meinung, daß nur eine Kenntnis von dem, was sich in Deutschland im Laufe von Jahrhunderten zwischen Juden und Nicht-Juden abgespielt hat, die Möglichkeit bietet, einigermaßen zu begreifen, wie es zu diesem Ende kam. Ich bediene mich hierzu der Chiffren und Formulierungen meines Faches.

In diesen Tagen und Zeiten ist oft von "Zeitzeugen" die Rede. Meistens werden hiermit alte oder ältere Leute gemeint, Überlebende eines Zeitgeschehens, in dessen Ablauf sie als Opfer verwickelt waren mit der gar nicht so geheimen Absicht, ihre eventuelle spätere Zeitzeugenschaft zu vereiteln. Daß sie jetzt als Zeuge und nicht z.B. als Zeit-"Genosse" vorgestellt werden, verrät das juridische Ambiente ihrer Zeugenschaft. Irgendetwas soll untersucht, hinterfragt, beurteilt und zum Schluß eventuell verurteilt werden. Ich habe mich allmählich mit dieser Rolle vertraut gemacht und mich an sie gewöhnt, wenn ich sie auch nimmer begehrt habe. Auf jeden Fall war ich dabei immer auf der Hut, mich nicht als ein praeceptor Germaniae aufzuspielen. Es gibt, bereits von meinem Beruf her, so manche Fallen, Verlockungen zur Korruption des fest Vorgenommenen, von der einmal gewählten Haltung abzuweichen. Jedoch in einer anderen Hinsicht ist der erwählte und erlernte Beruf auch ein starkes Schild des Schutzes und der Abwehr. So geschieht es, daß zuweilen

Menschen mich konsultieren und auf einmal mit der Frage bestürmen: "Doktor, was muß ich tun", oder, nachdem sie zuvor ihr Leben in groben Umrissen dargestellt und die Zwänge, denen sie unterworfen sind, in einer Art Balance dargestellt haben "Was bleibt mir übrig zu tun?" Nicht immer handelt es sich dabei um Fälle, in denen es um Leben oder Tod geht. Im Gegenteil, es sind meistens sehr menschliche Konflikte, wo zwischen Bewahren einer tradierten, vertrauten aber abgenutzten Haltung und der Kreation einer neuen, aber in ihrer endgültigen Zielsetzung noch unsicheren Ausrichtung entschieden werden mußte. Vollends schwierig erwies sich Zurückhaltung, wenn ein Generationskonflikt dahinter sichtbar wurde, der mehr war als nur eine persönliche Stilfrage. Trotzdem, - und ich bitte Sie, dieses kleine Wörtchen "trotzdem" gut zu behalten, - erwies es sich auf die Dauer als weiser, dem Fragesteller die erwünschte Antwort oder Auskunft zu verweigern. Ihn darauf aufmerksam zu machen, daß, wenn er selbst nicht wüßte, was ihm zu tun bliebe, es doch das Beste sei, nichts zu tun, nichts zu unternehmen, und erst einmal abzuwarten, ob sich vielleicht nicht in ihm selbst eine Antwort heranbilde. Wenn er jedoch selber wüßte, was ihm zu tun stünde, sei es völlig unsinnig, mich zu fragen. Wohl sei es dann später möglich, und vielleicht erwünscht, die Stufen der Frage- und Antwort-Dimensionen einer Analyse zu unterziehen. Meine Empathie für diese Dimensionen bewahrt bei aller professionellen Bezogenheit eine gewisse Distanz, ja sogar Neutralität, wie ich mir vielleicht nur einbilde. Diese ist ein Unterpfand des sich anbahnenden Gespräches für Momente von Ab- und Unabhängigkeit im wechselnden Diskurs. Die Erfahrung lehrt, daß es meistens nicht um die Antworten geht, sondern darum, die richtigen Fragen zu formulieren. Man wird sich damit abfinden müssen, daß es auf viele richtig formulierte Fragen keine, oder nur sehr unvollständige Antworten gibt. Die Frage "Wie war es eigentlich möglich, daß es dazu kam?" scheint mir ein guter Ausgangspunkt zu sein, pädagogische Strategien zu überdenken, um einer Wiederholung vorzubeugen. In der Erziehung wie auch im modernen Strafvollzug hat die Frage nach den Quellen den Vorrang vor der Beurteilung und eventuell Verurteilung einer Tat.

Daß meine Zeitzeugenschaft auf einer professionell-objektiven Ebene angesiedelt ist, und ich sie mit wissenschaftlicher Akribie, soweit mir diese im gegebenen Fall zur Verfügung steht, zu beschreiben gedenke, kann schwerlich erhärtet werden. Im Gegenteil, ich bin Partei im Zeugenstand, und was ich eventuell anzubieten habe, ist keine - für mich auch nicht erstrebenswerte - Objektivität, auch, wie ich hoffe, keine übertriebene

Subjektivität, sondern eine gewisse Relevanz zu dem Thema Ihres Vortragszyklus', die in meiner Biographie begründet ist.

Bereits bevor Auschwitz geschah, oder wofür Auschwitz steht, gab es einen zeitweilig virulenten Judenhaß in deutschen Landen. Im Wetterleuchten der Schoah habe ich nach meinem ärztlichen Staatsexamen in Berlin in Schulen der jüdischen Gemeinde in Berlin und anderen jüdischen Privatschulen und im Landschulheim Caputh als Lehrer und Erzieher gearbeitet und die Schoah in den Niederlanden im Versteck bei Freunden und im Untergrund erlebt. Alles dies verpflichtet mich nicht nur zu einer gewissen bereits signalisierten Zurückhaltung, diese ist auch inhärent der Reflexion über das vorliegende beladene Thema.

Anläßlich meiner Barmitzwah vor vielen, vielen Jahren in einer kleinen Provinz- und Kreisstadt im Oderbruch, habe ich, wie es sich damals so gehörte, viele Bücher bekommen, den Fundus zu einer Bibliothek, sodaß sich im sogenannten deutsch-jüdischen Lexikon jener Tage die humoristische Möglichkeit anbot, Barmitzwah mit "Bibliothek" zu übersetzen. Die innere Haltung, die Sensitivität einer Epoche mit der Möglichkeit, Spannungen in witzigen Formulierungen zu entspannen, - ursprünglich wollte ich hier das Wort "entladen" hinschreiben, aber ich bedachte mich rechtzeitig, das Verhältnis war nie entladen; es steckten, soweit ich mich erinnere und das ist eine beträchtliche Zeitspanne, immer noch einige Patronen abschußbereit in der Flinte - diese Möglichkeit der humoristischen Formulierungen haben Sie nicht erlebt und gekannt. Aber sie hat es auch einmal gegeben, und ich wollte Sie daran erinnern.

Unter den vielen Barmitzwah-Büchern befand sich damals ein schmales Bändchen, gelber Pappdeckel - es war die Zeit der Inflation - darauf mit fetten, schwarzen Buchstaben der Titel gedruckt "Der Mensch ist gut", der Autor Leonhard Frank. Kennt man ihn noch, erinnert man sich noch seines Namens und seiner Werke? Selbst in seinem Geburtsstädtchen Ochsenfurt, das er mit seinem ersten Roman berühmt gemacht hatte, konnte ich bei meinem Besuch im vergangenen Jahr keine Erinnerungsspur an ihn finden, auch in den Fenstern der Buchhandlungen nicht. Was er geschrieben hat, ist "datiert"[2], wie man heute naserümpfend rügt. Man sollte diese alte datierte Literatur ruhig wieder lesen. Sie vermittelt ein unmittelbareres Bild der deutschen Vergangenheit, als die offiziellen Historikerschriften es vermögen.

Daß der Mensch nicht gut ist, lehrt das Leben. Daß er sich vielleicht bemüht, zeitweilig auch gut zu sein, könnte unter Umständen auch aus dem

---

[2] im Sinne von "zeitgebunden" und also überholt, Anm. d. Hrsg.

Leben erschlossen werden, vorausgesetzt, daß über die Modalitäten von Gut und Schlecht ein gewisses Einverständnis besteht. Damit betreten wir das Gebiet der Moral. Auch die Moral gehört zur Ausrüstung des pädagogischen Instrumentariums. Zwar haben auch Gang und die Mafia ihre subkulturellen Moralvorstellungen. Jedoch weichen diese von den Moralvorstellungen der Humanität, verbindlich für Nationen und Staaten im zwischenstaatlichen Verkehr und im Umgang mit ihren eigenen Bürgern, nicht unerheblich ab. In diesem Brennpunkt scheint mir auch die Erziehungswissenschaft angesiedelt zu sein. Zwischen zwei Menschen, zwei Individuen, einander in Freundschaft und Sympathie verbunden, könnte dieses Einverständnis erreichbar sein als eine Lebensform, innerhalb deren Umhainung man sich immer wieder findet nach den Irrungen und Wirrungen des Lebens, um sich im Arm des Anderen auszuruhen. Die Erinnerung an zusammen durchlebte oder durchkämpfte Zeiten sind gewiß ein Schmelztiegel für das Schmieden und die Erneuerung alter Bande.

Ob dieses ziselierte, feinmaschige Gewebe auch im Verhältnis von Gruppen, Völkern zur Entfaltung und Transparenz kommt, ist mehr als fraglich. Und zudem bleibt die Frage, ob es überhaupt wünschenswert ist. Kollektive gehorchen in ihrem inneren Aufbau und in ihren externen Beziehungen anderen Imperativen. Sie mehr individuellen, persönlich-intimeren Strukturen anpassen zu wollen, bedingt ihre Unechtheit. Man sollte sich davor hüten. Aber dennoch werden in der Spannung zwischen individuellem und kollektivem Verhalten Seinsweisen der menschlichen Existenz sichtbar, die zu immerwährenden Besorgnissen Anlaß geben.

"Der einzelne Mensch mag zur Freiheit, zur Erlösung bestimmt sein", heißt es bei Max Horkheimer in dessen auf dem evangelischen Kirchentag in Köln im Sommer 1965 gehaltenen Vortrag "Die Bedrohung der Freiheit", und weiter: "die Menschheit jedoch hat in der Natur seit je durch Herrschaft, Ausbeutung, Mord und Unterjochung der übrigen Kreatur, notfalls der eigenen Gattung, noch stets sich behauptet. Sie ist die blutigste, grausamste Species der bekannten Welt. Nichts war ihr zu heilig, auch nicht Wahrheit und Religion, um es als Instrument der Macht zu benutzen." Und weiter liest man, "daß die zwecks Steigerung der Freiheit einzuführenden Beschränkungen zum Reich der Freiheit führen müßten, ist eine These idealistischer Philosophie, die in verändertem Sinn von der materialistischen übernommen wurde. Im Jahre 1910 hat in Deutschland der sich selbst als Deutscher bewußte Mensch, wenn von Kriegen die Rede war, gesagt: ein Krieg wird nicht mehr kommen, das läßt unser Kaiser nicht zu. Und was gekommen ist, ist ein Rückfall, weit hinter das letzte Jahrhundert".

Ich würde es genauer datieren, Rückfall bis Mitte des 14. Jahrhundert, zur Zeit der Kreuzzüge. Bereits zu dieser Zeit, rund 600 Jahre vor Auschwitz, gab es in deutschen Landen Pogrome. Der pseudo-wissenschaftliche Ausdruck "Antisemitismus" war noch nicht erfunden. Ismar Elbogen nennt in seiner 1935 im Erich Lichtenstein Verlag zu Berlin erschienenen "Geschichte der Juden in Deutschland"[3] einige relevante Zahlen. So schätzt Gottfried von Ensmingen die Zahl der Toten auf 100.000, während hebräische Klagelieder "nur" 20.000[4] angeben. Elbogen zufolge wurden damals mehr als 350 blühende Gemeinden vom Bodensee bis nach Preußen, von Flandern bis nach Schlesien vernichtet. Zehntausende wurden "erschlagen, ertränkt, verbrannt, gerädert, gehenkt, vertilgt, erdrosselt, lebendig begraben und mit allen Todesarten gefoltert wegen der Heiligung des göttlichen Namens."[5] Die Taufe war damals ein Mittel, dem Tode zu entrinnen.

Wenn man nach den Mächten, den Triebfedern der Raserei, fragt, die damals zu den Judenschlachten und -schlachtungen geführt haben, so nennt Elbogen den "von Geldgier geführten sozialen Kampf und den religiösen Haß". Zu beiden genannten Motivationen wäre das ein und andere noch zu sagen. Aber im Zusammenhang mit unserem Thema scheint es mir wichtiger, nicht nur einseitig die Rolle des Hasses zu beschreiben. Wie konnte es zu dieser erwähnten Raserei kommen, woher nimmt diese ihre Triebkräfte, mit welchen Idealen und Losungen hat sie sich in der Vergangenheit drapiert und tut sie es noch heute, um auf diese Weise ihre Legitimation zu erlangen.

Ich gehe davon aus, daß Sie in den vorangegangenen Referaten bereits genügend psychologische und soziologische Informationen erhalten haben, sodaß ich kurz darauf hinweisen kann, daß wir es in Sachen "Judenhaß" mit einer Übertragungssituation zu schaffen haben, bei der in erster Instanz Probleme der Aggressivität, der Ambivalenz, der Projektion, des Schuldgefühls und Schuldbewußtseins im Spiel sind. Eventuell könnte man sogar von einer spezifischen Übertragungssituation sprechen, und zwar spezifisch in dem Sinn, daß sie signifikant für die "kahle menschliche Existenz" an sich genannt werden kann. Dieser Gedanke zwingt zu einer näheren Erklärung.

---

[3] neuaufgelegt als Elbogen, I. u. E.Sterling: Die Geschichte der Juden in Deutschland, Frankfurt a.M. 1988

[4] ebenda, S.55

[5] ebenda, S.62

Die christliche Welt hat im 13. Jahrhundert versucht, in der Figur des Ahasverus ihre Gefühlseinstellung gegenüber den Juden zum Ausdruck zu bringen. Ahasverus ist im Neuen Testament der Mann, der Jesus auf seinem Weg zum Kalvarienberg einen Ruheplatz verweigert. Die Strafe, die für diese Verweigerung über ihn verhängt wurde, ist die ruhelose Flucht von Land zu Land, überall ein Verbannter, ein Fremder, ein Asylsuchender, der nicht leben und nicht sterben kann, ein Geist, ein Spuk, ein Dämon, eine Warnung. In dieser Ahasverus-Figur ist ein Gefühlston enthalten, der vielleicht einen der merkwürdigsten Aspekte des Judenhasses andeutet. Selbst Autoren, die Ahasverus poetisch dargestellt und dabei ihr menschliches Mitgefühl mit diesem armen Landstreicher deutlich zum Ausdruck gebracht haben, waren sich anscheinend nicht bewußt, daß sie eine Interpretation der jüdischen Existenz in der Diaspora gegeben haben, in der die Trias von Schuld, Strafe und Tod eines der Grundakkorde des menschlichen Lebens überhaupt ist.

Wer die Reden zeitgenössischer säkularisierter Judenhasser sine ira, jedoch cum studio angehört hat und sie in diesen Tagen wieder vernimmt, konnte und kann entdecken, daß es Individuen und Gruppen gibt, die anscheinend von den meist primären Fragen ihrer eigenen Existenz so ergriffen wurden, daß sie keinen Rat mehr mir sich selbst wußten und einen Gegner kreieren mußten, in dessen Bild (das sie selber entworfen hatten) sie sich unablässig spiegeln.

Diese Bild, das Negativum ihrer eigenen undeutlichen und fiebrigen Existenz, hat sozusagen die Funktion, ihnen eine Scheinsicherheit zu geben. Alles, was man in sich selbst nicht wahrhaben will und abwehrt, erlebt man in der Projektion am anderen. Was man in sich selbst machtlos haßt, muß man im anderen vernichten.

Man ist nicht imstande, seine Projektionen zu korrigieren, man ist gezwungen, den inneren "Unruhestifter" verbissen in der Außenwelt festzunageln und ihn dort mit Feuer und Schwert, mit "Auschwitz", im "anderen", zu vernichten. Daß hier bereits klinisch zu formulierende Wahnvorstellungen eine Rolle spielen, wird in dem wahnwitzigen Streit offenbar, in der Gebundenheit an einen Gegner, in dessen Bann man geraten ist. In diesem Kampf jedoch offenbart man zugleich etwas von sich selbst, seine Gebundenheit an einen Gegner, in dessen Bann man geraten ist. Man kann nicht mehr von ihm loskommen, sonst würde man auf sich selbst zurückgeworfen werden und sein eigenes Verlorensein, seine Unzulänglichkeit mit Entsetzen erfahren. In dem Augenblick, da man diesen Gegner, den man sich in der Außenwelt erschaffen hat, fahren lassen würde, wäre man gezwungen, sich mit dem "inneren Feind" zu konfrontieren.

Die Intensität, mit der sich dieser Prozeß vollzieht, ist oft derartig, daß man beinahe von einer Bezauberung sprechen kann. Man gerät in den Bann des Gegners, den man sich selbst geschaffen hat als Ausdruck der eigenen Konfliktsituation, in deren Bann man steht. Solange man sich dieses Projektionsmechanismus und der ambivalenten Ausgangsphase, von der auch die Bezauberung Zeugnis ablegt, bewußt ist, solange aber noch ein Tropfen "Liebe" diesen Haß färbt, bleibt die menschliche Situation gerettet. Erst, wenn man die Projektion verabsolutiert und damit die Wirklichkeit verzeichnet, wenn man seine eigene Existenz von der Vernichtung und dem Untergang des anderen abhängig macht, beginnt der letzte Akt der Tragödie.

Als Beispiel diene die Losung "Deutschland erwache, Juda verrecke". Es ist das vielleicht deutlichste Beispiel in der Geschichte, das von der Unsicherheit eines Volkes und seiner Führer zeugt, die ihre eigene Position nicht besser zu bestimmen wußten als durch das, was ihnen der Haß eingab. Vielleicht hat Max Rychner recht, wenn er in diesem Zusammenhang von einem "urtümlichen Harakiri" spricht, das der Boden jeglichen organisierten Antisemitismus sei. Die - vorsichtig ausgedrückt - makabere Liebhaberei, jüdische Friedhöfe zu verwüsten, bereits Gestorbene zu töten, dieser Versuch, den Tod zu töten, während, daß das eigene Leben sich dann kräftiger entwickeln könnte, gehört als letztes Glied in eine Kette, die von der Angst geschmiedet wurde.

Im Grunde ist dies nichts anderes als eine neue Formulierung der Übertragungssituation im Leben bestimmter, sich meist diktatorial gebärdender Individuen und nationalistisch überhitzter Völker. Ihnen gegenüber stehen die Individuen und Gruppen, denen es, aus welchem Grunde auch immer, gelungen ist, in ihrem Leben eine Gewissensstruktur zu errichten, die sie befähigt, ihre eigenen Konflikte und Schuldgefühle selbst zu tragen und ertragen zu können.

Diese Gruppen haben in ihrer nationalen Existenz aus sich selbst gesellschaftliche Normen geschaffen, in denen die Forderungen der Toleranz und der Caritas integriert sind. Und dies nicht nur, um die Sicherheit der in ihrer Mitte lebenden jüdischen Gemeinschaften zu gewährleisten, sondern auch als Abschirmung gegen ihr eigenes urtümliches Harakiri.

"Es gibt so etwas wie eine Dialektik des Fortschritts. All die Neuerungen und die unendlich großartigen Erfindungen, die wir haben, hängen mit den furchtbaren Dingen zusammen, die geschehen sind." Diese Ausführungen von Horkheimer klingen im Zusammenhang mit den vorigen nicht

sehr zuversichtlich, was die Entwicklung der Species Mensch betrifft. Sie könnte sogar, bei Böswilligen oder Verzweifelten, das Vertrauen in jeglichen Versuch einer "Erziehung nach Auschwitz" brechen, wenn nicht damit das ganze "Prinzip Erziehung" überhaupt in Frage gestellt würde. Ist die Kluft zwischen Neuerungen, technischen Fortschritt und menschlichen Verhaltenweisen in der Tat unüberbrückbar? Ist der Mensch im Bann seiner naturgegebenen Regungen und konservativen Triebstruktur ein retardiertes Wesen und als solches unbelehrbar? Was ist gemeint mit "Prinzip Erziehung"?

In einer Epoche, die "anti-autoritäre Erziehung" und "Kinderläden" erfahren hat, ist es zuweilen lehrsam, in alten, antiquierten pädagogischen Schriften zu blättern. Daß hier die Familie noch als das Zentrum des gesamten Erziehungsprozesses betrachtet wird, sollte uns nicht verdrießen. Sie ist es nämlich wieder geworden im Einvernehmen mit dem Fernsehapparat im Mittelpunkt des Familienlebens. In diesen Schriften heißt es unter anderem: *"Erziehung ist die absichtliche und planmäßige Einwirkung Erwachsener auf Unmündige, welche den natürlichen Vorgang des Erwachsens begleitet und wie dieser in der natürlichen Reifung, so ihrerseits in der geistigen Mündigkeit der Erwachsenen ihr Ziel findet."*
Die Beliebigkeit dieser Definition ist unübersehbar. Sie entstammt der Vorstellung einer "heilen Welt", die vergangen ist, falls es sie überhaupt gegeben hat. Unter "absichtliche und planmäßige Einwirkung Erwachsener auf Unmündige" kann ebenso gut ideologische Doktrination und Propaganda begriffen werden, wie die sogenannte Erziehung zu den "höchsten Gütern" der Menschheit oder der Nation. Um kein Mißverständnis aufkommen zu lassen: diese Bedenken sind nicht an *ein* Land gebunden, sie gelten ubiquitär. Und weiter liest man: *"Fast ganz fällt der Begriff der Erziehung mit dem der Bildung zusammen; nur sind die zu Grunde liegenden bildlichen Anschauungen verschieden und ist der Begriff der Bildung insofern näher bestimmt, wie er das Bewußtsein eines Ideals voraussetzt, nach welchem der Bildner den noch gestaltlosen Stoff des ungebildeten Menschen zu formen sich bemüht."* So schön, so gut. Weiterhin findet man Aussagen wie die, daß die praktische Philosophie oder Ethik der Erziehung das Ziel, die Psychologie den Weg weise.
Neben vielen theoretischen Erwägungen und differenzierten Betrachtungen über leibliche und geistige Erziehung, praktischen Hinweisen betreffs Erziehung durch Anleitung, Gewöhnung, Strafe, Zwang im unmittelbaren, praktischen Verhalten und im mittelbaren durch Belehrung und Unterricht stößt man urplötzlich auf den Satz, daß alle diese

Formulierungen und Unterscheidungen mehr "dem Nachdenken des Erziehers" gelten, als daß sie in der Praxis sichtbar werden dürfen. Lassen Sie uns eben hierbei still stehen.

Dem Nachdenken des Erziehers! Das heißt, das Fundament der Erziehung ist die Reflexion des Erziehers, das Nachdenken über sich selbst, seine Rolle im sozio-kulturellen Erziehungsprozess, das Abwägen von Möglichkeiten und Unmöglichkeiten in dem Raume, dem ihm die Gesellschaft, deren Teil er ist, zu Operation und zu Kooperation, aber auch zu Verweigerung bietet, kurzum die Analyse der eigenen persönlichen Struktur, des sozio-kulturellen Prozesses und des historischen Raumes, in dem sich dieser Prozeß abspielt. Kann man diese Reflexion noch näher bestimmen in ihrer Funktionalität? Ich meine: ja. Sie beruht im *demasqué*, dem Entlarven der tradierten vorurteilsgebundenen Konventionen als Brutstätte alter Virulenzen im neuen Gewande eines Vorurteils. Daß in der gegenwärtigen historischen Situation, in unserem Kulturkreis der Operationsraum des Erziehers durch differenzierte soziale Organisationsformen wie Bürokratisierung, Institutionalisieung und Reglementierung an Freiheit, zugleich auch in sprachlicher Hinsicht durch Klischeebildung und Schematisierung an individueller Prägung und unwiederholbarer Gestaltung eingebüßt hat, soll hier nicht näher ausgeführt werden. Aber diese Einbuße ist bereits ein Anreiz zur Hinterfragung.

Trotzdem ist es erstaunlich, daß auch in den dialektischen Prozessen der kulturellen Stromlinien sich alte Inseln von Werten finden, denen man einen überzeitlichen Charakter nicht absprechen kann. An zwei Beispielen soll dieser Gedanke später näher beleuchtet werden.

Psychologie als Wegweiser der Erziehung. Hier schließt die Frage an: was hat sie uns zu bieten? Ich meine sehr viele, aber auch schmerzliche Einsichten. Wenn man sich mit der Geschichte der Juden in Deutschland beschäftigt, kommt man nicht umhin, sich nicht nur mit den Wirkungen der Raserei, mit der Kriminalität der Pogroms und der Psychopathologie ihrer Anstifter auseinanderzusetzen, sondern auch mit der universellen ambivalenten Haltung des christlichen Abendlandes gegenüber der in ihm verbleibenden jüdischen Minderheitsgruppe. Bereits aus dem frühen Mittelalter und den darauffolgenden Jahrhunderten gäbe es genügend Namen von Päpsten, Bischöfen, Kaisern, Geistlichen, Fürsten, Räten und Städten zu nennen, Erlasse, Schutzbriefe, die die von Anfang an prekäre Lage der Juden wahrnahmen, sie zeitweilig milderten und somit dem ambivalenten Ambiente erst sein volles Gepräge gaben. Thomas von Aquino und Abbé Grégoire zu Zeiten der französischen Revolution sind zwei kirchliche Würdenträger, die diesen Prozeß erkannten und Vorschläge zur Verbesserung ihrer Lage einbrachten. Mit der gesetzlichen Gleichstellung der Juden begann ein sozio-kultureller Entwicklungsprozeß dieser Minderheitsgruppe auf höchstem Niveau, der vergessen ließ, daß sie trotzdem, auch in der Weimarer Republik, immer Staatsbürger zweiter Klasse geblieben ist. Aber man muß die Geschichte der Juden in Deutschland in ihren tiefsten Niederungen und höchsten Spitzen kennen, um die Tragödie der Schoah in vollem Umfang, d.h. auch in ihren grausamsten Konsequenzen zu erfassen. Neben den Ausgrenzungen der jüdischen Gruppe als Minderheit gab es im sozio-kulturellen Bereich für den Juden als Einzelperson auch Spannen der Synthese, des Einverständnisses, der Anerkennung einer Leistung. Es gab im Raume der deutschen Kultur nicht nur die jiddische Sprache, es gab u.a. die grandiose Schöpfung der "Wissenschaft des Judentums", die Bibelübersetzung von Buber und Rosenzweig und noch vieles mehr. Es war einmal.

Die Verarbeitung der ambivalenten Gefühlseinstellung des Kindes ist eines der zentralen Themen, wo psychologische und pädagogische Problemstellungen einander begegnen und ergänzen. Es ist nicht nur ein psychologisches Problem, dessen Lösung zu Unabhängigkeit und Reife führt, sondern auch ein moralisches hinsichtlich seiner Auswirkungen auf Toleranz und Respekt vor Konfliktsituationen im sozio-emotionalen Klima. Dieser Aspekt hat auch für die Personen Gültigkeit, auf die sich das Kind in seiner Gefühlsentwicklung bezieht. Es ist zugleich eine der schwierigsten Aufgaben im Leben des Kindes überhaupt, mit einander widersprechenden, feindlichen Beziehungsmustern in sich zu Rande zu kommen.
Dierk Juelich hat in seinem Referat "Die Wiederkehr des Verdrängten" die psychopathologischen Konsequenzen der Abspaltung feindlicher Regungen inside und ihre Projektion outside auf einen scape-goat hinreichend beschrieben. Loewenstein hat in seiner auch heute noch überzeugenden Untersuchung "Christen und Juden" die These vertreten, daß diese ambivalente Gefühlseinstellung und nicht die rein feindliche Haltung die Unsicherheit schafft im Verhältnis von Juden und Nicht-Juden infolge der Christianisierung des Abendlandes. Hierdurch wurde jedes Kind durch den Mythos vom Opfertod von Jesus Christus, dem Lamm Gottes, mit einem Projektionsmechanismus vertraut, der weit über die kirchlich-religiöse Dimension hinaus auch in der national-politischen seine Mißbrauchbarkeit bewiesen hat.
Sierksma hat in seiner fundamentalen Untersuchung "Die religiöse Projektion" gezeigt, daß beide Mechanismen signifikant sind für die heidni-

schen Gottesdienste mit ihrer stark ambivalenten Gefühlshaltung den Gottheiten gegenüber und ihrem stark projektiven Charakter im Hinblick auf Mensch und Naturerscheinungen, der sich in Furcht, unerklärlichen Ängsten, Paranoia und Zwangshandlungen äußert. Heinsohn hat das Phänomen des Opfertodes im selben Umkreis einer tiefschürfenden Analyse unterworfen. Bekannt ist auch Mitscherlichs Ausspruch: "Wenn der Antisemitismus auch behaupten mag, noch so zivilisiert zu sein, er ist eine archaische Form sozialen Verhaltens. Welcher einzelne Anlaß auch immer ihn verursachen mag, er ist stets in einem magischen Denken begründet." Meine sehr verehrten Damen und Herren, Sie werden sich gewiß im Stillen gefragt haben, was diese Ausführungen mit dem mir aufgegebenen Thema zu tun haben, inwiefern es überhaupt möglich ist, aus historischen und psychologischen Erwägungen Querverbindungen zu den pädagogischen Aspekten Ihres Vortragszyklus zu ziehen. Vielleicht haben wir uns bisher zu sehr mit psychopathologischen Substraten beschäftigt und haben dabei den Ansatzpunkt liegengelassen, von dem aus eine erzieherische Strategie denkbar und unerläßlich wäre. Ich habe Ihnen anfangs die selbst gewollten Begrenzungen meines Referates dargelegt, keine Rezepte versprochen im Sinne von "Man nehme" etc., mich jedoch bereit erklärt, die Stufen der Frage- und Antwortdimensionen einer Analyse zu unterziehen, wobei ich meine persönliche Relevanz zu diesem Fragenkomplex nicht verheimlicht habe.

Aber alle Überlegungen auch im Umkreis der Erziehung dienen dem Ziel, den heranwachsenden Menschen mit den Unstimmigkeiten zwischen den verschiedenen Bereichen seines Lebens, zwischen Denken, Fühlen und Handeln, vertraut zu machen und sie ihm dadurch humaner und erträglicher zu gestalten. Der Mensch, der sein inneres Gleichgewicht verloren hat, verliert nicht nur die Kontrolle über seine Innenwelt, sondern auch über die Außenwelt. Seine psychischen Inhalte kann er unbewußt abtrennen. Durch die Projektion ist es ihm möglich, diese Inhalte und sich selbst in der Außenwelt scheinbar zu "objektivieren"; in Wahrheit jedoch subjektiviert er diese Welt. Die Außenwelt wird der Spiegel dessen, was das Individuum - unbewußt - an Wollen und Lassen ausstrahlt.

In einer Fußnote in der "Traumdeutung" von S.Freud[6] findet man folgende Anmerkung: *"Auch das Große, Überreiche, Übermäßige der Träume könnte ein Kindheitscharakter sein. Das Kind hat keinen sehnlicheren Wunsch als groß zu werden, vor allem soviel zu bekommen, wie die Großen; es ist schwer zu befriedigen, kennt kein Genug, verlangt unersättlich nach Wiederholung dessen, was ihm gefallen oder geschmeckt*

---

6 Freud, S.: Gesammelte Werke, Bd. 2/3, S.274

hat. M a ß h a l t e n, sich bescheiden, resignieren lernt es erst durch die Kultur der Erziehung. Bekanntlich neigt auch der Neurotiker zur Maßlosigkeit und Unmäßigkeit"

Kultur der Erziehung - lernen Maß zu halten. Diese beinahe klassische Idealforderung im Goetheschen Sinne - ob Goethe nun in seinem Winkelmann-Essay die Klassik richtig oder falsch interpretiert habe, soll dahingestellt bleiben - in eine psychoanalytische Formulierung übersetzt, würde bedeuten: Triebbeherrschung, Triebverzicht, Triebeinschränkung; Ethik ist Triebeinschränkung, heißt es im "Der Mann Moses und die monotheistische Religion"[7]. An einer anderen Stelle findet man im "Unbehagen der Kultur"[8] in Anlehnung an einen "weisen Ratschlag" von Voltaire Hinweise auf die "jedermann zugängliche Berufsarbeit", auf den Gewinn aus den Quellen psychischer und intellektueller Arbeit.

So wahr dies auch sein mag, mit diesen Formulierungen werden bereits die Grenzen jedweder psychologischen Betrachtungen angegeben, da sie im Vakuum der Theorie stecken bleiben. Die Frage der Sozialisation, der sozialen Ordnung einer Gesellschaft, eines Erziehungsvorganges in seiner gesellschaftsspezifischen Ausrichtung kann nur in dem sozio-kulturellen Raum dieser Gesellschaft gestellt und beantwortet werden, im Bewußtsein ihrer historischen Verantwortlichkeit und der dem Menschen anhaftenden Unzulänglichkeit. Haben die Juden in Deutschland trotzdem ihren Beitrag geliefert zur Errichtung und Gestaltung eines "kulturellen Paars", wie es Löwenstein in seiner oben genannten Untersuchung formuliert hat? Hat man sie trotzdem, aus welchen Gründen auch immer, ausgeschlossen?

Aber hiermit wird eine neue Dimension unserem Problemkreis hinzugefügt. Ich überlasse Ihnen die Antwort. Ein "kulturelles Paar" sollte, angesichts der Ambivalenz und der primären Feindlichkeit ihrer Beziehungen auf dem Gebote der Nächstenliebe aufgebaut sein, vernimmt man des öfteren. Aber es bleibt, gewitzt durch die Erfahrungen in der Geschichte, die Frage, ob Gemeinschaft überhaupt auf dem Prinzip Liebe aufgebaut werden kann. Die solchermaßen gemeinte Nächstenliebe bleibt eine Mutmaßung. Nächstenliebe in der Ordnung der Feindschaft, diese Formulierung scheint den in der Wirklichkeit wirkenden Kräften gemäß zu sein.

---

[7] Freud, S.: Gesammelte Werke, Bd XVI, S.225
[8] Freud, S.: Gesammelte Werke, Bd.XIV. S.436; vgl. auch Freud, S.: Kulturtheoretische Schriften, Frankfurt a.M. 1986, S.210f

Die internationale Gemeinschaft scheint aus den wenigen überlebenden Zeugenschaften der Verbrechen in unserem Jahrhundert zu der Einsicht gekommen zu sein, daß vielleicht die Zeit herangereift ist, eine internationale Rechtsordnung und damit ein Instrument zu schaffen, um bereits dort präventiv einzugreifen, wo Rechtsordnungen gebeugt und neue Verbrechen an der Menschheit begangen werden. Und diese Entwicklung scheint mir die einzig hoffnungsvolle zu sein, in der sich die Erinnerung der Menschen an Verbrechen gegen die Menschheit als ein nicht trügerisches Agens bewährt, um Freiheit ohne Bedrohung zu gewährleisten.

Und wenn ich zum Schluß noch einmal auf das Thema Ihrer Einladung eingehe "Was bleibt zu tun?" so möchte ich mich von Ihnen doch nicht ohne den Versuch einer Antwort verabschieden. Was zu tun bleibt, ist: über die Modalitäten unseres Faches weiterhin nachzudenken, es in den Widersprüchlichkeiten, der menschlichen Natur und der Gesellschaft eigen, zu reflektieren, sich nicht mit billigen, leichten, nationalen Hurra-Lösungen zu begnügen und politisch aktiv zu bleiben.   ·

Horkheimers Ausspruch: *"Die Menschheit ist die blutigste, grausamste Species der bekannten Welt"*, bleibe unvergessen.

Aber *trotzdem...*

"Wir sind nicht geboren für Freundschaften. Den menschlichen Verhältnissen entspricht im Grunde ein anderer Bezug. Kein noch so hochgestimmter Lobgesang kann den Argwohn beseitigen, der zwischen den Lebenden aufgerichtet ist. Wir alle sind Doppelspieler. Es ist das Nächste, was uns verbindet. Einsamkeit, Abgeschlossenheit ist das Gemeinsame. Das Liebend-miteinander-Sein, du meine Güte! Was ist hier gemeint? Vielleicht die gemeinsamen Belange, die nur zur Gründung eines Konsumvereins führen? Man schaue einmal umher, es gibt Beispiele genug, nach welchen Bauplänen die menschlichen Umstände einander zugeordnet sind. Und gar erst die Liebenden, von denen die Dichter zu singen belieben.

Wie ich meinem Feind erscheine, wie er mir begegnet, in den Verhüllungen und Maskeraden unserer Feindschaft enthüllt sich der Urgrund unseres Bestandes."

Also liest man im "Tod eines Widersachers"[9].

In die Strategie der Wissenschaftssprache übertragen: Gnoti se auton - erkenne dich selbst, lautete das erzieherische Prinzip der Antike. Diese Formulierung genügt nicht mehr. Erkenne Dich im anderen, den du als Feind, als Widersacher vernichten willst.

---

[9] vgl. Keilson, H.: Der Tod des Widersachers, Frankfurt a.M.1989, S.110f

Margit Maronde-Heyl
Erzogen nach Auschwitz: Erfahrungen mit dem Holocaust. Orte, Bücher, Berührungspunkte

"Doch es gibt noch Gedichte nach
Auschwitz. Und
es gibt sogar lustige Lieder. Wir
sind eben so. Wir gehen ganz und
gar
Zugrund. Und erheben uns wieder."[1]

Wir sind eben so. Klingt wie eine der alltäglichsten und banalsten Ent-
schuldigungen einer Gruppe von Schülern oder Erwachsenen. Adorno
1951: "Nach Auschwitz ein Gedicht zu schreiben, ist barbarisch."
Auschwitz steht für den Mord an sechs Millionen Juden durch Deutsche.
Es geht nicht nur darum, wie und in welcher Sprache nach Auschwitz
geredet wird, es geht nicht um die Poesiefähigkeit dieser deutschen
Sprache, sondern darum, in welchem Bewußtsein gegenüber diesem
Mord die Deutschen leben. Wie lernen und wie geben sie ihre Geschichte
an die Nachgeborenen weiter? Nachgeboren. Meine Generation, um 1967
geboren, ist nicht im eigentlichen Sinn nachgeboren, ist noch weiter
entfernt und doch betroffen? Besonderheit: Aufgewachsen in der DDR,
Verurteilung von Faschismus, Judenverfolgung und -vernichtung auf der
einen Seite, Verurteilung der Politik des Staates Israel auf der anderen.
Zusammenhänge zwischen dem ersteren und dem Staat Israel wurden
nicht hergestellt. Diese besondere Art Tabuisierung bewirkte aber auch
bei den Heranwachsenden, daß sie kaum ein Bild, eine Vorstellung von
"den Juden" hatten. Nichts, wenn nicht Großmütter oder -väter
"Nachhilfeunterricht" erteilten, "Rosenberg - das muß doch ein jüdischer
Name sein!" "Warum?" "Nun ja, das klingt doch schon so."
Ich bin sieben Jahre lang in eine Schule gegangen, die nach Ernst Thäl-
mann benannt war. Auf unserem Schulhof stand (natürlich) ein Thäl-
mann-Denkmal. Eines Morgens war dünn, aber sichtbar ein Hakenkreuz
auf den Sockel geschmiert. Versteckte Aufregung, die Unmöglichkeit war
so groß, daß man sich nur flüsternd traute, darüber zu sprechen. Man
schämte sich fast, es zu wissen, öffentliche Gespräche gab es nicht, weil
man nicht besprechen kann, was es nicht geben darf. Am Ende der sieb-

[1] Biermann, W.: in: FAZ 24.1.1979

ziger Jahre habe ich gelernt, daß der antifaschistische Kampf der KPD charakteristisch für die Hitlerjahre war, Gespräche mit Arbeiterveteranen vertieften dieses Wissen, und irgendwo dazwischen gab es Judenverfolgung, Auschwitz und sechs Millionen Tote.

Das erste Gesicht hieß für mich, wie für viele meiner Schulfreunde, Anne Frank. Dieses Mädchen war lebendig und nah, auch weil der Ort Amsterdam entrückt von uns lag, im Niemandsland hinter der Elbe, wie Köln, Paris oder Jerusalem.

Die anderen Orte blieben anders unwirklich für mich, Sachsenhausen und Ravensbrück, als FDJ-Veranstaltung weihevoll, im Kinderferienlager als thematisch gestalteter Nachmittag der Geschichte von 1933-45. Wir sind in der Gruppe durch die Lager gelaufen, entsprechend ruhig, erschrocken über den Film und hatten diese Orte besichtigt, aber nicht erfahren. Den Andenkenkiosk vor den Lagern empfand ich als Verhöhnung. In Auschwitz kam die Unsicherheit eines fremden Landes und seiner Sprache dazu. Wir haben gelernt, daß es viele betroffen hat, auch Juden. Ansonsten war die Schule alltäglich, die Wertungen ungeprüft, die Unsicherheit und das Nachdenken kamen mit fünfzehn und sechzehn.

Entrüstung in Buchenwald. Ich hatte mit einer Freundin eine Sommertour in den Süden nach Eisenach, Jena und Weimar gemacht. Geschlafen haben wir in Jugendherbergen. An einem Abend bekamen wir nur noch in der Jugendherberge Ettersberg Unterkunft. Natürlich wußten wir, daß das KZ Buchenwald auf dem Ettersberg liegt.

"Na, wohin geht`s?
In den Buchenwald, in den Buchenwald,
dort pfeift der warme Wind so kalt,
dort schmeckt die Luft so seltsam süß, dort riecht`s so stark nach Paradies,
dort ist der schwarze Rauch zu sehn,
dort pfeift der Wind, der Rauch bleibt stehn,
dort weht der Wind schon siebzehn Jahr,
dort schreit der Rauch wohl immerdar.
Wünsch eine gute Fahrt!" [2]

Was wir nie gewagt hätten uns vorzustellen, war, daß sich die Jugendherberge vor dem Lagertor in ehemaligen Unterkünften der Wachmannschaften befand, die Zimmer unverändert groß, mit Eisendoppelstockbet-

---

[2] Kirsch, R.: "Ausflug machen" (1962), in: Zu dieser Zeit leb ich auf Erden: Gedichtauswahl für Schüler der Klassen 8 bis 10, Berlin 1980

ten für 10 - 12 Personen. Die Zeit schien zu stehen, und in uns würgte es. Abend, wir beide allein, Steinbruch, Stille, nichts sagen, irgendwann über die Anlage des Buchenwald-Denkmals hinweglaufen, im Gras sitzen, dies alles im Rücken, wußten wir nicht, wie wir hier schlafen sollten. Vor uns lag Weimar. Dann haben wir über die Unmöglichkeit geredet, Geschichte so zu vermitteln, über die Perversion, die Gefühllosigkeit. Traurige Scham auch bei mir, daß ich nicht das empfinden konnte, was Christa Wolf gefühlt haben muß, als sie auf der Burg Mykene Kassandras Ende nachgespürt hat. "Hier war es. Da stand sie. Diese steinernen Löwen, jetzt kopflos, haben sie angeblickt. Diese Festung, einst uneinnehmbar, ein Steinhaufen jetzt, war das letzte, was sie sah. (...) Nah die zyklopisch gefügten Mauern, heute wie gestern, die dem Weg die Richtung geben: Zum Tor hin, unter dem kein Blut hervorquillt. Ins Finstere. Ins Schlachthaus. Und allein."[3] Mit diesen Gedanken, die den Tod der Kassandra beschreiben sollen, beginnt dann ihre Erzählung.

1986 begann ich zu studieren. Germanistik sollte es sein. Das Fach war in Greifswald mit Kunst, Musik oder Geschichte gekoppelt. Die ersten beiden Möglichkeiten entfielen wegen eigener Unfähigkeit. Also Geschichte. Zu diesem Zeitpunkt gab es für mich schon mehr Fragen als Antworten an die DDR. Das "feste Fundament" war für mich beweglich geworden. Rausgebrochene Meilensteine dahin waren u.a., daß ich das Buch "LTI" über die "Sprache des Dritten Reiches" von Victor Klemperer[4], einem jüdischen Philologen, der die Nazi-Zeit in Deutschland überlebte, gelesen hatte und mit Erschrecken feststellen mußte, wieviel davon im Sprachgebrauch geblieben war (Großkundgebung, blindlings, ausradieren, Wehrsport, Sportbanner, Erlebnis...).

Als Volontärin der Ostsee-Zeitung hatte ich 1985 an einem offiziellen Zusammentreffen von Personen verschiedener Parteien und Organisationen teilgenommen, bei dem ein älterer Herr der jüdischen Gemeinde auf Beschränkungen bei Studienwahl und Arbeitsplatz für konfessionell gebundene Menschen hinwies (z.B. Lehrer). Bekannte engagierten sich in Umweltgruppen und hatten Ärger. In Weißensee war der jüdische Friedhof geschändet worden. Rechtsradikale Jugendliche(?), Glatzen(?) tauchten in den größeren Städten auf.

Auch für Verblendete wurde spürbar, daß Tabus, Verbote und Angst vor Repressionen vieles verstecken können, aber daß die Probleme bleiben und aufbrechen. Berlin wurde zur räumlichen Dimension für mich. Das ehemalige Regierungsviertel in der umbenannten Wilhelmstraße, die

3 Wolf, C.: Kassandra, Berlin/Weimar 1988, S. 209
4 Klemperer, V.: LTI (Lingua Tertii Imperii), Leipzig 1975

Ausstellung "Topographie des Terrors", der Wiederaufbau der Synagoge zeigten mir die historische Vielschichtigkeit dieser Orte. Heutiges Leben spielt sich neben und in den Zimmern der Verfolgung und Vernichtung ab. Das Buch von Bernt Engelmann "Deutschland ohne Juden" hat für mich eine wichtige Rolle in diesem Prozeß des Verdichtens eingenommen.

Im November 1989 wurde nicht nur die Mauer geöffnet, es öffneten sich auch die Münder und "gute" Bürger entsetzen sich über die braune Soße, die andere "gute" Bürger und Jugendliche unterschiedlicher Coleur herauslassen. Provokation, weil es so lange verboten war? Dummheit? Befriedigung von Selbstwertgefühlen? Lebensängste? Überdruß?

Vor allem in den Schulen ist das veränderte Weltbild zu spüren. Ich merkte, daß Wissen allein nicht genügt und spürte meine Unzulänglichkeiten im Schulpraktikum, als mir einer der intelligenten Schüler beim Besprechen von Heinrich Heines "Harzreise" entgegenschleuderte: "Jetzt sollen wir auch noch was über den Juden schreiben." Verantwortung übernehmen und sensibel für Nuancen werden - das ist nicht einfach.

Nach langen, bitteren Diskussionen um die Situation Israels während des Golfkrieges saß ich zu Hause, grübelte und fühlte mich nicht wohl. Gegen Krieg zu sein, von jüdischen Ängsten zu hören...

Eine wichtige Erfahrung aus meiner Schulzeit ist es, ein Thema zu hinterfragen, verschiedene Meinungen zu hören, nicht zu glauben, sondern nachzudenken.

Die ersten erkennbar orthodoxen Juden in schwarzer Kleidung, dem Käppi und den Schläfenlocken, habe ich in Antwerpen getroffen, 1990. Das liegt nicht nur daran, daß ich im östlichen Teil Deutschlands aufgewachsen bin, denn wo in Deutschland könnte man heute lebendiger jüdischer Tradition oder Lebensweise begegnen?

Eine Gemeinsamkeit beider Teile Deutschlands, man geht in eine Ausstellung: "Jüdische Lebenswelten", im Berliner Martin-Gropius-Bau, "verweist auf die Verschiedenheit jüdischer Kulturen der Welt und die komplexe Vielfalt jüdischer Lebensformen, die landläufige Vorurteile und Klischees widerlegen können" (so heißt es im Ausstellungsprospekt). Als Kontrast zum 50.Jahrestag der Wannseekonferenz konzipiert, läßt die Kritik nicht auf sich warten: "Und gegen so viel Tod durch deutsche Hand, wird nun - getreu dem alten Motto: viel hilft viel - so viel jüdisches Leben gesetzt. Wieder durch deutsche Hand."[5] Lob und Tadel, Zustimmung und Kritik werden sich an den einzelnen Ausstellungsbesuchern mit ihren eigenen Geschichten bestätigen müssen oder nicht.

5 Riedle, G.: Die Sehnsucht, gut zu sein, in: Freitag 4/1992, S.9

Am Ende meiner Studienzeit hatte ich für eine Seminararbeit über deutsche Emigranten in den Jahren 1933 bis 1945 ein Thema zu wählen. Ich wußte, daß meine Großtante mit einem Juden verheiratet und nach Palästina ausgewandert war. Mehr nicht. Die entgegengerichtete Nachkriegsgeschichte zweier deutscher Staaten hatte ein Zusammentreffen verhindert. Wenn man versucht, Exilgeschichte als Familiengeschichte zu beschreiben, erfährt man, daß die abstrakten Daten der Politik früherer Zeiten einhergehen mit Hochzeitstagen und anderen persönlichen Ereignissen der Großväter und ihrer Kinder, unserer Eltern. Es wird deutlich, Juden haben hier mit uns in unseren Städten, in der eigenen Familie gelebt, Geschichte fand nicht irgendwo, jetzt nachgestellt in Filmen und Büchern, statt, sondern als Teil des persönlichen, oft unbewußten Eingebundenseins. Meine Tante lebt in Hamburg, ist 81 Jahre alt. Wahrscheinlich werden wir die letzte Generation sein, die sie nach ihrem Leben befragen kann.

Was mir meine Großtante erzählte, war für sie wie für mich sehr emotional. Sie erinnerte sich wieder an lang vergangene Ereignisse und Personen. So erfuhr ich von ihrem "ganz normalen" Alltagsleben mit einem jüdischen Mann, den sie Ende 1933 heiratete (meine Urgroßmutter kam nicht zur Hochzeit mit einem Juden), von immer stärker werdenden Ausgrenzungen, Drohungen der Nachbarn, ihren Mann ins KZ zu bringen, von intensiven Bemühungen, auszuwandern, was sie, nachdem mein Großonkel aus dem KZ entlassen worden war und beide das Novemberpogrom überlebt hatten, rettete.

Wohin kehrte meine Großtante Martha Mosbach 1950 zurück? Nach Hause? Nach Deutschland? Wir wissen, es gab zu diesem Zeitpunkt bereits zwei deutsche Staaten. Hamburg gehörte zur Bundesrepublik Deutschland. Parchim lag, 125 km weiter östlich, in Mecklenburg, an der Demarkationslinie der Siegermächte Amerika-Sowjetunion, kam dann zur Sowjetischen Besatzungszone und gehörte schließlich zur Deutschen Demokratischen Republik.

Mein Vater wuchs als drittes von vier Kindern dort auf, machte als einziger Abitur und wollte Medizin studieren. Diesen Wunsch verwirklichte er sich in Greifswald über das Studium der Militärmedizin. Deshalb durfte unsere Familie keine Kontakte in den "Westen" haben.

1991 fahre ich nach Hamburg. Die Beweggründe liegen wohl vor allem in jener Fahrt, die wir (mein Vater und ich) im Herbst 1991 nach Hannover gemacht haben. Unterwegs sind wir durch Kindheitsorte meines Vaters in Mecklenburg gekommen, auf der Rückfahrt haben wir in Wittenberge an der Elbe halt gemacht und Familiengeschichten drängten sich zwischen diese Landschaften und Häuser. Weniger, weil ich Geschichte studiere und eine Vorlesung über Emigranten und Exil gehört habe, interessiert mich dieses Thema, sondern es geht um ein Verdeutlichen, ein Nachdenken über das persönliche Eingebundensein in Geschichte und Geschichten, über Zugehörigkeit zu Menschen, Entscheidungsfreiheiten und Handlungsweisen; wie verhalte ich mich in historischen Situationen, durch welche Faktoren wird meine Meinung beeinflußt. Aus Zufälligkeiten können so bewußte Lebenswege werden. Der Umgang mit den Worten ist geblieben. Heute forsche ich ihnen nach. Ein Promotionsthema im Rahmen des Wissenschaftsbereiches Deutsch als Fremdsprache bearbeiten zu wollen, schließt die Beschäftigung mit dem Begriff "Fremde" ein. Dieses Thema ist für mich persönlicher geworden.

Matthias Heyl

Anstelle eines Nachworts. Von der dritten Generation gesprochen.

"Nach Auschwitz gibt es keine Eltern und Großeltern mehr, die die Kinder auf den Schoß nehmen und von ihrem Leben in alten Tagen berichten. Kinder brauchen Märchen; aber sie brauchen ebenso nötig Eltern, die ihnen von ihrem Leben erzählen, damit sie einen Bezug zur Vergangenheit herstellen können. Zum Erzählrepertoire der Eltern und Großeltern gehören nun aber nicht mehr 'einfache' Kriegs- und Abenteuergeschichten, sondern bedenkliche, beschämende, ja, gefährliche und gräßliche Geschichten. Von den für sie entscheidenden Erlebnissen erzählen zu viele Väter und Großväter, Mütter und Großmütter den Kindern lieber nichts. Was da ausgeblendet wird, erscheint bei den Kindern (...) als Leere."[1]

Kinder brauchen Geschichten, um in Geschichte denken zu lernen. Das klingt fast ebenso selbstverständlich und banal, wie die Feststellung, daß auch nach Auschwitz erzogen wurde und wird, daß es also schon eine "Erziehung nach Auschwitz" gibt, die es an unseren Ansprüchen, die wir hier zu formulieren beginnen, zu messen gilt. Und umgekehrt.

Als wir den Plan faßten, ein Buch zu Fragen einer "Erziehung nach Auschwitz" zusammenzustellen, erschien es uns, den beiden Herausgebern, als ein überaus lohnender Versuch, nicht nur Positionen verschiedener wissenschaftlicher Provenienz und theoretischer Verortung zusammenzutragen, um so die Perspektiven zu weiten und zu vertiefen. Wir wollten auch Menschen in grundsätzlich verschiedener biographischer und familialer Tradition, schließlich Angehörige unterschiedlicher Generationen, zu einem wechselseitigen Gespräch, einem Dialog provozieren.

Wenn hier Pädagogen, Psychoanalytiker, Psychologen und Sozialwissenschaftler ihre Beiträge beisteuerten, so liegt darin implizit die Unterstellung, Erziehungswissenschaft könne sowohl in theoriebildender, als auch in auf die pädagogische Praxis zielender Hinsicht von dieser Vielfalt profitieren. Mehr noch: die genannten Einzelwissenschaften weisen sich in den Beiträgen als notwendige Bestandteile dessen aus, was ich als Erziehungswissenschaft begreifen möchte. Psychoanalyse, Psychologie und

---

[1] vgl. Speier, S.: Der ges(ch)ichtslose Psychoanalytiker - die ges(ch)ichtslose Psychoanalyse, in: Psyche 6/1987, Stuttgart 1987, S.486

die traditionellen Sozialwissenschaften behaupten sich so neben dem "Fach der Pädagogik" als Erziehungswissenschaften.

Der Bezug, den die Autorinnen und Autoren zum Gegenstand dieser Sammlung haben, vermittelt sich sicherlich nicht unwesentlich über ihre jeweilige Biographie. Es ergreifen Überlebende und Davongekommene der Verfolgung, Angehörige der "Scherit Hapleita", des Rests der Geretteten, das Wort, die von dem Geschehenen zeugen. Ruth Elias, Elie Cohen und Hans Keilson berichten von der Verfolgung und bezeugen deren Wirksamkeit bis in die Gegenwart als jüdische Stimmen, die von der Verfolgung wirklich Betroffene waren und sind. Sie konfrontieren uns mit dieser Geschichte, von der es den nicht-verfolgten Deutschen und ihren Kindern sich zu distanzieren ganz offensichtlich leichter fällt. Es fehlt hier die Stimme des nichtjüdischen Zeugen, der sagt: ich wußte darum. Oder sogar: ich tat mit. Diese Lücke soll einerseits nicht verschwiegen werden, und es soll andererseits genauso wenig behauptet werden, es bedürfe schon um einer vermeintlichen Symmetrie willen auch dieses Zeugnisses.

Wenn wir versuchen, die Verfasserinnen und Verfasser der hier wiedergegebenen Beiträge über ihre Zugehörigkeit zu einer Generation zu beschreiben, könnten wir sagen, mit Ruth Elias, Judith Kestenberg, Elie Cohen, Hans Keilson und Martin Wangh spricht die Erste Generation, die Auschwitz überlebte oder ihm entkam. Die anderen ließen sich überwiegend als Angehörige der Zweiten Generation benennen - auf der einen Seite die nach der Befreiung oder im Exil geborenen Kinder der Überlebenden, auf der anderen Seite die Kinder der Zuschauer und, wie könnten wir es denn ernstlich ganz ausschließen wollen, der Mitmacher.

Die Grenzen zwischen den Generationen sind willkürlich gesetzt. Den 1945 sechzehnjährigen Flakhelfer oder die dreijährige (z.B. jüdische) Kriegswaise trennen neben dem, was auf ihre verschiedene Herkunft zurückgeht, altersbedingt Welten, Erfahrungen und Erinnerungen.

Und so sehr das Leben der Verfolgten durch Stichdaten, Verordnungen und Gesetze, durch schrittweise Stigmatisierung, Verdrängung, Konzentration und schließlich Vernichtung bestimmt war, bleiben die Marken selbst eines solchen auf's Existentiellste fremdbestimmten Daseins in gewissem Rahmen individuell.

Hans Keilson schrieb in seinem Roman "Der Tod des Widersachers":

"Vielleicht ist es trügerisch, die Zeit in die Jahre 'davor' und 'danach' einzuteilen, wie es die Geschichtsprofessoren tun, wenn sie die Historie,

die sie zu beschreiben gedenken, erfinden. Das Geschehen ist ein ande-
res."2

Daß Auschwitz mit der Befreiung des Lagers selbst kein Ende gefunden
hat, daß es in den Seelen der Überlebenden Spuren hinterlassen hat, und
daß es - in unterschiedlicher Weise - auf die jüdische und deutsche Existenz nach Auschwitz Einfluß nimmt, von dieser Erkenntnis scheint mir
diese Textsammlung durch und durch durchdrungen. Daß wir, wenn wir
die Geschichte, und gerade diese, erzählen wollen, auf ein ante und post
Auschwitz Bezug nehmen müssen, erscheint wiederum erst einmal banal.
In Auschwitz trifft sich beides.

Ich will versuchen, im folgenden den Ansatz einer Perspektive auf
Auschwitz aus der Dritten Generation heraus, der ich selber angehöre, zu
entwickeln.
"Auschwitz - ich kann es nicht mehr hören", ist ein viel zitierter Reflex
von Angehörigen der Dritten Generation (die inzwischen ja selber in ein
Alter geraten, das an eine Vierte Generation denken läßt), wenn sie zur
Schoah auf die Bedeutung hin, die sie ihr beizumessen bereit sind, befragt
werden. Es mag sein, daß sie von ihren Lehrern in der Schule, wie man
gelegentlich hört, mit diesem Thema "überfüttert" wurden. Ich glaube
aber aus eigener Anschauung, daß es in der Regel weniger die Intensität
der Konfrontation, als vielmehr ihre Art ist, die die Nachgeborenen ver-
schreckt und zu so heftiger Abwehr führt.
Erst einmal ist es, wie Abram und Wangh in ihren hier wiedergegebenen
Beiträgen deutlich machen, Auschwitz selbst, das emotionale Widerstände und Blockaden evoziert. Es ist leichter, fortzuschauen, als den
Blick dem Geschehenen zuzuwenden, und wer es irgend kann, wird die
Augen schließen. Das fällt jedoch bereits dann bedeutend schwerer, wenn
das Zeugnis über Auschwitz das eines Überlebenden ist, der sicherlich
ebenso gerne Ruhe fände vor den Bildern, die sich aber unter seinen
Lidern, in sein Gedächtnis, Fühlen und Denken eingebrannt haben. Und
manchmal reicht es schon hin, Nachgeborene darauf hinzuweisen, daß es
Menschen gibt, deren Leben durch Auschwitz eine so existentielle
Verwundung erfuhr, daß sie keine Wahl mehr haben, sich dem zu stellen
oder nicht, um sie für eine andere Perspektive zu sensibilisieren.
Aus meiner eigenen Erfahrung als nach Auschwitz Erzogener ist es aber
auch die Haltung, die der Erziehende einnimmt, die den Blick des Erzo-
genen verstellen kann oder ihn schärft. Ich hatte bei manchem meiner
Lehrer den Eindruck, daß sie sich Auschwitz in dem Konflikt mit ihren

---

2 Keilson, H.: Der Tod des Widersachers, Braunschweig 1959, S.121

Eltern, den Tätern, Mitläufern und Zuschauern, als Thema zu eigen gemacht hatten, um ihre Ablösung von den Eltern mit größerem, ja: größtem moralischen Gewicht auszustatten. Sie instrumentalisierten Auschwitz und solidarisierten sich posthum mit dessen Opfern, ungeachtet ihrer eigenen biografischen und familialen Herkunft. Sie gaben sich als Rächer, solange es ihnen einen Gewinn brachte. Auschwitz war ihnen mehr ein Argument, mit dem sie das Gespräch und die Auseinandersetzung mit den Eltern eher abbrachen, denn begannen. Auschwitz versicherte sie einer billigen Moralität mit absolutem Anspruch, ohne auch sie wirklich existentiell herauszufordern. Ihnen war Auschwitz keine Frage mehr, sondern eine Antwort. Diese Selbstgewißheit, die Selbstgerechtheit, blieb aber letztlich in ihrer konfliktfeindlichen, selber die Auseinandersetzung blockierenden Konsistenz transparent genug, um zusätzliche Widerstände bei Schülern dieser Lehrergeneration zu provozieren.

Eine andere Position, in der Lehrer bemüht waren, eigene Versäumnisse nachzuholen und die Schuld ihrer Eltern abzutragen, verführte gelegentlich zu ähnlich zwanghaften Auseinandersetzungsformen, in denen Schulunterricht zur permanenten Projektwoche wurde, in der die Erziehenden alle Register zogen, ohne ihre eigene Hilflosigkeit am Thema einzugestehen. Und schließlich begegnete mir gelegentlich eine dritte Attitüde, in der Lehrer ihre "Betroffenheit" in den Mittelpunkt stellten, einen Schock bei ihren Schülern herzustellen versuchten, indem der Blick auf Leichenberge gezwungen wurde, ohne daß das sich dahinter verbergende Leid der Umgekommenen und der Überlebenden noch Raum gefunden hätte. So blieb die Pein der Ermordeten, die schließlich mit der "Betroffenheit" der Lehrer konkurrierte, außen vor und auf der Strecke.

Diese Strategien der Konfrontation, die vorrangig der Nicht-Auseinandersetzung, der Abwehr des Themas in seiner existentiellen Dimension seitens der Lehrer zu dienen schienen, haben manchen Blick nur noch getrübt.

Ich behaupte nicht, daß diese drei beschriebenen Haltungen die einzigen oder auch nur die symptomatischen in meiner Schulzeit waren. Natürlich gab es auch Lehrer, die wußten, daß Auschwitz auch ihr eigenes Problem war und blieb, die sich den Fragen stellten und zugaben, um eine Antwort verlegen zu sein. Es gab sie genauso, wie jene, die von Auschwitz nicht zu sprechen bereit waren, die so taten, als habe Auschwitz nicht existiert. Aber es ist der Vorwurf junger Menschen, zuviel von Auschwitz gehört zu haben, der mich besonders schreckt, denn die Verdrängungsleistungen ihrer Lehrer kamen mit einem Aufklärungsanspruch daher. Die so Erzo-

genen glauben oft, sie wüßten genug und hätten daher das Recht, sich abzuwenden.

Der Satz, man habe von alledem genug, besticht, von jungen Deutschen
nach Auschwitz gesprochen, durch seine Persistenz - die Jungen sprechen
dann ganz wie die Alten, und sie geben zum Ausdruck, was deutsche
Zeitzeugen bereits unmittelbar nach dem Krieg, oft schon 1945, zu
Protokoll gaben: damals argumentierten manche, sie seien durch die Folgen des Krieges genug gestraft und hätten ein Recht, von dem nichts
mehr hören zu wollen.

Aber selbst diese Haltung läßt sich gelegentlich noch aufbrechen, wenn
Pädagogen transparent werden lassen, daß sie ja auch nicht mit
Auschwitz fertig werden, daß es ihnen um Auschwitz aber zu ernst sei,
um daran eine Pose zu entwickeln, in der die Depression jede
Auseinandersetzung ersetzt und unmöglich macht.

Helmut Schreier und ich haben in den vergangenen Jahren wiederholt in
Seminaren versucht, eine Stellungnahme aus der Dritten Generation heraus zu provozieren. Wir haben dabei sehr unterschiedliche Auseinandersetzungsformen selber in der Seminarsituation ausprobiert und zur Diskussion gestellt.

Einige der Studentinnen und Studenten zeigten besonderes Interesse an
einer theoretischen Auseinandersetzung mit Fragen etwa der Antisemitismusforschung, der sozialwissenschaftlichen und psychoanalytischen
Modelle, ihrer Tragfähigkeit und Begrenztheit. Mit großer Disziplin
widmeten sie sich der "Mühe des Begriffs", bauten Schwellenängste vor
ihnen neuen, anfangs sehr fremden wissenschaftstheoretischen Ansätzen
ab. Es entwickelte sich gelegentlich eine so enorme diskursive Spannung,
eine Konzentration und offene Neugier, in der etwa Adornos Kategorien
von Erstsemesterstudenten auf ihre psychoanalytische Vermittlung hin
befragt wurden, daß Diskussionsprozesse und -ergebnisse die Seminar-
veranstalter und die studentischen Teilnehmer gleichermaßen in Erstaunen versetzten. Gewißheiten verloren an Bedeutung, Aporien und Paradoxien erschienen ganz allmählich als denk- und aushaltbar, letztlich sogar als äußerst produktiv.

Eine Studentin entwickelte in einer solchen Seminarsituation die Frage,
wieso sie denn in der Schule zwar vom Milgram-Experiment gehört habe,
ihr aber erst jetzt deutlich würde, daß es in Deutschland eine Situation
gebe, in der dieses Experiment so banal erscheine, da die Wirklichkeit
von Auschwitz es längst übertraf. Man müsse, spitze sie die Position zu,
die Deutschen fragen, wie das mit der Autorität funktioniere, um etwas

besser verstehen zu können, wie es zu Auschwitz kommen konnte. Einige der Studenten nahmen diesen Anspruch auf; sie erzählten während der folgenden Sitzungen von ihren konkreten Versuchen, mit den Eltern und Großeltern über deren Leben im Nationalsozialismus ins Gespräch zu kommen. Auschwitz blieb in diesen Dialogen im Hintergrund - wie konnten denn auch die geliebten eigenen Eltern und Großeltern in einen engeren Zusammenhang mit diesem Geschehen gedacht werden? Da unsere Seminargespräche aber damit begonnen hatten, daß wir unsere jeweiligen Bezüge zu der Welt von und mit Auschwitz formulierten, entstand doch in der Regel ein Fragebedürfnis, das es sich selber nicht allzu leicht machte. Auschwitz wurde nicht als die Angelegenheit der anderen, der man sich von "außen" nähere, eingeführt und begriffen, sondern als etwas, das jeden von uns anging. Die Nachgeborenen wagten nicht, eine Klage zu führen, um sich selber in die Position des Klägers an der Seite der Opfer - oder schlimmer, in ihrer Verdrängung und Vernichtung - zu bringen. Der identifikatorische Zusammenhang zwischen Kindern bzw. Enkeln und ihren Eltern bzw. Großeltern wurde recht bewußt integriert und adaptiert.

Vereinzelt bedienten sich Teilnehmer anfangs eines sehr selbstgewissen Umgangs mit dem Thema. Auschwitz sei zwangsläufiges Ergebnis des deutschen Antisemitismus, es sei ein konsequenter, wenn auch letztlich irrational überformter Auswuchs des kapitalistischen Systems. Dies sind zwei der sehr kohäsiven Modelle, die gewisse Redundanzen aufwiesen. Ihre Routine war eine übernommene; ideologische Verankerungen oder theoretische Kontexte, die ihnen mehr Substanz verliehen hätten, waren dann in der Regel nicht wirklich durchdrungen. Es war offensichtlich eine Argumentation aus zweiter Hand, die der Reflexionsabwehr diente. Dieses Modell war, so schien es mir, genau so angelegt, wie ich es von einer Reihe meiner Lehrer und linken Freunde kannte. Nachfragen, die den analytischen Wert solcher oft sehr mechanistischen Modelle in Frage stellten, wurden von anderen Studenten gestellt und, je nach dem Grad der Selbstgewißheit und Abgeschlossenheit der Argumentierenden, etwa als naiv zurückgewiesen, als Angriff niedergekämpft oder aber produktiv in die Argumentation und Reflexion aufgenommen.

Die Themen entwickelten sich im Diskurs, der sich in der Ernsthaftigkeit und im Engagement von anderen Diskussionszusammenhängen, an denen ich teilhatte und Anteil habe, deutlich unterschied. Hier wurden die Konsequenzen, die sich mit Auschwitz verbinden, nicht in einem bereits abgeschlossenen Jargon verhandelt, und quasi ritualisierte Formen der Vergangenheits"bewältigung" wurden in ihrem blockierenden Charakter allmählich reflektiert und durchdrungen. Ich selber habe selten mehr über Formen eloquenter Verdrängung, die sich eine aufklärerische Haltung zugelegt haben, begriffen, als aus diesen Gesprächen, in denen das Ringen um Angemessenheit und die recht schonungslose Eigenkonfrontation der Teilnehmerinnen und Teilnehmer im Vordergrund standen.

Die Bereitschaft, sich im Diskurs auf sehr verschiedene Ansätze einzulassen, das Abweichen von Referatsformen und die kontinuierliche, außerhalb des Seminars geleistete Literaturarbeit, bereicherten das Gespräch, das zum Seminarzweck erhoben wurde. Dialog, Auseinandersetzung, Argumentation, der Mut zu Vorläufigkeiten - all das motivierte die Studentinnen und Studenten zu noch größerem äußeren Engagement und innerer Beteiligung. Unsere Perspektiven weiteten sich in den Gesprächen um den Preis der zu dogmatischen Versatzstücken geronnenen Gewißheiten. Maßstäbe wurden keinesfalls der "postmodernen" Beliebigkeit des Irgendwie geopfert und verworfen, sondern einzig auf ihren Wert hin befragt. Maßlosigkeit wurde von keinem der Studenten propagiert. Im Gegenteil: in der Frage, wie wir "angemessen" mit Auschwitz umgehen könnten, tauchte ja die Frage der Maßstäbe beharrlich wieder auf.

Die Reflexionsprozesse verliefen nicht immer konfliktfrei. Das nimmt kaum wunder, wenn Reflexion im Zweifelsfalle auch heißt, die Fähigkeit zu entwickeln, mit sich selbst und mit den eigenen Strukturen zu brechen, wie es Fulbert Steffensky in diesem Band formuliert. Gelegentlich wurden die entstehenden Konflikte zwischen mehreren Teilnehmern, manchmal in einer Person ausgetragen.

Birgit, Studentin im vierten Semester, formulierte den anfänglichen Widerstand gegen die generative Verortung der Schuld und die daraus entstehenden Konsequenzen in ihrer Solidarität gegenüber den Eltern und Großeltern. Die Vehemenz ihrer Reaktionen zeigte, wie nahe ihr das Thema ging. Auschwitz verlor den Charakter einer jenseits jedes Diskurses liegenden Abstraktion, da Menschen erkennbar wurden, einzelne, die litten oder leiden ließen. Einzelne "wie Du und ich", "unseresgleichen" - ein Erkenntniszuwachs, den sie zuerst rationalisierend abzuwehren versuchte. Äußerer Anlaß dafür war die moralische Sicherheit, mit der eine Geschichtsstudentin im höheren Semester Urteile über Generationen verallgemeinerte, ohne die Vermittlung von individueller Subjektivität und Objektivierungsversuchen auch nur andeutungsweise zuzulassen. Daß diese scheinbare Gewißheit letztlich ebenfalls der Abwehr des Themas diente, wurde nicht ausdrücklich besprochen; sie erwies sich letztlich als ausserordentlich persistent. Die Studentin hatte ein so starres Inventar moralischer Kategorien entwickelt, das durch Birgits scharfe und treffende Reaktion enorm gefährdet wurde. In der Regel, so auch hier, wanderten die Vertreter so enger Modelle bald ab, um sich selber nicht mehr in Frage stellen zu müssen. In der dann ohne die Geschichtsstudentin weitergeführten Diskussion entspannte sich die Atmosphäre und wurde wiederum dichter, da der Anspruch, mit Auschwitz spielend fertig zu werden, in einer viele Aggressionen hervorrufenden Weise behauptet worden war, die von dem entstandenen Interesse der Mehrzahl der übrigen Studenten, sich für das Thema zu öffnen, enorm abgelenkt hatte. Andere Versuche, sich auf das jeweils Vertraute, längst Bekannte zurückzuziehen, blieben - angesichts der üblichen Vehemenz - erstaunlich selten.

Theoretische Auseinandersetzungsstränge wurden durch den Hunger nach Praxis, nach durch Geschichten reflektierter Geschichte, nicht verdrängt, sondern ergänzt und immer wieder befragt. Jens-Ulrich arbeitete sich etwa durch Raul Hilbergs monumentales[3] Werk, Barbara wagte sich an die Texte von Leo Löwenthal und Max Horkheimer. Sie konfrontierten uns gelegentlich mit den sehr nüchternen Analysen, die sie in ihrer Bedeutung zu vermitteln wußten.

Die meisten der Teilnehmer nahmen das Angebot wahr, Zeugnisse von Überlebenden der KZs zu lesen. Deren Erinnerungen traten gelegentlich an die Stelle der Geschichten, die die Eltern und Großeltern, wie Speier annimmt, nicht erzählten. Es boten sich Möglichkeiten zur Identifikation mit den Verfolgten, die aber oft recht schnell als Anmaßung verworfen wurden. Es war für manche eine neue Erfahrung, die autobiographische Textur der Überlebenden so zu lesen, daß sie selber sich mit dem Erzählten konfrontierten, dabei aber solidarisierende, emphatische und identifikatorische Aspekte mit kritischen Perspektiven verbinden konnten.

Tanja las mit großer Bewegung, die sie auch sehr emotional im Seminargespräch zum Ausdruck brachte, Ruth Elias´ Lebenserinnerungen, während Hilles Reaktion auf Elie Cohens Autobiographie sehr viel verhaltener, aber nicht weniger engagiert war. Es setzten sich hier sicher sowohl die Temperamente der Leserinnen als auch die der Texte in der Reflexionsweise um. Ruth Elias konfrontierte stärker emotional mit Situationen, die es ihrer Leserin nahelegten, sich mit der Autorin zu identifizieren. Hilles Art des Umgangs mit dem Gelesenen schien mir eher als ein Verstummen auf der Suche nach einem, wie auch immer, angemessenen Verhalten, das ihr schließlich eher unmöglich erschien. Cohens scho-

---

[3] In der Tageszeitung las es sich Anfang 1992, freudianisch deutbar, in einem Interview mit Hilberg als "*monomentales* Werk", vgl. taz vom 27.1.1992, S.19

nungslose Autobiographie thematisiert die Schuldgefühle des Überlebenden, sie leuchtet das Geschehene in einer ungeheuren Präzision aus, wie Hille in ihrer Stellungnahme zum Text beeindruckt formulierte. Elie Cohen entläßt sich und seinen Leser nicht aus dem Unbehagen. Beide, Tanja und Hille, erwogen zeitweilig, mit der Autorin bzw. dem Autor brieflichen Kontakt aufzunehmen. Es waren wohl die Furcht, einer solchen Korrespondenz nicht gewachsen zu sein, und die selbst auferlegte Zurückhaltung, in das Leben der Autoren nicht weiter drängen zu wollen und dabei vielleicht unbeabsichtigt neue Schmerzen hervorzurufen oder die alten Wunden zu berühren, die die Verwirklichung dieser Idee verhinderten.

Birgit und Christoph hatten anfangs recht deutlich eine Erklärung eingefordert, was denn einen Nazi ausmache - wir entdeckten, daß unsere Vorstellungen vom Nazi vielfach zu einem Klischee von gestählter Blondheit geronnen waren, das mit unseren lieben, zitternden, grauhaarigen Großvätern und Großmüttern nicht übereinzubringen war. Die Mehrzahl der Teilnehmer stellte fest, daß sie Nazis und Juden zwar aus Film und Fernsehen, aus der Literatur oder aus der Zeitung kannten, daß beide sonst in ihrem Leben kaum oder gar nicht vorkamen (obwohl wir doch wenigstens den Nazis gelegentlich begegnen müßten, im Land der Täter und der Tat), unbekannte Größen für sie waren. Kaum jemand hatte bewußte persönliche Kontakte zu Juden. Am ehesten wurden diese - mit einem gewissen Stolz - von Studentinnen aus betont christlichem Milieu nachgewiesen. Als besonders fruchtbar und anregend hatten sich daher persönliche Gespräche mit Überlebenden der Verfolgung erwiesen.

Zur letzten Seminarsitzung luden wir meinen langjährigen Freund Max Rotter und dessen Frau Judith ein, die beide als Emigranten die Verfolgung im damaligen Palästina überlebt hatten, heute in den USA leben und besuchsweise nach Hamburg gekommen waren. Gab es ein anfängliches Zögern, da die Studentinnen und Studenten sich Max und Judith mit großer Vorsicht näherten, gelang es Max, diese Schranke durch Fragen zu lösen. Er zeigte sich interessiert an den Perspektiven der soviel jüngeren Gesprächspartner. Die Teilnehmerinnen und Teilnehmer, die sich vordem so intensiv mit Auschwitz und den Folgen für die Überlebenden und sich selbst beschäftigt hatten, nahmen die beiden Gäste in wechselnden Rollen und Loyalitäten wahr: als Überlebende, frühere Israelis, Juden, Jekkes, als sehnsüchtige und gelegentlich mit Heimweh geschlagene Hamburger (nur, daß es die Welt, nach der sie sich zurücksehnen, nicht mehr gibt), als interessierte, liebevolle, ältere Menschen, mit denen sich vielleicht sogar besser sprechen ließ als mit den eigenen Großeltern. Simon, Student im zweiten Semester, sagte ohne falsche Scham oder falschen Pathos, er sei sehr froh, daß er die Chance gehabt habe, mit Max zu sprechen. Es sei ihm leichter gewesen, mit Max über die Zeit zu reden, als mit dem eigenen "Opa", von dem er direkt über den Krieg nichts erfahren habe. Der Krieg seines Großvaters schien mit der Kriegsgefangenschaft zu beginnen, und die bestand in dessen Erzählungen aus Fußballspielen. Er wolle, erklärte Simon nachdenklich, vielleicht auch gar nicht mehr von seinem Großvater erfahren, weil er Angst habe, er könne etwas entdecken, wofür er ihn dann nicht mehr verstehen oder sogar nicht mehr lieben könne.

Aus diesen Gesprächen gingen wir alle, glaube ich, anders, nachdenklicher hervor, als wir uns hineinbegeben hatten. Das Seminar war jedoch weit weniger ein "Psycho-Kreis", als es aus dieser auf psychische Prozesse und Notwendigkeiten abhebenden Darstellung erscheinen mag. Konformitäts- und Bekenntniszwänge, harmoniefixierte gruppendynamische Entwicklungen und dergleichen sind mir kaum aufgefallen. Waches Engagement und ehrliche Ernsthaftigkeit fern eines nur ritualisiert vermittelten Trauerdrucks kennzeichneten die Atmosphäre und den Umgang untereinander.

Es macht Hoffnung, daß es junge deutsche Pädagoginnen und Pädagogen waren, die sich auf diese Unternehmung eingelassen haben. Wir können nicht behaupten, ein Modell entwickelt zu haben, wie über Auschwitz in pädagogischem Kontext zu sprechen sei. Solch ein Vorhaben widerspräche zugleich all unseren Vorstellungen vom Diskurs über gerade dieses Thema und unseren Erfahrungen in diesem Felde. Wie das Gespräch entstanden ist, welchen etwa pädagogischen Impulsen es entsprungen ist, habe ich hier ebenso wenig beschreiben können und wollen. Es ging mir darum, Prozesse und ihre inhaltlichen Füllungen zu skizzieren, die dieses Gespräch, die erst begonnene Reflexion Nachgeborener, begleiten oder aus beidem hervorgehen.

Die Teilnehmerinnen und Teilnehmer haben sich durch die Entscheidung für dieses Seminar bereits als an seinem Thema interessiert gezeigt; sie haben den Fortgang unseres Gesprächs selber in die Hand genommen, haben selber und aus eigenem Antrieb ihre Identität post Auschwitz zur Diskussion und Gewißheiten im Gespräch zur Disposition gestellt, ihre Erfahrungen neu befragt und sich und andere mit dem konfrontiert, wofür Auschwitz steht. Sie verstehen zu lernen - eine unterschätzte Qualität und unabdingbare, wenn auch allein nicht hinlängliche Voraussetzung für gute Pädagogen. Sie machen selber intuitiv ernst mit dem Adorno-Wort, daß die "einzig wahrhafte Kraft gegen das Prinzip von Auschwitz (...)

Autonomie (wäre), wenn ich den kantischen Ausdruck verwenden darf; die Kraft zur Reflexion, zur Selbstbestimmung, zum Nicht-Mitmachen."[4]

Aus dem Seminarzusammenhang heraus entwickelte sich die Idee, daß Studentinnen und Studenten des Fachbereichs Erziehungswissenschaft an der Begleitung jener Gruppen jüdischer ehemaliger Hamburgerinnen und Hamburger teilnehmen, die der Senat der Freien und Hansestadt alljährlich zur besuchsweisen Rückkehr in ihre alte Heimatstadt einlädt. Mit großem Einfühlungsvermögen begeben sich die Nachgeborenen in die Konfrontation. Sie setzen sich in den Gesprächen einer Wirklichkeit aus, die ihre Auffassungen von Normalität und Identität herausfordert und reflektiert. Die Stadt, in der sie leben, lernen sie mit dem Blick der Überlebenden von einer anderen Seite zu sehen, und wie sich die Perspektive auf Hamburg ändert, ändert sich auch ihr Blick auf Geschichte und geschichtlich Vermitteltes. Die Reaktionen der Überlebenden zeigen, daß auch sie von diesen Gesprächen ernstlich profitieren. Es ist nicht die Versöhnung mit der Geschichte, die dort propagiert wird, sondern die Begegnung von Menschen, zwischen denen Auschwitz steht, und die doch miteinander ins Gespräch kommen. Dieser Versuch kommt spät, doch solange es nur möglich ist, sollten diese Kontakte zwischen Überlebenden und Nachgeborenen gesucht und gefördert werden, damit es neben den Büchern und Filmen Menschen gibt, die hier, in der Bundesrepublik, die Geschichten der Überlebenden auch dann noch erzählen können, wenn die Überlebenden der Schoah selber sie nicht mehr erzählen können. So füllen sich die Begriffe von Geschichte, Verantwortung und einer Erziehung nach Auschwitz ganz allmählich und konkret. Dieses prozeßhafte und systemische Verständnis von Geschichte, das Geschichten erzählen läßt, ohne ihnen als Histörchen zu erliegen, stellt angesichts von Auschwitz besondere Fragen an die, die das Projekt der Erziehung allmählich zu übernehmen haben. Immer müssen wir uns zu unserer Geschichte und ihren historischen Bedingtheiten stellen, müssen eine Verortung vornehmen und Zwänge und Notwendigkeiten freilegen und reflektieren, um frei zu werden, mit ihnen umzugehen. Dabei geht es immer sozusagen "ans Eingemachte", denn Geschichte vermittelt sich ja zuerst durch unsere Eltern und Großeltern. Seine Historizität läßt den Menschen Mensch sein, er ist "das Lebewesen, das seine Großeltern kennt".[5] Aus

---

4 vgl. Adorno, T.W.: Erziehung nach Auschwitz, in: ders.: Stichworte, Kritische Modelle 2, Frankfurt/M. 1969, S.90
5 Dieses Zitat schreibt Landesrabbiner Prof. Dr. Nathan Peter Levinson dem Heidelberger Soziologen Willi Hellpach zu, schriftl. Mitteilung vom 29.Januar 1992

dieser Geschichtlichkeit erwächst das Bewußtsein einer Verantwortung des einzelnen für sein gestriges Tun, für den heutigen und den morgigen Tag. Verantwortung schließt aber auch das Erbe ein, das wir auszuschlagen nicht frei sind: daß wir nicht allein stehen, sondern in einer Folge, in der uns die Errungenschaften und Versäumnisse unserer Vorfahren beschäftigen müssen. In der jüdischen Überlieferung heißt es: "Mai dehawah hawah", was war, war. Darum müssen wir erinnern und durcharbeiten, und um unseren Nachkommen selber eine Welt zurückzulassen, in der eine Wiederholung von Auschwitz undenkbar bleibt. Daß Geschichte sich bewältigen ließe, ist eine gängige, aber m.e. falsche Behauptung. Auschwitz spitzt diese Unmöglichkeit noch zu, und die Terror-Ratio, die Auschwitz möglich werden ließ, verlangt doch am stärksten nach dem Dementi. Wenn die Deutschen Auschwitz einfach vergäßen (wenn es denn ginge), folgten sie nur der Logik von Auschwitz, die spur- und erinnerungslose Vernichtung zum Ziel hatte. Ihr sich im minutiösen Erinnern und Dokumentieren entgegenzustellen, selber so wenigstens vermittelt Zeuge zu werden, ist Voraussetzung für jedes "Nie wieder Auschwitz".

Wenn ich die Hoffnung angesichts der jüngsten Seminarerfahrungen formulierte, die daraus rekurriert, daß es junge Pädagoginnen und Pädagogen waren, die ein solch hohes Maß an reflektierender Kompetenz und Bereitschaft mit- und einbrachten, erliege ich dieser Hoffnung doch noch lange nicht. Skepsis treibt mich zu der Annahme, daß Erzieher von solcher umfassenden pädagogischen Neigung, Reife, Verantwortung und Befähigung auch künftig in den bundesdeutschen Lehrerzimmern und überall dort, wo erzogen wird, sehr vereinzelt und einsam bleiben werden. Umso dringender bedarf es ihrer, und umso nötiger haben künftige Kinder sie.

Die Autoren

Abram, Ido H.B. - Jg. 1940; Prof. Dr.; Hochschullehrer für Pädagogik an der Universität Amsterdam; geboren in Djakarta, Indonesien (damals: Batavia, Niederländisch-Indien); während des zweiten Weltkriegs in japanischen Lagern inhaftiert; nach der Befreiung Schulzeit und Studium in den Niederlanden; Veröffentlichungen: Joodse traditie als permanent leren <dtsch.: Jüdische Tradition als ständiges Lernen>, Hilversum 1980, 1986; Educatie van en na de Sjoa <dtsch.: Erziehung über die und nach der Schoah>, in: Tora met hart en ziel, Hilversum 1989; Joodse identiteit en multicultureel onderwijs <dtsch.: Jüdische Identität und multikulturelle Erziehung>, in: Ter Herkenning 12/1984, 3, S.78-85

Cohen, Elie A. - Jg. 1909; Dr.; Arzt Psychotherapeut; 1935-41 praktischer Arzt in Aduard bei Groningen; auf Befehl der deutschen Besatzer wird seine Praxis geschlossen. 1942-45 Häftling in verschiedenen deutschen Konzentrationslagern. 1947-66 Arzt in eigener Praxis in Arnhem, dann Psychotherapeut für ehemalige Verfolgte. Veröffentlichungen: Het Duitse concentratiecamp - een medische en psychologische studie <dtsch.: Das deutsche Konzentrationslager>, Amsterdam 1952 - Übersetzungen erschienen in London, New York, Stockholm und Tokio; De afgrond <dtsch.: Der Abgrund>, Amsterdam, Brüssel 1971 - in New York erschienen unter dem Titel "The Abyss"; De negentien treinen naar Sobibor <dtsch.: Die neunzehn Züge nach Sobibor>, Amsterdam 1979. 1992 erscheint der Band Beelden uit de nacht <dtsch.: Bilder aus der Nacht>.

Elias, Ruth - Jg. 1922; geboren in Mährisch Ostrau, Tschechoslowakei; 1939 nach der deutschen Besetzung untergetaucht in Posorschitz; 1942 deportiert nach dem Getto Theresienstadt, von dort nach Auschwitz; Überstellung nach Hamburg, Ravensbrück und Taucha bei Leipzig; lebte nach der Befreiung bis 1949 in Prag; Auswanderung nach Israel; Ausbildung zur medizinisch-pharmazeutischen Assistentin; Musik-Studium an der Bar-Ilan-Universität, Tel Aviv; Beteiligung an den Forschungen über in Theresienstadt komponierte und aufgeführte Musik; hält international Vorträge über den Holocaust; lebt in Israel. Veröffentlichung (u.a.): Die Hoffnung erhielt mich am Leben. Mein Weg von Theresienstadt und Auschwitz nach Israel, München 1989.

Heyl, Binjamin - Jg. 1946; Dozent für Heil- und Pflegekunde; lebt und arbeitet in Amsterdam, Niederlande. Autor von Aufsätzen und eigenen Veröffentlichungen im Bereich der Pflegekunde.

Heyl, Matthias - Jg. 1965; M.A.; Historiker; lebt und arbeitet in Hamburg; beschäftigt sich seit 1980 mit jüdischer und deutscher Existenz nach Auschwitz. Veröffentlichungen: "Es war für mich eine ganz neue Erfahrung" - Bericht eines Schülers, in: Heer, H. u. V.Ullrich (Hrsg.): Geschichte entdecken, Reinbek 1985, S.396-399; Fragmente zum Schicksal der Juden von Harburg-Wilhelmsburg 1933 - 1945, in: Ellermeyer, J. (u.a.): Harburg - von der Burg zur Industriestadt, Hamburg 1988, S.483-490; Der Golfkrieg, die Kurden, Israel und die Deutschen, in: Semit, Heft 2/1991, Dreieich 1991, S.16-18; Mitherausgeber der Dokumentation "Schalom Harburg - nicht nur ein Besuch", Hamburg 1992.

Hurwitz, Emanuel - Jg. 1935; Dr.; Psychoanalytiker; Studium der Medizin und Ausbildung zum Psychiater; Oberarzt der Psychiatrie an der Universitätsklinik Zürich; seit 1973 psychotherapeutische und psychoanalytische Praxis; publizistische und politische Tätigkeit im Bereich der Gesundheits- und Sozialpolitik; vertrat die Sozialdemokratische Partei 1979-84 im Zürcher Kantonsparlament; 1984 Austritt aus der Partei und dem Kantonsrat wegen einseitig antiisraelischer Tendenzen. Veröffentlichungen: Otto Gross - Paradiessucher zwischen Freud und Jung, Frankfurt a.M. 1979; Bocksfuß, Schwanz und Hörner, Zürich 1986; Christen und Juden - Tagebuch eines Mißverständnisses, Zürich 1991.

Juelich, Dierk - Jg. 1945; Dr.; Psychoanalytiker; arbeitet in eigener Praxis in Hamburg und in Kliniken; Lehrbeauftragter an der Universität Bremen; sein Forschungsgebiet sind die Auswirkungen des Nationalsozialismus in Bezug auf die Bewußtseinsstrukturen. Verschiedene Veröffentlichungen zu diesem Themenbereich. Herausgeber der Festschrift "Geschichte als Trauma" zu Hans Keilsons 80.Geburtstag, Frankfurt a.M. 1991.

Keilson, Hans - Jg. 1909; Dr.; Arzt, Psychoanalytiker und Schriftsteller; lebt und arbeitet in Bussum, Niederlande. Veröffentlichungen (Auswahl): Das Leben geht weiter (Erstausg.: 1933), Frankfurt a.M. 1984; Komödie in Moll (Erstausg.: 1947), Frankfurt a.M. 1988; Der Tod des Widersachers (Erstausgabe: 1959), Frankfurt a.M. 1989; Sprachwurzellos (Gedichte), Gießen 1986; Sequentielle Traumatisierung bei Kindern -

Deskriptiv-klinische und quantifizierend-statistische follow-up Untersuchung zum Schicksal der jüdischen Kriegswaisen in den Niederlanden, Stuttgart 1979; verschiedene Gedichte, wissenschaftliche Aufsätze und Essays in internationalen Zeitschriften.

Kestenberg, Judith S. - Jg. 1910; Psychoanalytikerin, Direktorin der "Jerome Riker International Study of Organized Persecution of Children", lebt in New York, USA. Veröffentlichungen: Children and Parents, New York 1975; The Nazis Quest for Death and the Jewish Quest for Life, in: Braham, R. (Hrsg.): Psychological Perspectives of the Holocaust and Its Aftermath, New York 1988, S.13-44 (zusammen mit Milton Kestenberg und Janet Kestenberg-Amighi); Kinder zeigen, was sie brauchen, Salzburg 1991 (zusammen mit Janet Kestenberg-Amighi)

Kraushaar, Wolfgang - Jg. 1948; Dr.; wissenschaftlicher Mitarbeiter des Hamburger Instituts für Sozialforschung; lebt und arbeitet in Hamburg. Veröffentlichungen (Auswahl): Revolte und Reflexion, Frankfurt/M. 1990; "Die Wiederkehr der Traumata im Versuch, sie zu bearbeiten - Die Remigration Horkheimers und Adornos und ihr Verhältnis zur Studentenbewegung", in: Krohn, C.D.: Exil und Remigration, München 1991, S.46-67.

Lansen, Johannes - Jg. 1933; Dr.; Psychiater, Psychotherapeut und Psychoanalytiker; ehemaliger Direktor der Jüdischen Psychiatrischen Klinik "Sinai-Centrum" in Amersfoort (1981-92) und der Jüdischen Psychiatrischen Ambulanz in Amsterdam, Niederlande. 1983-92 Ausbildungsleiter für psychodynamische Psychotherapie in Zentral-Holland. Die Traumatisierung aufgrund von Verfolgung im zweiten Weltkrieg und Extremtraumatisierung im allgemeinen sind Gegenstand seiner Tätigkeit und Veröffentlichungen. Berater von Esra, Verein für psycho-soziale Hilfe für Nazi-Verfolgte und ihre Nachkommen, Berlin. Mitherausgeber von: The Holocaust and its perservance - stress, coping and disorder (mit Ayalin, O., Eitinger, L. u. Lansen, J.), Sinai Series no.2, Assen 1983. Herausgeber von: Joodse identiteit in de geestelijke gezondheidszorg, Assen/Maastricht 1987. Gruppentherapie mit der "Zweiten Generation" von Holocaust-Überlebenden, in: Stoffels, H. (Hrsg.): Schicksale der Verfolgten, Psychische und somatische Auswirkungen von Terrorherrschaft, Berlin/Heidelberg 1991.

Lohmann, Ingrid - Jg. 1953; Prof. Dr.; Hochschullehrerin für Erziehungswissenschaft unter besonderer Berücksichtigung der Ideen- und Sozialgeschichte der Erziehung, Universität Hamburg; 1972-78 Studium der Erziehungswissenschaft, Soziologie, Philosophie und Psychologie in Münster; 1978-85 wissenschaftliche Mitarbeiterin am Institut für Didaktik der Mathematik, Universität Bielefeld; seit 1985 lebt und arbeitet die Autorin in Hamburg. Letzte Veröffentlichung: Über die Anfänge bürgerlicher Gesprächskultur - Moses Mendelssohn (1729-1786) und die Berliner Aufklärung, in: Pädagogische Rundschau 46, 1/1992, S.35-49

Maronde-Heyl, Margit - Jg. 1967; M.A.; Studium der Literaturwissenschaft und Geschichte in Greifswald.

Müller-Hohagen, Jürgen - Jg. 1946 ; Dr.phil., Dipl.Psych.; geboren in einer westfälischen Kleinstadt, in der ebenso wie in der Familie die Nazi-Zeit weitgehend verleugnet und verschwiegen wurde; Psychologiestudium in Bonn und München; langjährige Tätigkeit als Klinischer Psychologe und Psychotherapeut; lebt und arbeitet in München. Veröffentlichung: Verleugnet, verdrängt, verschwiegen - die seelischen Auswirkungen der Nazi-Zeit, München 1988.

Schreier, Helmut - Jg. 1941; Prof. Dr.; Hochschullehrer für Erziehungswissenschaft unter besonderer Berücksichtigung des Sachunterrichts am Fachbereich Erziehungswissenschaft der Universität Hamburg. War Lehrer an amerikanischen und deutschen Schulen. Veröffentlichungen: John Dewey - Erziehung durch und für Erfahrung, Stuttgart 1986; Arbeiten zur Umwelterziehung; zahlreiche Aufsätze zum Philosophieren mit Kindern.

Steffensky, Fulbert - Jg. 1933; Prof. Dr.; Professor für Religions-pädagogik am Fachbereich Erziehungswissenschaft der Universität Hamburg. Veröffentlichungen: Feier des Lebens, Spiritualität im Alltag, Stuttgart 1984; Wo der Glaube wohnen kann, Stuttgart 1989.

Wangh, Martin - Prof. Dr.; Arzt, Psychoanalytiker in eigener Praxis; Lehranalytiker des New York Psychoanalytic Institute und des Israel Psychoanalytical Institute; lebt in Jerusalem. Emeritierter Professor des Albert Einstein College of Medicine, Bronx, und des Scholar Freud Center der Hebräischen Universität, Jerusalem. Veröffentlichungen (Auswahl): Structural Determinants of Phobia, a Clinical Study, in: Journal of American Psychoanal. Assn., Vol. VII, Oktober 1959; Psychoanalytische Betrachtungen zur Dynamik und Genese des Vorurteils des Antisemitismus und des Nazismus, in: Psyche 5/1962; National-Socialism and the Genocide of the Jews. A Psycho-Analytic Study of a Historic Event, in: International Journal of Psycho-Analysis, Vol.45/1964; The Psychogenetic Factor in the Recurrence of War, in: International Journal of Psycho-Analysis, Vol.49/1968; Die Herrschaft des Thanatos; über die Bedeutung der Drohung eines nuklearen Krieges und der Einfluß dieser Drohung auf die psychoanalytische Theoriebildung, in: Zur Psychoanalyse der nuklearen Drohung, 1985.

> „Die Auseinandersetzung mit unserer jüngsten Vergangenheit erfordert gewiß ein Wissen um Fakten, aber das genügt nicht, nötig ist auch der Versuch ihrer Deutung, ohne die keine Folgerung und keine Lehre gezogen werden können."
>
> *Fritz Bauer*

Fritz Bauer, 1903 geboren, nach KZ-Haft, Amtsenthebung und persönlicher Bedrohung 1936 aus Deutschland geflohen, kehrte 1949 zurück. Er war Vorkämpfer für Strafrechts- und Strafvollzugsreformen, für Resozialisierung und für eine gesellschaftliche Verantwortung des Justizwesens. Als hessischer Generalstaatsanwalt war er verantwortlich für die Anklageerhebung im Auschwitz-Prozeß, der 1963 bis 1965 in Frankfurt am Main stattfand. Mit diesem Prozeß gewann die Auseinandersetzung mit dem Holocaust in Deutschland erstmals eine öffentliche Dimension.

Fritz Bauer verstand den Auschwitz-Prozeß als Selbstaufklärung der Gesellschaft in den Bahnen des Rechts. Aufklärung über die „gefährlichen Faktoren in unserer Geschichte". Mitten in der Vorbereitung eines großen Euthanasie-Prozesses starb Fritz Bauer 1968. Der Prozeß fand nie statt.

Dem geistigen und politischen Erbe Fritz Bauers ist die Arbeit des Fördervereins Fritz Bauer Institut e. V. verpflichtet.

Ziel des Fördervereins

Der Förderverein hat sich die Gründung und Unterstützung des „Fritz-Bauer-Instituts, Studien- und Dokumentationszentrum der Geschichte und Wirkung der nationalsozialistischen Vernichtungspolitik" zum Ziel gesetzt. Er bereitet dies durch Veranstaltungen und Öffentlichkeitsarbeit vor. Das Institut soll von einer Stiftung öffentlichen Rechts getragen werden, welcher die Stadt Frankfurt, das Land Hessen, die Bundesrepublik Deutschland und der Förderverein angehören werden. Der Förderverein sammelt Spenden für diesen Zweck.

Aufgaben des Instituts

Das Fritz-Bauer-Institut wird die kontinuierliche interdisziplinäre Auseinandersetzung mit Geschichte und Wirkungsgeschichte des Holocaust ermöglichen und anregen. Die Spannung, die zwischen den Ereignissen des Massenmordes und der Möglichkeit ihrer Aneignung und Deutung seit 1945 liegt, soll zentrales Thema in öffentlichen Debatten werden.

Das Fritz-Bauer-Institut wird die kritische Reflexion der wissenschaftlichen und ästhetischen Rezeption des Holocaust organisieren. Es soll einen offenen Diskurs über kontroverse Erklärungsansätze fördern, ohne sich dabei selbst auf einen Ansatz festzulegen.

Das Fritz-Bauer-Institut wird die Entwicklung schulischer und außerschulischer Bildungsangebote zum Themenfeld des Holocaust und deren kritisch-didaktische Erforschung ermöglichen. Aktuelle pädagogische Arbeit soll begleitet und unterstützt werden.

Das Fritz-Bauer-Institut wird die rituell-liturgischen Ausprägungen einer „Erinnerungskultur" kritisch begleiten.

Das Fritz-Bauer-Institut wird Stipendiaten aus Wissenschaft, Bildung und Kultur zu gemeinsamer, projektorientierter Arbeit in einem Kolleg zusammenführen.

Das Fritz-Bauer-Institut wird öffentliche Veranstaltungen und Ausstellungen planen und durchführen.

Das Fritz-Bauer-Institut wird mit universitären Forschungseinrichtungen, mit Bildungsträgern, Gedenkstätten und Museen kooperieren.

Förderverein
Fritz Bauer Institut e. V.
Walter-Kolb-Straße 9 – 11
6000 Frankfurt/Main 70
Fax: 069 – 21 23 07 66
Telefon: 069 – 21 23 76 15

Vorsitzender: Werner Schneider

Wir schicken Ihnen gerne Informationsmaterial und Hefte aus der Materialien-Reihe der Arbeitsstelle.

Werden Sie Mitglied im Förderverein?
Informieren Sie sich.

Förderverein
Fritz Bauer
Institut e. V.

Helmut Schreier/Matthias Heyl

Die Gegenwart der Schoah

Zur Aktualität des Mordes an den europäischen Juden

KRAEMER

Helmut Schreier
Matthias Heyl (Hrsg.)

Die Gegenwart der Schoah

Zur Aktualität des Mordes an den europäischen Juden

ca. 220 Seiten
ISBN 3-926952-79-2
DM 38,--/öS 297/sFr 39,--

Die Geschichte bleibt gegenwärtig. Die Schoah - der Mord an den europäischen Juden - gehört einer Geschichte an, die nicht vergehen will (Amos Oz).

Dreizehn Autoren aus sechs Ländern beschreiben und analysieren Reaktionen auf diesen Teil unserer Geschichte. Sie formulieren ihre Überlegungen zu selten hinterfragten Perspektiven auf das Geschehen selbst und den Umgang mit der Erinnerung in Europa und Amerika, Einsprüche gegen die leichtfertige *Vergangenheitsbewältigung* sowie Vorschläge für die Deutung des Antisemitismus und den Gewinn von Identität.

Mit diesem Buch wird der Diskurs fortgesetzt und vertieft, der in dem bei uns erschienenen Sammelband "Das Echo des Holocaust" (2. Auflage 1994) begonnen wurde.

Aus dem Inhalt:

Ido H.B. Abram über Multikulturalität und Identität; *Franklin Bialystok* über die Amerikanisierung des Holocaust; *Matthias Heyl* über Generationen und Identitäten nach dem Geschehen; *Emanuel Hurwitz* über die seltsame Schuld der Ermordeten; *Dierk Juelich* über das erbte Trauma; *Wolfgang Kraushaar* über den Fall Auerbach; *Yaacov Lozowick* über den Umgang mit Erinnerung; *Helmut Schreier* über den Umgang mit der Schoah in Amerika u.a.

Die Herausgeber:
Helmut Schreier, Jg. 1941, Prof. Dr., Pädagoge, Universität Hamburg und Matthias Heyl, Jg. 1965, M.A., Historiker, Universität Hamburg.

Mit Kindern über den Holocaust sprechen

Judith S. Kestenberg
Vivienne Koorland

Als Eure Großeltern jung waren

Mit Kindern über den Holocaust sprechen

21,5 - 27 cm, 76 Seiten, mit einem ausführlichen Nachwort von Judith S. Kestenberg
ISBN 3-926952-69-5
DM 48,--/öS 375/sFr 49,--

Ein Bilderbuch über den Holocaust für Kinder ab drei Jahren, für Eltern und Großeltern, für alle, die einen Teil deutscher Geschichte besser verstehen wollen. Für den Einsatz im Kindergarten und in der Grundschule geeignet.

Aus dem Nachwort von Judith S. Kestenberg:

"Wenn wir wirklich Kriege verhindern wollen, fremde Menschen zu verachten und anzugreifen, dann müssen wir den Kindern die Wahrheit sagen - so früh wie möglich".

Verlag Dr. R. Krämer, Postfach 13 05 84, D-20105 Hamburg